W0073100

CON
BOOK.

Martin Kohn

Gönn dir!

99 LEBENSTRÄUME FÜR ABENTEUERHUNGRIGE

© Conbook Medien GmbH , Neuss, 2020

Alle Rechte vorbehalten.

www.conbook-verlag.de

Einbandgestaltung: Weiß-Freiburg GmbH – Graphik & Buchgestaltung unter Verwendung von Motiven des Autors

Layout: David Janik, Symbole entstammen teilweise: Font Awesome by Dave Gandy – http://fontawesome.io

Karte: David Janik unter Verwendung von Material © Yusiki / Shutterstock.com, Hintergrund: Weiß-Freiburg GmbH

Bildnachweis: Alle Bilder stammen vom Autor mit Ausnahme von: Seite 18, 19: National Aeronautics and Space Administration,
Seite 24/25: Antonio Scorza / Shutterstock.com, Seite 31: Tourism Australie, Seite 45: Harald Lueder / Shutterstock.com,
Seite 47: Copyright: Design Mathieu Brison Luc Voisin, Photo: Asaf Kliger, Icehotel, Seite 51: Japan National Tourism Organization,
Seite 54/55: Terry Kettlewell / Shutterstock.com, Seite 60/61: Lepusinensis / Shutterstock.com, Seite 66/67: Rüdiger Manig /
Deutscher Wetterdienst, Seite 72 & 73: Tourism Australia, Seite 75: Quality Stock Arts / Shutterstock.com,
Seite 86, 87 (oben): Japan National Tourism Organization, Seite 89: clearlens / Shutterstock.com, Seite 93: SIHASAKPRACHUM / Shutterstock.com,
Seite 95: Salvacampillo / Shutterstock.com, Seite 100/101: kwest / Shutterstock.com, Seite 117: Tourism Australia, Seite 118: Hidalgo Tours /
Palacio de Sal, Seite 121: Galyna Andrushko / Shutterstock.com, Seite 122: Kichigin / Shutterstock.com, Seite 125: iStockPhoto.com / karnizz,
Seite 129: Fernan Archilla / Shutterstock.com, Seite 138: GUDKOV ANDREY / Shutterstock.com, Seite 140: Denis Makarenko / Shutterstock.com,
Seite 152: Japan National Tourism Organization, Seite 155: iStockPhoto.com / Pixelerated, Seite 171: Steven Klaassens/Shutterstock.com,
Seite 177: CSNafzger / Shutterstock.com, Seite 179: Fortgens Photography / Shutterstock.com, Seite 180/181: 3d_kot / Shutterstock.com,
Seite 197: Matthias Hornung, Fisherman's Friend StrongmanRun , Seite 198/199: StockStudio Aerials / Shutterstock.com,
Seite 201: Mit freundlicher Genehmigung des Deutschen Titanic-Vereins von 1997 e. V., Seite 202/203: SBWorldphotography / Shutterstock.com,
Seite 206/207: hui jun peng / Shutterstock.com, Seite 212/213: Evgeny Karandaev / Shutterstock.com, Seite 216/217: design by TA Corporation,
Seite 223: idreamphoto / Shutterstock.com, Seite 229: Anatoly Tiplyashin / Shutterstock.com, Seite 230/231: Mohd Syis Zulkipli / Shutterstock.com

Druck und Verarbeitung: PB Tisk, a.s.

ISBN 978-3-95889-377-1

»Das Glück ist nur ein Traum.«
(Voltaire)

Inhalt

Inhalt

Karte

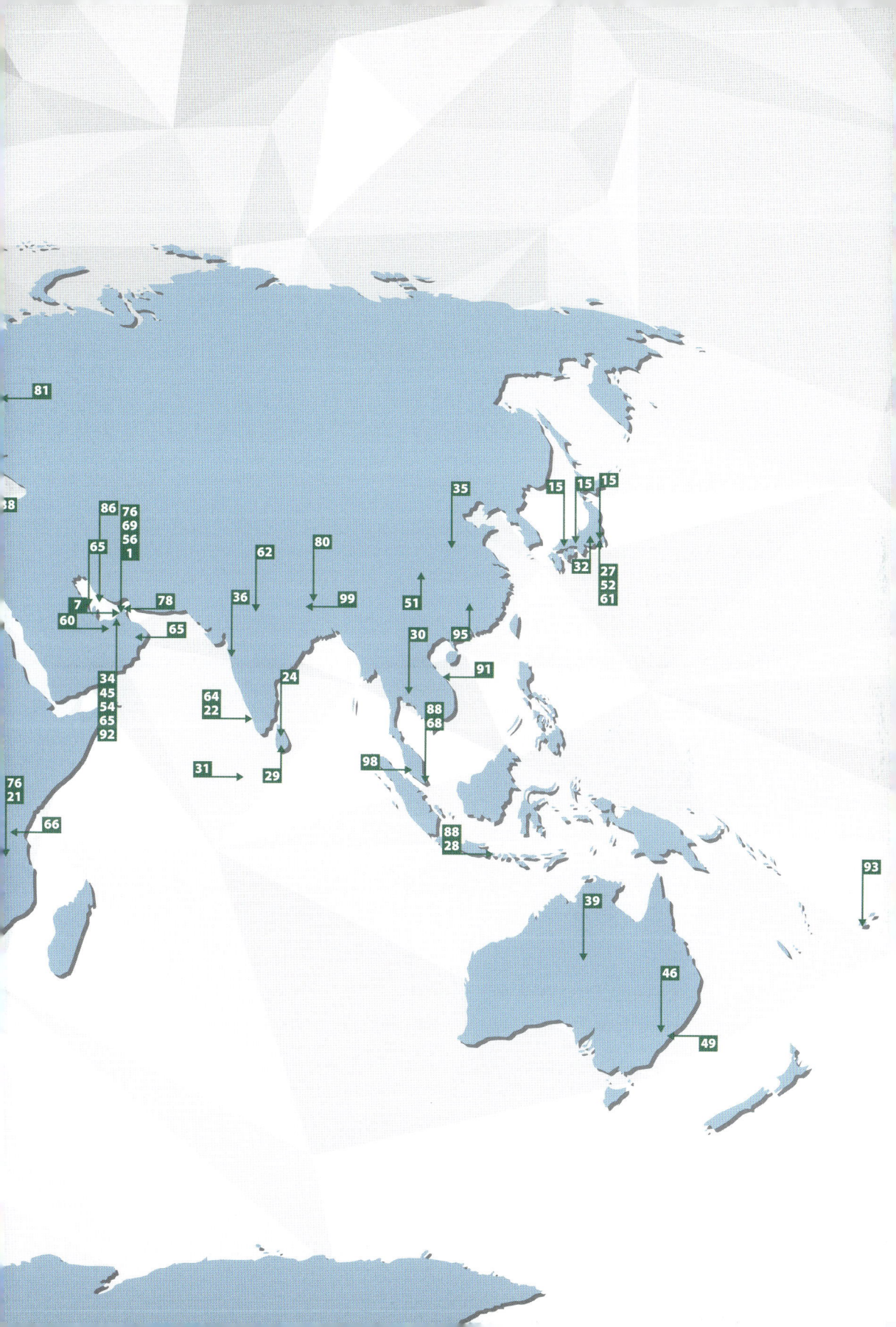

Wie alles begann

Eigentlich müsste man doch mal ... Auf jeden Fall, wenn die Ausbildung beendet ist! Okay, die Beförderung nehme ich noch mit. Aber, wenn ich das alles hinter mir habe, dann erlaube ich mir mal was Verrücktes! Gut, nach der Hochzeit. Wenn die Kinder aus dem Haus sind. Aber erst müssen doch noch die Enkelkinder versorgt werden ...

Müsste, sollte, könnte. Den perfekten Zeitpunkt gibt es nicht. Wenn Sie etwas unbedingt tun möchten, sollten Sie es *jetzt* tun. Diese Erkenntnis kam mir mehr als deutlich, als ein guter Freund nur eine Woche nach seiner Pensionierung völlig unverhofft und unerwartet verstarb. Endlich wollten er und seine Frau eine Weltreise unternehmen; jetzt, wo sich beide mehr als zwei Wochen Urlaub am Stück dafür Zeit nehmen konnten. Danach wollte der Whiskyliebhaber eine »Ausbildung« zum Destillateur bei seiner Lieblingsmarke in Schottland ablegen – aber der fiese Herzkasper war schneller und stärker als sein Wunsch, den er schon so manches Jahr über den Winter gebracht hatte. Und so wurde nichts mehr aus all den Träumen.

Ich habe mir daraufhin geschworen, dass mir so etwas nicht passieren sollte. Wann die eigene Uhr abläuft, kann niemand vorhersagen. Wenn man also nicht bereits heute sein eigenes Schicksal in die Hand nimmt, kann es morgen dafür zu spät sein.

Ein Jahr später, noch viele Jahre vor der Finanzkrise, blieb einem befreundeten Unternehmer die finanzielle Luft aus und er musste Konkurs anmelden. Glücklicherweise war er nur für sich selbst und seine Familie verantwortlich; da er keine Angestellten hatte, musste er auch niemanden entlassen. Dennoch mussten die drei Familienmitglieder fortan ihren Gürtel enger schnallen. Auf ihre jährliche Reise verzichteten sie nicht. »Du kannst dein Auto zu Schrott fahren, deine Firma verlieren und dein Geld für so viel Sinnloses aus dem Fenster werfen. Die Eindrücke, die du während einer Reise sammelst, die kann dir niemand mehr nehmen.« Wie Recht er doch damit hatte.

Natürlich ist es nicht immer möglich, aus seinem Leben auszubrechen und nur noch damit beschäftigt zu sein, seine Träume zu verwirklichen. Aber hin und wieder etwas Besonderes zu tun und dies auch für sich selbst als etwas Besonderes anzunehmen, das verleiht dem Leben Würze. Wie sagte Wilhelm Busch so schön: »Wer jeden Tag nur Kuchen isst und Keks und Schokolade, der weiß ja nicht, wann Sonntag ist, und das ist wirklich schade.«

Auf den nachfolgenden Seiten finden Sie 99 außergewöhnliche, actiongeladene und manchmal auch nachdenkliche Episoden, in denen ich auf der Suche nach dem Salz in der Suppe des Lebens bin. Manch eine Geschichte kommt vielleicht etwas sehr würzig daher, aber versalzen oder gar fade wird es niemals sein. Einige der 99 Suppenrezepte lassen sich leicht nachmachen, für andere muss man etwas mehr Aufwand betreiben – am Ende ist aber für alle etwas dabei, die ihre Träume gerne auf Reisen schicken und auf der Suche nach dem Besonderen sind.

Lassen Sie uns das Abenteuer beginnen, das Abenteuer unseres Lebens!

How to

Selbstverständlich benötigen Sie keine Anleitung, wie man ein Buch liest. Dennoch möchte ich Sie auf dieser Seite kurz mit den Besonderheiten dieses speziellen Werkes vertraut machen.

Jedes Kapitel ist einem bestimmten Lebenstraum gewidmet. Worum es konkret geht, erfahren Sie kurz und knapp in der Einleitung. Darunter finden Sie einen praktischen Einschub, der Ihnen auf einen Blick grafisch darstellt, welche Kosten auf Sie zukommen, wenn Sie den Lebenstraum selbst ausprobieren möchten, wie groß der Erlebniswert ist und welchen Aufwand Sie dafür betreiben müssten.

Die **Kosten** werden mit einem bis zu fünf Kreditkartenpiktogrammen symbolisiert. Eine Kreditkarte bedeutet, das Erlebnis ist recht günstig zu haben. Bei fünf Kreditkarten sollte man vorsorglich seine Bank informieren. Apropos Kosten: Die hier vorgestellten Träume gehören sicherlich teils zu den eher kostenintensiveren Aktivitäten. Der Ansatz soll auch nicht sein, alle 99 Träume in einem Jahr abzuhaken – es sind besondere Ereignisse, für die man auch gerne voller Vorfreude sparen darf. Es lohnt sich!

Den **Erlebniswert** kennzeichnen Sterne. Ein Stern ist ein Erlebnis, über das man beim nächsten Stammtisch erzählen kann. Fünf Sterne repräsentieren hingegen Erfahrungen, über die später einmal Ihre Enkel ihren Enkeln noch berichten werden.

Die dritte Kategorie ist der **Aufwand**, den der jeweilige Lebenstraum verursacht, angefangen von einem Schraubenschlüssel (= einfach buchen und ab geht's) bis hin zu fünf Werkzeugen (= heben Sie die Welt aus ihren Angeln, und dann wird das schon).

Im Text erfahren Sie interessante Informationen über den jeweiligen Lebenstraum sowie die Erfahrungen des Autors, die er mit diesem Erlebnis machen durfte. Einschübe »**Funfacts am Rande**« vermitteln witzige, kuriose und außergewöhnliche Hintergrundinformationen, mit denen Sie beim nächsten Quizabend auftrumpfen können. Der Einschub »**Für Sparfüchse**« bietet preisgünstigere oder sogar kostenlose Alternativen zum dargestellten Erlebnis.

Abschließend finden Sie in jedem Kapitel eine Box: »**So können Sie sich diesen Traum erfüllen**«. Dort enthalten sind wichtige Informationen, Adressen und konkrete Preise, mit denen Sie jeden einzelnen der in diesem Buch aufgeführten Lebensträume tatsächlich realisieren können.

Und da sage nochmal einer, Träume können nicht in Erfüllung gehen ... können sie doch!

Gönn dir!

1

Leben im höchsten Gebäude der Welt

Über den Wolken ...

DUBAI · VEREINIGTE ARABISCHE EMIRATE

... muss die Freiheit wohl grenzenlos sein. Nicht für jeden bleiben jedoch alle Ängste und Sorgen darunter verborgen. Menschen mit Höhenangst etwa wissen hierüber ein ganz anderes Lied zu singen. Bei einem Flug heißt es dann also: Zähne zusammenbeißen und an etwas Schönes denken. Den bevorstehenden Urlaub, zum Beispiel. Wie aber muss es sich anfühlen, über den Wolken zu leben? Finden Sie es heraus – im höchsten Gebäude der Welt!

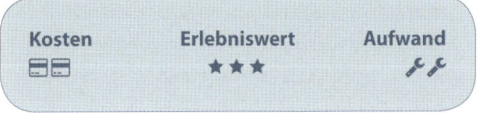

Kosten	Erlebniswert	Aufwand
🖃🖃	★★★	⚒⚒

Haben Sie sich schon einmal vorgestellt, wie es ist, morgens in seinem Bett aufzuwachen und von oben auf die Wolken herabzusehen? Bereits an sonnigen Tagen wirken die riesigen Hochhäuser in der Nachbarschaft aus Ihrem Schlafzimmerfenster betrachtet so klein wie Onkel Ottos Schrebergartenhäuschen. Die Nobelkarossen, deren PS-starke Motoren drohend durch die Straßen der Innenstadt donnern, sehen von hier oben aus wie Spielfiguren in einem Monopoly-spiel. Aber im September und Oktober, wenn die kühlfeuchte Meeresluft die schwüle Sommerhitze in ihre Schranken weist, ziehen die Wolken und Nebelfelder der Stadt allmorgendlich ein weißes Kleid aus Luft und Wassertröpfchen an. Jetzt, da nur noch die Spitzen der Hochhäuser durch die Wolken und Nebelschwaden zu sehen sind, haben Sie zum ersten Mal das Gefühl, richtig frei zu sein, und Sie vergessen beinahe, dass Sie sich in einem Überwachungsstaat befinden, der Ihnen eine solche Freiheit nur allzu gerne vorgaukelt.

Es ist schon ein sehr erhabenes, gleichwohl surreales Gefühl, das einen bei diesem Anblick ereilt. So muss sich

Christof im Film *The Truman Show* fühlen, wenn er aus seinem Regiestudio hoch oben an der Kuppeldecke des Filmsets seinen Akteuren Anweisungen erteilt, um den Protagonisten im Glauben zu lassen, er führe ein ganz gewöhnliches, privates Leben.

Der sagenumwobene und mit zahlreichen Weltrekorden ausgezeichnete Burj Khalifa in Dubai in den Vereinigten Arabischen Emiraten ist bereits von außen betrachtet ein architektonisches Meisterwerk, das seinesgleichen sucht. Erbaut innerhalb von fünf Jahren nach Plänen des Stararchitekten Adrian Smith, ist der Turm aus *Tausendundeiner Nacht* seit seiner Fertigstellung und Eröffnung im Januar 2009 das mit 189 Stockwerken auf 828 Metern noch immer höchste Bauwerk der Welt – und etwa fünfmal so hoch wie der Kölner Dom!

Beinahe jedoch hätte die Finanzkrise im Jahr 2007 die Höhenflüge dieses bereits aus 50 Kilometern Entfernung ersichtlichen Wahrzeichens des Emirates zunichte gemacht, wenn nicht Nachbar Abu Dhabi mit einer Milliardenspritze eingesprungen wäre. Aus diesem Grund heißt der Turm auch nicht mehr »Burj Dubai« wie zunächst vorgesehen, sondern wurde nach seinem finanziellen Retter, Scheich Khalifa bin Zayid Al Nahyan, benannt.

Leben im höchsten Gebäude der Welt

Wenn Sie einmal selbst über den Wolken schweben und hinter die Kulissen dieser Sehenswürdigkeit blicken möchten, stehen Ihnen verschiedene Möglichkeiten offen. Als Tourist können Sie sich von einer der beiden Aussichtsplattformen zumindest schon einmal einen ersten Eindruck vom Ausblick und der Eleganz dieses Turms verschaffen. Tickets hierfür müssen im Internet vorbestellt werden und kosten ab 149 Dirhams (ca. 36 Euro) für die Plattform auf der 124. Etage bzw. ab 370 Dirhams (ca. 90 Euro) für die Lounge mit Softgetränken auf Ebene 148.

Wenn Sie nicht gerade als Eintagsfliege zur Welt gekommen sind, würden Sie einen solchen Ausflug aber wohl nicht als »Leben im höchsten Gebäude der Welt« bezeichnen. Für eine Nacht bis mehrere Wochen einquartieren können Sie sich für ein etwas längeres Abenteuer im in den unteren Stockwerken untergebrachten Armani-Hotel. Die ganz großen Ausblicke und das Schweben über den Wolken bleiben Ihnen dann zwar noch immer verwehrt, aber Sie können zumindest nachweisbar behaupten, Sie hätten im legendären Burj Khalifa übernachtet (Übernachtung im DZ ab ca. 400 Euro). Außerdem haben Sie es auf diese Weise bereits geschafft, die überaus aufmerksamen Wachposten zu überwinden, die das Gebäude für jeden Unbefugten auf mehrere hundert Meter weiträumig abriegeln.

Um in einem der höhergelegenen Studios und Apartments unterzukommen, müssten Sie einen Mietvertrag mit einem der privaten Vermieter abschließen. Üblich sind in Dubai auf ein Jahr befristete Mietverträge, in Zeiten eines Überangebotes von Wohnraum jedoch finden Sie immer auch kurzfristigere Angebote ab einem Monat. Der Preis hierfür variiert und ist abhängig von der Größe des Apartments und der Lage innerhalb des Gebäudes. Die Sicht auf die ebenfalls berühmte Sehenswürdigkeit »The Dubai Fountain« etwa ist die begehrteste und daher teuerste Variante. Rechnen Sie etwa mit einer Miete von 2.500 Euro pro Monat.

Wenn man bedenkt, dass Luxushotels in Dubai wie etwa das berühmte Burj al Arab Übernachtungspreise von mehr als 1.000 Euro (pro Nacht in der Nebensaison wohlgemerkt) verlangen, ist ein Monatsbetrag von

2.500 Euro ein wahres Schnäppchen. Allerdings hat die Sache zwei Haken: Zum einen ist es natürlich etwas aufwändiger, ein möbliertes Apartment für einen Monat zu mieten, nicht zuletzt müsste man ja für diese Zeit auch Strom und Wasser anmelden. Was uns zum zweiten Haken führt: Um in Dubai eine private Wohnung mieten und einen Belieferungsvertrag mit den Versorgungsbetrieben abschließen zu können, benötigt man ein spezielles Visum – das kostenlos bei der Einreise ausgestellte Touristenvisum wird hierfür nicht anerkannt. Allerdings gibt es immer mal wieder Vermieter, die Strom und Wasser auf ihren Namen anmelden ...

So können Sie sich diesen Traum erfüllen

Quartieren Sie sich für eine oder mehrere Nächte im Armani-Hotel ein (www.armanihoteldubai.com). Längerfristige Aufenthalte in einem privaten Apartment sind nur mit Residenzvisum möglich. Erfahrene Makler finden Sie auf Vergleichsportalen wie www.propertyfinder.ae und www.dubizzle.com oder bei international agierenden Maklerunternehmen wie beispielsweise Engel & Völkers.

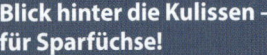

Blick hinter die Kulissen – für Sparfüchse!

Möchten Sie einmal die wahrhaft imposante Lobby erleben, die ansonsten nur Bewohnern des Burj Khalifa vorbehalten ist? Oder in der Residence Lounge im 123. Stock den Ausblick und einen Cappuccino genießen? Dann gibt es eine weitere Möglichkeit, die allerdings an dieser Stelle auf keinen Fall empfohlen wird: Werfen Sie sich in ein Sakko und nehmen Sie als potenzieller Mietinteressent Kontakt mit einem Makler auf. Bei rund 1.000 im Gebäude vorhandenen Apartments stehen permanent zahlreiche Wohnungen leer und suchen nach einem neuen Mieter. Makler führen Interessenten dann gerne durch das Gebäude und erläutern sämtliche Annehmlichkeiten. Und auch in Dubai muss nicht jede Wohnungsbesichtigung zu einem Vertragsabschluss führen ...

2

Flug an den Rand des Weltraums

Völlig losgelöst

MOSKAU · RUSSLAND

Mit dieser Mission kommen Sie Ihrem Traum, endlich einmal ein Astronaut sein zu dürfen und die Anziehungskraft der Erde überwinden zu können, ein großes Stück näher. Ein Flug an den Rand des Weltraums wird Ihnen bestimmt als ganz besonderes Erlebnis für immer in Erinnerung bleiben.

Kosten	Erlebniswert	Aufwand
🔲🔲🔲	★★★★★	🔧🔧🔧

Kurz nachdem Sie im Cockpit einer russischen MiG-25 Platz genommen haben, durchbrechen Sie mit etwa 3.500 km/h die Schallmauer. Oder genauer gesagt: Zu dieser Zeit fliegen Sie bereits mehr als dreimal so schnell wie der Schall. Ihr Schreien (vor Glück, natürlich) können Sie also noch hören, wenn Sie Ihr Abenteuer bereits beendet haben.

Aufhalten kann Sie jetzt nichts und niemand mehr – Sie sind auf dem Weg in Richtung der unendlichen Schwärze des Weltraums. In einer Höhe von mehr als 25.000 Metern sehen Sie die Erde mit ihrem mehr als 1.127 km weiten Horizont. Überwältigt von diesem Anblick kommt Ihnen langsam in den Sinn, dass Sie und Ihr Pilot in diesem Augenblick die beiden am höchsten fliegenden Menschen überhaupt sind (abgesehen von der Besatzung der Internationalen Raumstation). Wenn Sie Ihre Zielflughöhe erreicht haben, befinden Sie sich in der Stratosphäre – und haben damit quasi dreimal den Mount Everest bestiegen. Von der Aussicht, die Sie jetzt genießen dürfen, konnte Reinhold Messner damals nur träumen ...

Ihre Mission im Detail

Ort   Moskau, Russland
Dauer der Mission   3 Tage *(einschließlich Trainingsprogramm)*
Maximale Höhe   25.000 Meter
Maximale Geschwindigkeit   Mach 3 *(3.494 km/h)*
Voraussetzungen   Mindestalter 18 Jahre, Maximalgröße 2,15 m, Maximalgewicht 115 kg, Flugtauglichkeit
Kosten   ca. 12.000 Euro

Vorbereitungen und Trainingsprogramm

Ein solches Abenteuer verlangt natürlich nach einer gewissen körperlichen Vorbereitung. Wie ein »echter« Astronaut müssen Sie Ihren Körper auf die enormen Kräfte vorbereiten, die während des Starts und des Fluges auf ihn einwirken werden. Dies geschieht in einer Zentrifuge, einer überdimensionalen Salatschleuder, die in einer atemberaubenden Geschwindigkeit um eine vertikale Achse rotiert und eine Belastung von bis zu 30 g simulieren kann. Dies bedeutet, dass der rotierende Körper während dieser Simulation mit dem Dreißigfachen seines Gewichtes belastet wird. Dies wäre natürlich nichts für Chocaholics, aber auch Schmalhans Küchenmeister mit einem Gewicht von, sagen wir mal, lediglich 50 Kilogramm würde mit einer Belastung von 1.500 Kilogramm in seinen Sitz genagelt. Zum Vergleich: Das wäre dasselbe, als würde er mit einem VW Polo (inklusive Insassen) Bankdrücken machen.

Ihr Blick schweift über die Instrumente und erreicht die Flughöhe. Die Nadel steht bei 80.000 Fuß. *Hang on a minute!* Wie war das noch mit dem metrischen System? 80.000 Fuß entsprechen also einer Höhe von rund 24,4 Kilometern!

Ihre Maschine wird jetzt langsamer und schwebt fast schwerelos durch Zeit und Raum. Aber auch hierfür gibt es eine physikalische Erklärung: In einer solchen Höhe ist die Luft nicht mehr tragfähig genug, das Flugzeug bekommt also keinen Auftrieb mehr.

Wenn Sie jetzt für einen Augenblick einmal Ihre Nase aus dem Spuckbeutel holen könnten, sehen Sie draußen die unendliche Weite des Weltraums über Ihnen, die sich in einem tiefen Schwarz ausdrückt. Und unter Ihnen sehen Sie ganz deutlich die Krümmung der Erde, in klaren blauen und weißen Farben.

Ramadan im Weltall

Zwar werden Sie bei Ihrem Exkurs an den Rand der Schwerkraft keine Probleme mit der Einhaltung Ihrer religiösen Pflichten haben. Für all jene, die sich länger hier oben aufhalten, zum Beispiel Astronauten oder Weltraumtouristen auf der ISS, könnte sich die Angelegenheit schon etwas komplizierter darstellen. Da die ISS mehrmals pro Tag die Erde umkreist (und zwar exakt alle 90 Minuten), müsste ein gläubiger Muslim den traditionellen Regeln zufolge 80 mal am Tag beten und während des Gebetes seine Position kontinuierlich anpassen, sodass sie stets gegen Mekka zeigt. Das Finden einer angemessenen Gebetshaltung dürfte in der Schwerelosigkeit allerdings ohnehin schwer genug sein ...

Die volle Power dieses Karussells für Wahnsinnige würde also selbst den Körper eines Achterbahn-Weltmeisters aus allen Angeln heben, weswegen dieses Teil für Sie mit einer gemäßigten Rotationsgeschwindigkeit von etwa dem Fünffachen des eigenen Körpergewichtes losbrettern wird.

Durchführung Ihrer Mission

Sie nehmen im Cockpit Ihrer Maschine Platz (nur Fenstersitze, nur erste Reihen und beste Aussicht auf allen Plätzen garantiert!) und erleben, wie Ihr Pilot das Gerät beinahe senkrecht in den Himmel schraubt. Die Instrumente fangen an zu vibrieren, und auf einmal wird Ihnen klar, dass dieser Trip etwas anderes ist als die Zechtour mit Ihren Schulfreunden.

Ihre Freunde am Boden vernehmen einen lauten Knall: Entweder ist jemand geplatzt, oder Sie haben die Schallmauer durchbrochen. Ihr Pilot beschleunigt erneut. Zweifache Schallgeschwindigkeit. Die Bordinstrumente zeigen eine Geschwindigkeit über Grund von 2.500 Kilometern in der Stunde an. 2.700 ... 3.000.

So können Sie sich diesen Traum erfüllen

Eine erste Anlaufstelle für Buchungen von Missionen an den Rand des Weltraums und darüber hinaus ist Virgin Galactic von Sir Richard Branson (www.virgingalactic.com/explore). Wem der Rand des Weltraums noch nicht ausreicht, der kann mit Space X von Elon Musk ganz tief in das All eindringen (www.spacex.com).

3

Mitfahren bei der Rallye Gumball 3000

Auf dem Highway ist die Hölle los

WELTWEIT

»Dann wollen wir mal den ersten Wagen starten, weil wir Weihnachten alle was vorhaben.«

Zu weltweiter Bekanntheit gelangten die illegalen Cannonball-Straßenrennen der 1970er-Jahre quer durch die USA von New York nach Los Angeles nicht zuletzt durch den legendären, starbesetzten Film *Cannonball Fever (Auf dem Highway ist die Hölle los)* aus dem Jahr 1981 mit Burt Reynolds, Dean Martin, Sammy Davis Jr. und Roger Moore (um nur ein paar der Hochkaräter zu nennen). Ein cleverer Geschäftsmann aus dem Vereinigten Königreich mit exzellenten Kontakten in die Welt der Reichen und Schönen griff diese Idee vor mehr als 20 Jahren auf und veranstaltet seitdem in jedem Jahr die Rallye *Gumball 3000.*

Kosten	Erlebniswert	Aufwand
▭▭▭▭▭	★★★★	🔧🔧🔧

Zugegeben, man muss schon ein wenig gaga sein, um sich das anzutun: Innerhalb von exakt sieben Tagen müssen ziemlich exakt 3.000 Meilen zurückgelegt werden, vorzugsweise in absoluten High-End-Sportwagen, in deren Hartschalensitzen man eigentlich bereits nach 100 Kilometern seinen Hintern mehr spürt als Jan Ullrich nach der Tour de France. Dann muss man sich auch noch die Straße mit all den langsamen Gurken teilen, da die Gumball auf öffentlichen, nicht

abgesperrten Straßen gefahren wird. Und wer denkt, nach dem Erreichen seines Etappenziels müde und erschöpft in die Federn fallen zu können, der irrt gewaltig: Das eigentliche Happening startet in der Nacht, in den besten Clubs der Stadt, wo sich die Alumni, wie die Wiederholungstäter dieser Veranstaltung genannt werden, von tausenden Fans wie Superstars feiern lassen.

Bitte folgen! ▶

publik Mazedonien zwei Menschen durch den Wagen eines Teilnehmers tödlich verletzt wurden.

Die Gumball 3000 findet jedes Jahr statt, meist in den Monaten Mai, Juni oder Juli. Das Teilnehmerfeld ist dabei begrenzt auf 100 bis 150 Wagen, die mit Fahrer und Beifahrer besetzt sein können. Und auch sollten, denn ein Co-Pilot wird dringend als Kartenlesegerät benötigt. Die Route zum Zwischenstopp sowie zum Etappenziel wird nämlich nicht vorgegeben und muss vom Team selbst herausgearbeitet werden. Werden dabei wie gewöhnlich mehrere Landesgrenzen überquert, empfiehlt sich die vorherige Beschäftigung mit den Einreisebestimmungen. Bei einem fehlenden Visum etwa bleibt der Schlagbaum unten, und der Teilnehmer darf gegebenenfalls einen großen Umweg nehmen, um irgendwie dann doch noch ans Ziel des Tages zu gelangen.

Wenn in einem Land wie Deutschland die Veranstaltung als illegal eingestuft ist, kann es auch schon einmal passieren, dass an der einen Landesgrenze die Autos auf einen Transporter und ihre Fahrer in einen Bus verfrachtet und auf diese Weise zur anderen Landesgrenze transportiert werden.

Im Jahr 2017 mussten die Teilnehmenden auf dem Weg von Riga nach Mykonos Albanien passieren. Bereits an der Staatsgrenze zu Montenegro wurden die Gumballer von einer Polizeieskorte in Empfang genommen, die den gesamten Tross entlang vollständig abgesperrter und innerhalb der Ortschaften von zahlreichen Fans gesäumter Straßen in – für die Verhältnisse der nicht ganz so PS-lastigen Wagen der Ordnungshüter – atemberaubendem Tempo zunächst bis zum Etappenziel Tirana, am nächsten Tag dann bis zur griechischen Landesgrenze begleitete.

Ins Leben gerufen wurde Gumball 3000 im Jahr 1999 vom englischen Multimillionär Maximillion (sein Name ist Programm) Cooper, einstiges Model und Ehemann der US-amerikanischen Rapperin und Schauspielerin Eve. Seither findet sie in jedem Jahr in anderen Ländern statt und sorgt dort, allein aufgrund der Dichte an Nobelschlitten, regelmäßig für großes Aufsehen und regelrechte Volksfeststimmung an den Etappenzielen.

Und die Teilnehmer verstehen es, ihren Zuschauern einiges zu bieten: Ihre Lambos, Ferraris, Rolls Royce, Bentleys sind zum Teil bestückt mit bunten Rauchpatronen und Konfettikanonen, die Dollarnoten oder T-Shirts in die Menge schießen.

Aber nicht ausschließlich absolute Nobelkarossen schaffen es, sich für eine Teilnahme an der legendären Gumball Rallye zu qualifizieren. Im Jahr 2017 beispiels-

Fairerweise muss man an dieser Stelle erwähnen, dass die Fahrveranstaltung in einigen Ländern, darunter auch in Deutschland, als illegal eingestuft wird, obwohl die Veranstalter stets großen Wert darauf legen, dass es eben nicht um Geschwindigkeit geht, sondern am Ende der Woche andere Tugenden mit einem Kaugummikugel-Automaten (von Gumball = Kaugummikugel) als Trophäe ausgezeichnet werden wie etwa Rücksichtnahme, Kameradschaft oder Originalität des Fahrzeugs. Dennoch lassen es sich nicht alle Teilnehmenden nehmen, mal so richtig auf die Pedale zu drücken und alles aus den 400, 500 oder 700 Pferdestärken ihrer Boliden herauszuholen.

Das wissen natürlich auch die Ordnungshüter, die sich, zur Zeit der Gumball vermutlich auf Urlaubssperre, allesamt hinter jedem erdenklichen Busch mit einer Laserpistole postieren und – wie die Bären an der Lachstreppe – nur auf ihre Opfer zu warten brauchen, die zu Scharen in ihre Radarfalle tappen.

Dumm nur, wenn es tatsächlich zu einem schweren Unfall kommt, wie etwa im Jahr 2007, als in der Re-

weise nahmen zwei als Super Mario Kart folierte Smart teil, die mit ihren beiden, natürlich als Mario und Luigi verkleideten Fahrern für großes Aufsehen sorgten.

Die große Attraktivität dieses Spektakels zieht alljährlich Prominente und Weltstars an, die an der Rallye aktiv teilnehmen: David Hasselhoff etwa war schon mehrere Male dabei, Joko und Klaas gingen 2010 für ProSieben an den Start und Lewis Hamilton war 2015 in einem Koenigsegg unterwegs.

Gumball 3000 in Kürze

Startpreis variiert, durchschnittlich etwa 27.000 Britische Pfund (rund 30.000 Euro) für zwei Personen (Fahrer und Beifahrer). Darin enthalten sind: Organisation der Rallye, Unterkunft in Luxushotels, Vollpension, allabendliche Partys mit Star-DJs

Extras Anreise, Verschiffung des Fahrzeugs, Versicherung des Fahrzeugs (Achtung: Die meisten Versicherungen schließen eine Teilnahme an einer derartigen Veranstaltung aus. Die wenigen Unternehmen, die sich darauf einlassen, verlangen für eine Woche eine Prämie in Höhe eines Kleinwagens)

Am teuersten sind aber (neben den Knöllchen für zu schnelles Fahren) die Nächte in den teuersten Clubs der jeweiligen Stadt. Wie die Flugzeuge im Frankfurter Luftraum zu Beginn der Sommerferien im Minutentakt auf die Stadt einfallen, transportieren die Bardamen eine Magnumflasche nach der anderen zu den durstigen Hobby-Rennfahrern ...

Intensives Rahmenprogramm

So können Sie sich diesen Traum erfüllen

Bewerben Sie sich für Ihren Startplatz bei der nächsten Rallye auf www.gumball3000.com.

Samba de Janeiro

Feiern beim buntesten Karneval der Welt

RIO DE JANEIRO · BRASILIEN

Jedes Jahr im Winter, wenn es wieder schneit ... trecken nicht nur die Jecken aus der Stadt mit K durch die Straßen. Auch in anderen Ländern feiert man die fünfte Jahreszeit, und für viele ist der Karneval in Rio der Inbegriff für Fasching überhaupt: wohl kaum irgendwo sonst findet man derart heiße Temperaturen, heiße Rhythmen und heiße Damen in noch heißeren Kostümen.

Kosten	Erlebniswert	Aufwand
▭▭	★ ★ ★ ★ ★	✄ ✄ ✄ ✄

Denkt man an Brasilien, denkt man an Rio de Janeiro, denkt man an den Karneval. Und würde man wie immer 100 Menschen fragen, was sie mit Karneval in Rio verbinden, so wäre vermutlich noch vor den drei oben genannten Alternativen »Samba« die Topantwort. Dabei wissen wohl die wenigsten, dass zu den Ursprüngen des Karnevals zur Mitte des 19. Jahrhunderts in Rio zu ganz anderer Musik die Hüften geschwungen wurden, nämlich zu Polka und Walzer. Die Samba fügten afrikanischstämmige Brasilianer erst zu Beginn des 20. Jahrhunderts hinzu.

Der Karneval in Rio findet zur selben Zeit statt wie in Deutschland und beginnt offiziell am Freitag vor Aschermittwoch. Dann übergibt die Stadtverwaltung dem »König Momo« symbolisch den Schlüssel für das Rathaus, der daraufhin den Karneval für eröffnet erklärt.

Ein großer Teil der Festlichkeiten findet, ähnlich wie in den rheinischen Hochburgen des alljährlichen Frohsinns, auf den Straßen und in den Kneipen der Stadt statt. Die bunten Bilder, die sich allein beim Gedanken an den Karneval in Rio im Kopf eingebrannt haben, entstammen aber nicht dem Straßenkarneval, sondern der alljährlichen Parade der Sambaschulen, die mit großem Getöse und in opulenten Kostümen in das eigens hierfür gebaute, riesige Stadion Sambódromo einziehen.

Funfact am Rande

Das vom bedeutenden brasilianischen Stararchitekten Oscar Niemeyer entworfene Sambódromo (komplett: Sambódromo da Marquês de Sapucaí) fasst 88.500 Zuschauer – also mehr als das Stadion von Borussia Dortmund – und wurde in nur vier Monaten erbaut.

Die Parade ist aber nicht nur Spaß für die Tänzerinnen und Tänzer der Sambaschulen – und dabei meine ich nicht die hohe Luftfeuchtigkeit und die noch höheren Temperaturen, der sie auch nachts noch ausgesetzt sind. Ich denke auch nicht an die Dauer der Paraden, die um 21 Uhr beginnen und bis in die frühen Morgenstunden andauern. Vielmehr ist die Parade ein regelrechter Wettstreit zwischen den Schulen, der stark an Fußball erinnert. Die teilnehmenden Schulen sind in vier Ligen aufgeteilt, und jedes Jahr steigt eine Schule – ebenfalls ähnlich wie beim Fußball – ab und eine Schule in die nächsthöhere Liga auf. In der höchsten Liga winkt den drei Bestplatzierten ein Geldpreis. Viel wichtiger ist den Tänzerinnen und Tänzern aber natürlich der Ruhm, zu den besten Sambaschulen der Stadt zu gehören. Und damit, vermutlich, zu den besten Sambaschulen der Welt.

In welcher Reihenfolge die jeweils sechs Sambaschulen pro Wettkampftag ins Sambódromo einmarschieren, wird durch das Los bestimmt. Jede Schule meldet hierzu bis zu 40 Gruppen mit insgesamt 4.000 Tänzerinnen und Tänzern an, die die einen Kilometer lange Paradestrecke durch das Stadion in exakt 2 Stunden durchflaniert haben müssen. Brauchen sie länger oder sind sie zu schnell fertig, werden Punkte abgezogen. Bewertet werden außerdem rhythmische Präzision, Harmonie von Gesang, Trommelspiel und Tanz, die künstlerische Umsetzung des gewählten Themas sowie der Gesamteindruck.

Viel interessanter ist aber doch wohl, aktiv an der ganzen Geschichte teilzunehmen anstatt sich nur anzuschauen, wie sich die Teilnehmenden für die Gunst der Zuschauer und die der Schiedsrichter abrackern. Quasi mittendrin statt nur dabei. Geht nicht? Geht doch, und dafür müssen Sie nicht einmal tanzen können!

Jede Sambaschule benötigt jedes Jahr tausende Mitläufer für ihre Bodentruppen. So viele Mitglieder haben aber die wenigsten von ihnen. Also sind sie stets auf Unterstützung von externen »Laien« angewiesen, die sie auch gerne für die Parade aufnehmen. Unter den Brasilianern ist dies bekannt, und so machen sich Menschen aus dem ganzen Land

(zugegebenermaßen nur solche, die sich das finanziell erlauben können) auf nach Rio, um mit einer der Sambaschulen mitzulaufen.

Das einzige, das Sie zum Mitlaufen benötigen, ist das originale Kostüm der betreffenden Fußgruppe der gewünschten Sambaschule. Dieses ist natürlich an das (jährlich wechselnde) Motto der Schule angepasst und wird von der Sambaschule auf Maß gefertigt. Kostenpunkt, je nach Aufwand, zwischen 300 und 600 Euro. Das Motto der kommenden Session legen die Sambaschulen bereits kurz nach Ende der Festlichkeiten fest. Es empfiehlt sich daher, bereits frühzeitig Kontakt aufzunehmen und ein Kostüm anfertigen zu lassen.

In jedem Fall werden Sie den Fußgruppen zugeteilt – auf die bunten, reich verzierten Wagen kommen nur die Profitänzer der jeweiligen Sambaschule. Mitläufer müssen sich verpflichten, die Regeln streng zu befolgen. So dürfen keine Foto- oder Videoaufnahmen während der Parade gemacht werden, und jeder muss das ausgewählte Lied während des Einmarsches mitsingen. Teilnehmer ohne flüssige Portugiesischkenntnisse in Wort und Schrift sollten zumindest die Lippen annähernd so bewegen können wie ihr Nachbar links – und ihre Hüften kreisen wie ihr Nachbar zur Rechten.

Außerdem achtet der Zugführer strengstens auf das Kostüm, das tadellos in Schuss und korrekt angezogen sein muss. Ansonsten ist das Erlebnis schneller beendet, als Sie *Lençóis Maranhenses no Maranhão*[1] sagen können...

---

1 *Lençóis Maranhenses* ist ein Nationalpark im Norden Brasiliens, auch genannt »Die Wüste Brasiliens«, *»no Maranhão«* heißt nicht mehr und nicht weniger als »in Maranhão«, was wiederum den Bundesstaat bezeichnet.

So können Sie sich diesen Traum erfüllen

Um sich das Ganze einmal aus der Nähe anzu-schauen, brauchen Sie nur
1. Einen vom Chef genehmigten Urlaubsantrag
2. Einen Flug
3. Ein Ticket für das Sambódromo (Karten auf der Tribüne für einen der beiden Hauptta-ge Sonntag oder Montag ca. 300 USD, also etwa 270 EUR)
4. Fertig!

Ein Kostüm selbst benötigen Sie als Zuschau-er nicht, schaden kann es aber auch nicht. Eine Liste der aktuellen Sambaschulen sowie Möglichkeiten zur Buchung von Tickets erhalten Sie u. a. auf der Seite www.dobrazilright.com. Der Inhaber Marcelo war mir seinerzeit behilflich, ein Kostüm und den Kontakt zur Sambaschule zu organisieren.

Sich an einem Weltrekord versuchen

Wetten dass ...?

WELTWEIT

Um einen Weltrekord aufzustellen, gibt es viele Möglichkeiten. Die meisten Rekorde haben aber dummerweise eines gemeinsam: Sie müssen etwas entweder besonders lange oder besonders gut können. Oder Sie müssen eine ausgefallene Idee haben, die vor Ihnen noch niemand ausprobiert hatte. Dann werden Sie zum Trendsetter und haben zumindest so lange den Weltrekord inne, bis Sie von jemandem abgelöst werden.

Kosten	Erlebniswert	Aufwand
💳	★ ★ ★ ★	🔧🔧🔧🔧

Vielleicht sind Sie ja ein exzellenter Sportler, dem die Pokale und Trophäen in der Vitrine zuhause als reine Staubfänger ein echtes Dorn im Auge sind. Vielleicht haben Sie nach dem zehnten Weltrekord in Ihrer Sportart auch hieran die Lust verloren. Dann nehmen Sie doch die Herausforderung an und unternehmen Sie einen Weltrekordversuch in einer Disziplin, die nicht zu Ihren engsten Steckenpferden zählt. Oder Sie erfinden einfach etwas ganz abgefahren Neues.

Funfact am Rande

Rennfahrer-Legende Niki Lauda soll seiner zahllosen Trophäen derart überdrüssig gewesen sein, dass er sie bei einem Tankstellenbesitzer gegen kostenlose Autowäschen auf Lebenszeit eingetauscht haben soll.

Während die Kriterien für einen sportlichen Weltrekord in den Bestimmungen des für die jeweilige Sportart zuständigen internationalen Sportverbandes festgelegt sind, werden Rekorde in anderen Bereichen im Guinness-Buch der Rekorde festgehalten, deren eigene Kriterien von der Redaktion dieses Werkes bestimmt werden. In allen Fällen heißt das, dass Sie nicht einfach draufloslaufen und die Zeit mit der Quarzuhr von Tante Inge messen dürfen, sondern dies vor einem von der Organisation zugelassenen Schiedsrichter tun müssen. Wenn Sie eine Sportart erfunden haben, müssen Sie also vor der Anerkennung Ihres Rekordes (den Sie in jedem Fall aufstellen werden, weil es ja keine Konkurrenten gibt) zunächst einen internationalen Sportverband gründen. Was allerdings zur Folge hat, dass Sie nun doch auf Konkurrenten treffen werden ...

Eine Sportart zu erfinden wäre Quatsch? Wohl kaum, denn irgendwann ist jeder Sport zum ersten Mal begangen worden. Außerdem werden auch heute noch regelmäßig neue Sportarten erfunden, die zum Teil recht schnell – vor allem durch die Verbreitung in den sozialen Medien – auch international zahlreiche Anhänger finden.

Kostprobe gefällig? Was halten Sie von der neuseeländischen Sportart Nacktrugby? Oder dem englischen Käserollen? Und während sich die Finnen im Gummistiefelweitwurf oder in der Disziplin Frauentragen messen, hat tatsächlich das aus den Harry-Potter-Romanen bekannte Quidditch Einzug in amerikanische Colleges gehalten und tritt dort als mehr oder weniger ernstzunehmende Konkurrenz von Baseball und Basketball an.

Sie sehen, Ihrer Fantasie sind wieder einmal keine Grenzen gesetzt. Wenn aber Sport in welcher Form

auch immer nichts für Sie ist, können Sie sich ja auch mit einer anderen kreativen Idee bei Guinness bewerben. Ideal wäre es natürlich, wenn Sie bereits physische Grundvoraussetzungen mitbringen könnten. Ein Türke ist zum Beispiel mit 2,47 m der größte Mensch der Welt, einem Inder wachsen nicht Bohnen, sondern Haare aus den Ohren, und ein Kaninchen aus Großbritannien ist mit 98 Zentimetern das längste der Welt.

Ansonsten gilt: Es gibt nichts, was es nicht gibt. Sie müssen nur ein wenig kreativ sein. So könnten Sie vielleicht der erste Mensch sein, der ununterbrochen Achterbahn fährt und dabei seine Schulabschlussprüfung absolviert. Oder Sie gehen an den Start mit der größten Sammlung getrockneter Küchenschaben. Oder Sie rühmen sich damit, als bislang einziger das Internet komplett gelesen zu haben.

Sollten Sie nicht so kreativ sein, können Sie sich natürlich auch einen bereits existierenden Rekord vorknöpfen und diesen schlagen. Können Sie gut Bierkrüge stemmen, müssten Sie mindestens 20 auf einen Streich schaffen. Können Sie gut mit Nadel und Faden umgehen, sollte der von Ihnen genähte Herrenanzug länger sein als 19,5 Meter. Und wenn Sie Tränensäcke haben wie Inspektor Derrick, sollte das mit ihnen gezogene Gewicht größer sein als 399,2 Kilogramm.

Diesen unglaublichen Rekord stellte ein Australier bereits im Jahr 2009 auf, als er mit einem an seinen Tränensäcken angebrachten Seil eine mit fünf Personen beladene Rikscha zog. Wenn dies alles nichts für Sie ist, dann können Sie immer noch an einem gemeinschaftlichen Weltrekordversuch teilnehmen. So gibt es etwa den Rekord im Massen-Flugdrachen-Steigenlassen, im Massen-Hula-Hoop oder Massen-Sackhüpfen.

Genug Zeit vertan. Am besten, Sie beginnen gleich jetzt mit dem Trainingsprogramm für Ihren ganz persönlichen Weltrekord. Ich warte solange hier.

So können Sie sich diesen Traum erfüllen

Stöbern Sie auf den Seiten von Guinness World Records, welche Rekorde es bereits gibt und welche Voraussetzungen erfüllt sein müssen. Unter dem Link www.guinnessworldrecords.de/set-a-record können Sie Ihren Rekordversuch gleich anmelden.

Expedition zu einer Forschungsstation in die Antarktis

Immer einen kühlen Kopf bewahren

EKSTRÖM-SCHELFEIS · ATKA-BUCHT · NORDÖSTLICHES WEDDELLMEER · ANTARKTIS

Ein Traum aus ewigem Eis. Absolute Ruhe. Nur das Klirren der frostigen Kälte ist zu hören. Aus der Ferne vernehmen Sie hier und da leise die Pinguine, die lustig watschelnd den Hang herunterrutschen. Und noch bevor sie sich akustisch bemerkbar machen, registrieren Sie die putzigen Vögel an ihrer dezenten Duftmarke, die schneller und vor allem weiter als der Schall zu fliegen scheint.

Eine Expedition in die Antarktis ist eine Reise abseits ausgelatschter Touristenpfade. Zwar finden immer mehr Unternehmungslustige den Weg in diesen abgelegenen Winkel, aber die Anzahl derer ist im Vergleich zu anderen Destinationen noch immer erfreulich gering.

Kosten	Erlebniswert	Aufwand
▭▭	★ ★ ★	⚒ ⚒ ⚒

Funfact am Rande

Seit der Entdeckung dieser lebensfeindlich und unerreichbar anmutenden Region vor mehr als 200 Jahren haben diese weniger Menschen betreten als heute in Hamburg leben.

▼ »Als ich ›Whisky on the rocks‹ sagte, meinte ich eigentlich etwas anderes ...«

Das mag an dem vergleichsweise hohen Aufwand liegen, den man für eine solche Unternehmung betreiben muss. Eine Pauschalreise buchen, Pullover einpacken und sich entspannt vom Flieger ans Ziel bringen lassen, reicht hierfür bei weitem nicht aus. Vielmehr bedarf bereits das Packen des Koffers einer besonderen Vorbereitung auf die extremen Verhältnisse im Permafrost. Zugänglich ist die Region zwar nur in den Sommermonaten der Südhalbkugel, also in unserem Winter, wenn die Zufahrtswege nicht allesamt zugefroren sind und sich die Temperaturen wenigstens nicht ständig im hohen zweistelligen Minusbereich einpendeln. Dennoch benötigen Sie Kleidung, die Sie auch unter extremen Bedingungen warm hält und trotzdem enorm atmungsaktiv ist für Ihre langen Unternehmungen außerhalb der warmen Station oder Ihres Schiffes. Ihre Schuhe müssen geeignet sein für den permanent gefrorenen, unebenen und teilweise felsigen Boden.

Aber das ist nur die eine Seite der Medaille. Die Tatsache, die diese Reise aufwändiger macht als der Trip mit Freunden zum Ballermann, lernen Sie bereits bei der Anreise kennen. Sie erreichen die Antarktis nämlich nur per Schiff, in der Regel vom argentinischen Feuerland aus startend. Das wäre ja noch kein allzu großes Problem, schließlich buchen viele eine Kreuzfahrt allein des Schiffes wegen. Wir reden aber hier, glücklicherweise, (noch) nicht von den Riesenpötten mit zigtausend Kabinen, Kletterpark, Schlittschuhbahn und Riesenrad zur Unterhaltung der Passagiere, die durch immer bessere Stabilisatoren selbst einen Mörderseegang zu einer romantischen Fahrt auf dem Ententeich werden lassen. Nein, auf einer Reise in die Antarktis und vor Gericht ist man in Gottes Hand. Wer schon einmal auf einer Butterfahrt nach Helgoland war, um dort billig Kaffee, Zigaretten und dänische Lakritze einzukaufen und diese Idee spätestens nach der fünften gefüllten Spucktüte jämmerlich bereut hat, der kann sich noch immer nicht vorstellen, was die Drake Passage für Überraschungen parat hält.

Wie eine Nussschale wird dann das im Vergleich leichte Expeditionsschiff zum Spielball der zum Teil meterhohen Wellen. Und während der Spuk auf der Reise zu Deutschlands einziger Hochseeinsel binnen weniger Stunden vorbei ist und man wieder festen Boden unter den Füßen hat, dauert der Weg durch die nasse Hölle von Kap Horn an die Nordspitze der Antarktischen Halbinsel zwei lange Tage und zwei noch längere Nächte, in denen man im Minutentakt von der einen Seite seines Bettes auf die andere geworfen wird.

Umso schöner ist dann aber der erste Blick auf das ewige Eis, das Sie am nächsten Morgen durch Ihr Bullauge begrüßt. Und den ersten Geruch des in reicher Zahl von unseren knuffigen Freunden im Frack produzierten Guanos empfindet Ihre Nase zu diesem Zeitpunkt auch noch eher als Duft der großen, weiten Welt. Aber auch das wird sich ändern.

Wissenschaftler, die auf einer der Forschungsstationen in der Antarktis Untersuchungen durchführen, reisen zum Teil auf denselben Schiffen wie die Touristen in die Antarktis. Dann weicht das Schiff durchaus auch einmal von seiner regulären Route ab, und Passagiere haben dann die Chance, ganz nah an eine solche Station heranzukommen.

Auf der Neumeier III, einer deutschen Polarforschungsstation des Alfred-Wegener-Institut Helmholtz-Zentrum für Polar- und Meeresforschung, beschäftigt man sich hauptsächlich mit der Pinguin- und Gletscherforschung sowie mit Forschungen für zukünftige Missionen zum Mars. Unter ähnlichen Bedingungen wie dort wird zum Beispiel im künstlichen Garten EDEN-ISS Gemüse angebaut.

Zu den am meisten angefahrenen und auch auf einer kommerziellen Expedition durchaus zu besichtigenden Polarstationen zählen die heute nur noch zum Teil besetzte argentinische Almirante Brown Antarctic Base in Paradise Bay, etwa 1.100 Kilometer südlich von Ushuaia, sowie die inaktive chilenische Gonzales Videla Station und die ganzjährig besetzte polnische Henryk Arctowski Polish Antarctic Station auf King George Island (Südliche Shetlandinseln).

Information

In diesem Zusammenhang sei der Eingriff des Menschen in die Natur der Antarktis kritisch angemerkt, sei es durch Fischerei, Forschung oder Tourismus. Zwar ist die Region bislang von schädlichen Umweltbelastungen weitestgehend verschont geblieben, dennoch hinterlässt der zunehmende wissenschaftliche, kommerzielle oder touristische Schiffsverkehr seine Spuren. Um diese weiterhin bestmöglich zu verhindern, benötigen sämtliche Schiffsreisen in die Antarktis behördliche Genehmigungen, zumindest, wenn die Reise in einem Land organisiert wurde, das das Umweltschutzprotokoll zum Antarktis-Vertrag von 1998 unterzeichnet hat.

So können Sie sich diesen Traum erfüllen

Kreuzfahrten in die Antarktis bieten verschiedene Reedereien an. Die einstige Postschifffreederei Hurtigruten (www.hurtigruten.de) entsendet mittelgroße Schiffe, auf denen manchmal auch Forschungsteams zu einer Station befördert werden.

Fallschirmsprung über Dubai

Falling Down

THE PALM JUMEIRAH · DUBAI · VEREINIGTE ARABISCHE EMIRATE

Der menschliche Körper ist ja schon etwas Besonderes. Eigentlich weiß er ganz genau, was er wann braucht und was wann zu tun ist. Als Informanten für seinen Befehlsgeber bedient er sich dabei des Stresshormons Adrenalin, ohne das wohl heute nicht wir von acht bis vier am Schreibtisch säßen – sondern die Säbelzahnkatzen. Adrenalin gibt dem Körper in Stresssituationen ruckzuck zusätzliche Kraftreserven, die ihm zum Kampf oder (der Klügere gibt ja bekanntlich nach) zur Flucht verhelfen. Da aber heutzutage in einer Stadt wie, sagen wir, Frankfurt am Main der Durchschnittsmensch nicht mehr allzu häufig gegen Säbelzahnkatzen kämpfen muss, suchen wir nach anderen Wegen, nach einem ultimativen Kick, der uns wieder dieses tolle Adrenalin ausschüttet.

Der eine geht dafür an den Daddelautomaten, der andere in den Darkroom und wieder einer springt überall da heraus, wo sich eine Tür öffnen lässt.

Kosten	Erlebniswert	Aufwand
💳	★ ★ ★	🔧

Am meisten Adrenalin wird wohl dann ausgeschüttet, wenn man sich immer einen neuen Kick verschafft. Denn selbst ein Sprung in ein Planschbecken aus 113 Metern Höhe wird zur Routine, wenn man ihn täglich absolviert. Die meisten von uns sind aber wohl nicht in einem Zirkus aufgewachsen, und so stellt ein Sprung aus einem Flugzeug für viele ein besonderes Event dar, das zumindest das eine oder andere Nackenhaar in die Höhe schnellen lässt.

Regelrechte Adrenalin-Junkies können natürlich gleich eine Ausbildung für den freien Fall buchen. Für rund 1.600 Euro lernen Sie dann an einem Wochenende, ohne zweiten Mann im Rücken einen Fallschirmsprung zu absolvieren. Dazu zählt natürlich nicht nur das Springen selbst und das rechtzeitige Ziehen der Reißleine, sondern auch – und vor allem – das richtige Einpacken des Schirms, sodass es hinterher am Boden nicht zu einer großen Sauerei kommt.

Ich würde aber vorschlagen, zunächst einmal sein Leben in die Hand eines völlig Unbekannten zu legen und einen Tandemsprung zu versuchen. Dann nämlich kann man den Flug vollends genießen, während der Profi, der von hinten an den Springenden gekoppelt ist wie sonst nur die Insassen des bolivianischen Männerknastes in der Dusche die ganze Maloche allein bewältigen muss: Tasche packen, das ganze Gewicht des an ihn Gekoppelten zur Flugzeugtür wuchten, springen ohne zwei Stunden zu überlegen, ob man denn springen sollte oder nicht, Leine ziehen (zum richtigen Zeitpunkt), sicher zur Landung gleiten, abkoppeln und den Fallschirm wieder in die Tasche packen.

Sicherlich gibt es viele Möglichkeiten, einen solchen Tandemsprung zu wagen. In beinahe jedem Landkreis in Deutschland gibt es mindestens ein Angebot, über Raps- und Maisfelder abzuspringen. Sicher ist es auch ganz cool, die Umgebung seines Wohnortes einmal aus der Vogelperspektive zu betrachten und von oben auf ihn herabzuleiten. Wenigstens genauso cool ist es aber, aus der Stratosphäre zu springen oder – wenn man gerade nicht von einem österreichischen Brausehersteller gesponsert wird – über spektakulären Landschaften wie etwa der Wüste oder eben einem riesigen, von Menschenhand geschaffenen Kunstwerk.

Die Rede ist hier von der aufgeschütteten, vor der Küste Dubais gelegenen Halbinsel The Palm Jumeirah, die tatsächlich erst bei einem Fallschirmsprung als Palme zu erkennen ist.

Da viele Touristen auf die Idee kommen, dass dieser Thrill genau der richtige sein könnte, und zudem auch die meisten Residenten wenigstens einmal während ihres Aufenthaltes springen müssen, empfiehlt sich in jedem Fall eine rechtzeitige Buchung. Man erhält dann bereits einen Time-Slot, zu dem man sich auf der Basis einfinden muss. Kurz nach der Anmeldung und der obligatorischen Freistellungserklärung (alles, was passiert, ist meine Schuld, meine Schuld, meine große Schuld) schließt man dann Kontakt mit seinem professionellen Begleiter, der einem in wenigen Augenblicken entweder den Himmel auf Erden zeigen wird oder den Highway to Hell. Hoffentlich ist er gut gelaunt und hat nicht gerade erfahren, dass dein Chef mit seiner Frau durchgebrannt ist.

Nach einer kurzen Einführung in das, was Sie gleich erwartet, geht es auch schon los und ihr schmeißt euch in Schale. Die kleine Höllenmaschine, die Sie unter normalen Umständen vermutlich niemals betreten hätten, ist komplett auf die Bedürfnisse der Fallschirmspringer zugeschnitten. Es gibt nur zwei

Sitzreihen längs entlang des Flugzeugrumpfes – dafür aber keinen Tomatensaft.

Ihr Partner macht noch Scherze, als plötzlich die kleine Ampel über Ihnen auf Grün springt. Jetzt geht es zu wie beim Brezelbacken, und die Maschine spuckt ein Pärchen nach dem anderen aus ihrem Bauch. Nachdem Sie wieder Luft bekommen, werden Sie kaum Ihren Augen trauen. Es ist ein wahnsinniges Gefühl, wenn man beschleunigt wie ein Lamborghini auf der Überholspur. Erst, wenn Ihr Partner nach endlos erscheinenden 60 Sekunden dann doch die Reißleine gefunden hat, beginnen Sie, in der Luft zu gleiten. Nun hat man endlich Gelegenheit, die Welt um sich herum und unter sich in aller Ruhe zu betrachten. Jetzt merken Sie auch den Schuss Adrenalin, den Sie sich heute gegönnt haben.

Voraussetzungen

- rechtzeitige Anmeldung erforderlich
- Mindestalter in Dubai 12 Jahre (variiert je nach Absprungort und -land)
- Mindestgröße 1,10 Meter
- Maximales Körpergewicht: 100 kg
- keinerlei körperliche oder geistige Beschwerden
- Brille und Kontaktlinsen möglich, sollten aber zuvor angemeldet werden, da die Flugschule dann eine besondere Maske zur Verfügung stellen muss.
- ideale Wetterbedingungen

Dauer   einschließlich Vorbereitung etwa ein halber Tag
Preis   etwa 250 Euro

So können Sie sich diesen Traum erfüllen

Informationen erhalten Sie auf der Webseite www.skydivedubai.ae. Hier können Sie sich auch für Ihren ganz persönlichen Slot anmelden.
In heimischen Gefilden gibt es unzählige Möglichkeiten für einen Tandemsprung. Eine Übersicht aller Fallschirmspringschulen gibt es zum Beispiel beim Deutschen Fallschirmsportverband e.V. unter www.dfv.aero.

◄ Wenn das gesamte Adrenalin aus dem Gesicht zu fallen droht

8

Einen Hundeschlittenführerschein machen

Der Hundeflüsterer

FRAUENAU · DEUTSCHLAND

Es gibt Führerscheine für Boote, für Autos und sogar für Gabelstapler, also quasi für alles, was man bewegen kann. Es liegt also nahe, dass es auch einen Führerschein für Hundeschlitten gibt. Ihren Ursprung haben solche Fortbewegungsmittel zwar in Skandinavien, aber auch hierzulande kann man ein solches Zertifikat erwerben.

Kosten	Erlebniswert	Aufwand
💳	★★★	🔧

Um die Überraschung bereits an dieser Stelle vorwegzunehmen: Wenn Sie sich nicht mit einer Huskyfarm in Finnland selbstständig machen wollen, benötigen Sie einen Hundeschlittenführerschein so sehr wie einen Kropf. Sicherlich ist das Dokument aber ein tolles Erinnerungsstück an eine schöne Zeit und hat daher einen ganz persönlichen Liebhaberwert. Außerdem ist es schon eine tolle Sache, eine gewisse Zeit mit diesen aufgeweckten und lieben Arbeitstieren zu verbringen.

Viele Lapplandurlauber möchten gern einmal ihren eigenen Hundeschlitten führen und damit querfeldein durch Eis und Schnee brettern. Das wissen auch die Reiseveranstalter, und so gibt es zahlreiche Angebote von solchen Husky-Safaris, die bereits vorab im Internet oder über die Touristeninformation am Urlaubsort gebucht werden können. Um Enttäuschungen zu vermeiden, ist es natürlich vor allem in der Saison ratsam, bereits vorab eine Reservierung vorzunehmen, da die Nachfrage nach solchen Touren sehr groß ist. Es gibt Angebote von einigen Stunden über einen Tag bis hin zu Safaris mit Übernachtungen. Der Preis startet bei rund 200 Euro.

In der Regel wird jeder Schlitten von sechs Hunden gezogen und mit zwei Personen besetzt. Einer darf im Schlitten Platz nehmen, der andere stellt sich auf die Kufen und dirigiert die Hunde. Da diese aber die Strecke nicht zum ersten Mal laufen und die Touren natürlich geführt werden, besteht die einzige Aufgabe darin, das Gleichgewicht zu halten und – ganz wichtig – zu bremsen. Spätestens in der ersten Kurve wissen Sie, wovon ich spreche.

Und keine Sorge: nach einer gewissen Zeit wird gewechselt, so dass jeder einmal in den Genuss kommt, sich als Hundeschlittenführer zu betätigen.

◀ Ich pflüge durch den Schnee

Sie werden die Ausfahrt genießen, auch wenn die Rolle des Schlittenführers anstrengender ist, als sie von außen aussieht. Es macht einfach Riesenspaß, mit diesen tollen Tieren einen Tag zu verbringen.

Wenn Sie dann wieder zuhause sind und Lust auf mehr verspüren, können Sie tatsächlich in Deutschland einen Hundeschlittenführerschein ablegen. In der ersten Schlittenhundeschule Deutschlands im Kreis Regen im Bayerischen Wald lernen die Teilnehmenden in einwöchigen Kursen, die Tiere zu dirigieren, sie vor einen Schlitten zu spannen und mit ihnen über Stock und Stein zu fahren. Am Ende erhalten sie ein Musher-Diplom, das ihre Qualifikation schwarz auf weiß belegt.

Huskyschlitten-Führerschein to go

1. Halten Sie stets Ihre Füße auf den Kufen und Ihre Hände an den Griffen.
2. Fotos machen und Blumen pflücken während der Fahrt verboten!
3. Achten Sie auf die Zeichen der Musher:
   - Arm hoch = Stop
   - Arm hoch und runter = Gib Gas, Hans
   - Arm wird gewedelt = Langsamer, Inge

So können Sie sich diesen Traum erfüllen

Musher-Diplom in Deutschland

Ort Frauenau im Bayerischen Wald
Saison Oktober bis April
Ablauf Theorie (u. a. Fahrtechnik, Training und Pflege der Hunde) und Praxis (tägliche Ausfahrten, Verfeinerung der Fahrtechnik)
Preis ab 879 Euro pro Person inklusive Übernachtung und Vollpension
Informationen und Buchung
www.waldschrat-adventure.de

Eine Nacht allein unter Huskies verbringen

Der mit dem Hund tanzt

TROMSØ VILLMARKSSENTER · TROMSØ · NORWEGEN

Wenn Sie schon einen Besuch auf einer Hunde-schlittenfarm planen und eine Tour unternehmen, warum dann nicht auch gleich die Nacht mit den Huskies verbringen? Bei einer mehrtägigen Safari werden Sie zwangsläufig mit den Hunden über-nachten müssen, und auch die Absolventen des Hundeschlittenführerscheins im Bayerischen Wald übernachten auf dem Gelände der Schlittenhun-deschule. Richtig originell ist es aber erst, wenn man die Nacht unmittelbar neben den Hundehüt-ten in einem traditionellen Rundzelt in Lappland verbringen kann.

Kosten	Erlebniswert	Aufwand
💳	★ ★ ★	🔧

Nachdem die letzte Hundeschlittensafari zurückgekehrt ist und die Hunde versorgt sind, kommen die Gäste im Haupthaus zu einem zünftigen Abendessen zusammen, während Ihr Rundzelt bereits vorgeheizt wird, denn nachts wird es hier trotz der vielen Fälle, mit denen der Boden der Hütte und vor allem das traditionelle Bett ausgelegt sind, extrem kalt. Und zwar so kalt, dass Sie

gar nicht so eng aneinander kuscheln können, um in der Nacht nicht wegen der Kälte aufzuwachen. Aber bevor es soweit ist, bietet sich vielleicht noch ein kleiner Spaziergang um das Camp in die nun untergehende Sonne an. Außerdem freuen sich die Huskies bestimmt, wenn Sie ihnen nochmal kurz »Gute Nacht« sagen. Auf einem Feld neben den Holzhütten und Rundzelten stehen in Reih und Glied zahllose Hundehütten, und ihre jeweiligen Besitzer stehen – Sie lautstark begrüßend – auf den Dächern ihrer schmucken Behausungen.

Müde und voller Eindrücke lassen Sie sich in Ihr – auf den ersten Blick – hartes Bett fallen. Auf den zweiten Blick entpuppt sich das Nachtlager nicht als hart, sondern als extrem hart. Kein Wunder: Es besteht aus Holz, auf dem ein, zwei Lagen Fell ausgelegt wurden. Zudecken können Sie sich ebenfalls mit Fellen, allerdings würde ich weder die Beheizung ausschalten noch meinen dicken Pulli ausziehen, denn – wie gesagt – Kälte ist schlimmer als Heimweh. Nicht nur, weil Sie während der nächsten Stunden immer wieder den einen oder anderen Husky hören werden, wird es vermutlich nicht die Nacht Ihres Lebens sein, in der Sie den meisten Schlaf bekommen. Aber das haben Sie in Ihrer Hochzeitsnacht auch nicht, trotzdem war sie etwas ganz Besonderes. Und so ist es auch mit dieser Übernachtung. Ein solch ursprüngliches Abenteuer, ganz inmitten der Natur, werden Sie so schnell nicht wieder vergessen!

> Übernachtungen in traditionellen Behausungen eines Huskycamps gibt es an vielen Orten in Skandinavien. Da diese für gewöhnlich außerhalb der Ortschaften und Städte liegen, ist ein Auto sinnvoll. Der Preis variiert und liegt bei 100 bis 200 Euro pro Person inklusive Halbpension.

So können Sie sich diesen Traum erfüllen

Meine Erfahrungen beruhen auf einen Aufenthalt im Tromsø Villmarkssenter (www.villmarkssenter.no). Hier lässt sich ein »Aurora Camp with Dog Sledding Drive Package« buchen, bei dem man nicht nur im Camp übernachtet und mit etwas Glück die Nordlichter aus seiner Hütte bewundern kann, sondern am nächsten Tag auch einen Hundeschlitten führen darf.

Auf die Jagd nach dem Nordlicht gehen

Wenn der Himmel zum Kunstwerk wird

NORWEGEN
KANADA
SCHWEDEN

Wohl kaum eine andere Naturerscheinung übt einen ähnlich starken Reiz aus wie die Polarlichter. Weltweit existieren die kuriosesten Mythen im Zusammenhang mit diesem Phänomen. Ob man ihnen Glauben schenken darf, ist allerdings zweifelhaft. Eines aber ist in jedem Fall gewiss: Wer das beeindruckende Lichterspiel am Himmel einmal mit eigenen Augen gesehen hat, wird ihm für immer verfallen sein.

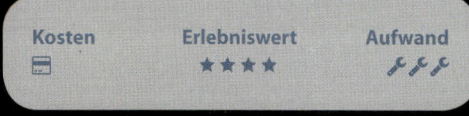

Kosten	Erlebniswert	Aufwand
💳	★★★★	🔧🔧🔧

In China glaubt man fest daran, dass man beim Anblick des Nordlichtes nicht nur fruchtbarer wird, sondern dass die unter den Polarlichtern gezeugten Kinder besonders gut aussehen sowie mit einer Extraportion Verstand und Glück ausgestattet werden. In Kanada gelten die Nordlichter als Fackeln der Götter, die die Menschen damit nicht nur beschützen, sondern auch den Weg der verstorbenen Seelen ins Paradies erleuchten sollen. Und in Island sollte man den Lichtern am Himmel nicht zuwinken, da ansonsten Geister auf den Winkenden aufmerksam werden und ihn holen kommen.

Ein Grund, warum die Polarlichter etwas ganz Besonderes sind, liegt wohl auch darin, dass es keine Garantie gibt, sie wirklich zu sehen. Dies hängt nämlich von verschiedenen Faktoren ab, von denen man nur einige selbst beeinflussen kann. Insofern ist die Suche nach dem Nordlicht immer auch eine Art Glücksspiel. Zumindest für all jene, die nicht in Skandinavien leben und nicht ein ganzes Leben auf die Lichter warten können.

Information

Der wissenschaftliche Name des Polarlichts lautet Aurora Borealis bzw. für die Südhalbkugel Aurora Australis. Es wird vor allem in den Polarregionen durch das Eintreten geladener Teilchen aus der Erdmagnetosphäre in die Atmosphäre hervorgerufen. Das heißt, es gibt diese Erscheinung in der Nähe beider Pole. Um das Südlicht zu sehen, bedarf es allerdings aufgrund der geografischen Beschaffenheit der Umgebung des Südpols größerer Anstrengungen, weswegen die meisten wohl eher auf die Suche nach dem Nordlicht gehen.

Alle anderen brauchen eben das gewisse Quäntchen Glück. Ws gibt aber einige Maßnahmen, um seinem Glück auf die Sprünge zu helfen.

1. Reisezeit

Die Intensität und Häufigkeit der Polarlichter – und damit auch die Wahrscheinlichkeit, sie zu sehen – hängt von der Sonnenaktivität ab, welche wiederum mit ihren heißen Gasen und ihrem Magnetfeld zu tun hat. Ist die Sonne besonders aktiv, finden auf der Oberfläche der Sonne starke Eruptionen statt, die als Ursache für die Polarlichter angesehen werden.

Eine besonders hohe Wahrscheinlichkeit, Nordlichter zu sehen, hat also derjenige, der sich zum Sonnenaktivitätsmaximum auf den Weg macht. Das letzte Mal war dies im Jahr 2013 und wird sich voraussichtlich elf Jahre später wiederholen. Der nächste Jackpot wartet also im Jahre 2024.

2. Region

Zwar hat man Nordlichter bereits in Deutschland und sogar in Griechenland sehen können. Allerdings würde ich meinen Allerwertesten nicht darauf verwetten, und die Buchmacher werden das ähnlich sehen. Größere Chancen hat man indes im Norden Skandinaviens, aber auch im Norden Schottlands, in Kanada, Alaska und im Norden Sibiriens.

3. Saison

Theoretisch haben Nordlichter zwar immer Saison. Da sie aber nur bei Dunkelheit zu sehen sind, sollte man zumindest eine Jahreszeit wählen, in der es auch dunkel wird. Nördlich des 60. Breitengrades wird es in den Sommermonaten nämlich überhaupt nicht dunkel, und so wird man vermutlich sehr lange auf ein Licht am Himmel warten können. Die besten, weil dunkelsten Monate sind also November bis Januar.

4. Wetter

Da sich das Wetter in den nördlichen Gefilden häufig sehr schnell und sehr extrem ändert, kann man diesen Aspekt leider nicht wirklich beeinflussen. Aber wenn man den Himmel vor lauter Wolken nicht sieht, wird es wohl auch mit dem Nordlicht nichts. Aber, wie gesagt: das Wetter ändert sich schnell, und die Nacht ist erst vorbei, wenn der Hahn dreimal gekräht hat.

5. Beobachtungsposten

Auch der eigentliche Standort der Beobachtung sollte gut gewählt sein. Der Blick aus dem Hotelfenster auf die Innenstadtstraßen garantiert sicherlich kein Nordlicht. Zwar lässt es sich von Städten nicht abhalten, man sieht es aber wegen der Lichtverschmutzung nicht. Sie brauchen also einen Ort, an dem möglichst keine unnatürlichen Lichtquellen zu sehen sind, auch nicht am Horizont. Am besten, Sie setzen sich ins eigene Auto und fahren in die nächtliche Wildnis oder schließen sich einer organisierten Tour an. Dann wer-

den Sie auch von Profis an die Hotspots gebracht, die Sie allein vielleicht nicht gefunden hätten. Außerdem geben die Guides Informationen, wie man das Spektakel am besten fotografieren kann.

Kleiner Tipp am Rande

Um die Polarlichter für die Ewigkeit und Ihre Freunde festzuhalten, können Sie Ihr Handy leider eher vergessen. Vielmehr benötigt man eine Spiegelreflexkamera mit variablen Verschlusszeiten und Brennweiten sowie – unbedingt – ein vernünftiges Stativ, das auch auf unebenem Boden stabil steht.

So können Sie sich diesen Traum erfüllen

Um auf die Jagd nach dem Nordlicht zu gehen, stehen Ihnen viele Orte zur Verfügung. Eine erste Anlaufstelle sind die Fremdenverkehrszentren, die Ihnen weitere Tipps und Übernachtungsmöglichkeiten anbieten. Zum Beispiel www.visitnorway.de, www.de-keepexploring.canada.travel oder www.visitsweden.de

Auf den Spuren Wallanders Kriminalfälle lösen

Vom Mittsommermord zum Mord im Herbst

TRELLEBORG, MOSSBY-STRAND, SVARTE, YSTAD · SCHONEN · SCHWEDEN

Am Filmset ▼

»Wallander durchzuckte der Gedanke, was man ... sagen würde, wenn sie wirklich das Skelett einer ermordeten Frau fanden. Er dachte finster, dass das vermutlich die Anzahl der Besucher ... ansteigen lassen würde. Es gab kaum Touristenattraktionen, die sich mit den Tatorten von Verbrechen messen konnten.« (Henning Mankell in *Die fünfte Frau*)

Kosten	Erlebniswert	Aufwand
💳	★★★	🔧

Die Kriminalfälle von Kommissar Kurt Wallander, denen der schwedische Schriftsteller Henning Mankell zahlreiche Romane widmete und die fast ebenso zahlreich verfilmt und in noch zahlreicheren Wiederholungen dem geneigten Fernsehpublikum zur Kenntnis gegeben werden, haben in Deutschland eine große Anhängerschaft. Das mag an der liebevollen Darstellung des Protagonisten liegen, der nicht wie manch Münchner Oberinspektor in Nadelstreifen, Maßanzug und Luxusschlitten ermittelt und damit wohl etwas an

der Realität vorbeischlittert, sondern ein Mann wie du und ich zu sein scheint.

Wallander ist geschieden, das Verhältnis zu seiner Tochter ist mal so und mal so, und er ist dem weiblichen Geschlecht unter seinen Kollegen nicht abgeneigt. Insgesamt ist er aber ein ruhiger und eher sachlicher Teamplayer, der durchaus auch gerne den einen oder anderen Alleingang wagt.

Ein weiterer Grund für die Popularität Mankells Erzählungen sowie der Verfilmungen hierzulande wird aber wohl auch darin liegen, dass sie allesamt in der malerischen, südschwedischen Provinz Schonen spielen. Und die ist ja weniger als einen Katzensprung von zuhause entfernt – also auf geht die Spurensuche entlang Wallanders berühmter Kriminalfälle!

Information

Schonen ist in vielen Dingen typisch schwedisch. Mit rund 11.000 Quadratkilometern Fläche ist die Provinz etwa halb so groß wie Hessen. Während Hessen damit aber immerhin rund 15 % des Bundesgebiets umfasst, nimmt Schonen nur 2,7 % der schwedischen Staatsfläche ein. Mit rund 1,1 Millionen Einwohnern (Hessen rund 6,0 Mio.) ist Schonen nach Stockholm und Göteborg eines der am dichtesten besiedelten Gebiete. Immerhin leben hier rund 12,7 % der schwedischen Bevölkerung. Während in ganz Schweden durchschnittlich nur 46 Menschen pro Quadratmeter leben, sind es in Schonen immerhin 102, in Deutschland immerhin 230 und in unserem Vergleichsland Hessen sogar 287. So gesehen reisen wir also in ein gering besiedeltes Gebiet.

Für eine Rundreise durch Schonen auf der Spur von Wallander sollten Sie sich eine Woche Zeit lassen. Folgende Orte sind dabei kriminaltechnisch relevant:

Trelleborg

Wallander beobachtet hier ab und zu den Fährverkehr und hält ein Schwätzchen mit seinen ehemaligen Kollegen.

Mossby-Strand

Auf dem Weg von Trelleborg nach Ystad liegt jener Strand, der bereits in einigen Romanen Schauplatz

war: In *Hunde von Riga* werden hier zwei ermordete Männer in einem Rettungsboot gefunden, in *Mittsommermord* dient er als Ort der Ruhe für einen Flüchtigen. Wallander kommt in mehreren Romanen hierher, um über seine Fälle nachzudenken oder erlebte Geschehnisse zu verarbeiten.

Svarte

In diesem Vorort Ystads befindet sich das Haus Kurt Wallanders.

Ystad

Quasi die Hauptstadt für Wallander-Fans mit den meisten Schauplätzen aus den Büchern und Filmen. Hier kann man über die Touristeninformation die professionell geführte Stadtrundfahrt »Wallanderturerna« in einem Feuerwehrauto buchen, die zu den wichtigsten Sehenswürdigkeiten führt.

Wallanderturerna der Freiwilligen Feuerwehr führt in einem antiken Feuerwehrauto auf Wallanders Spuren durch Ystad. Angeboten wird diese außergewöhnliche Führung von Juni bis August, eine Anmeldung ist erforderlich. Montags und mittwochs ist die Führung derzeit auf Schwedisch, dienstags in deutscher Sprache und donnerstags in Englisch. Dauer: etwa 50 Minuten. Tickets unter www.ystadsfbc.se, in der Touristeninformation oder direkt am Stand der Freiwilligen Feuerwehr auf dem Stortorget.

So können Sie sich diesen Traum erfüllen

Informationen über die Region Schonen sowie Unterkunftsmöglichkeiten erhalten Sie unter www.visitsweden.de oder www.visitskane.com/de.

▼ Originelle Stadtführung

12

Mit Schimanski durch das Ruhrgebiet reisen

»Mit Komplimenten kommen Sie bei mir nicht weit.«

DUISBURG · DEUTSCHLAND

»Du Idiot, hör auf mit der Scheiße.« – Dies war der erste Satz, den Kommissar Horst Schimanski in seinem ersten *Tatort* im Jahr 1981 sagen durfte. Kult war der schmuddelige Ermittler da allerdings noch nicht. Ganz im Gegenteil waren viele Zuschauer zu Beginn eher irritiert von der, sagen wir einmal, sehr direkten Art dieses Anti-Beamten, der keiner Schlägerei aus dem Wege ging und auch mal einen Fernseher aus dem Fenster schmiss.

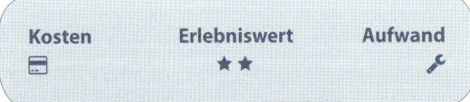

Kosten	Erlebniswert	Aufwand
	★ ★	

Duisburg. Neben Schimanski verbinden wohl viele Deutsche die Attribute Arbeitslosigkeit, Gewalt und Love Parade mit dieser Stadt. Und die Produzenten unterstrichen dieses Image, indem sie gerne und bevorzugt Schmuddelecken zeigten, was den Duisburgern verständlicherweise weniger gefiel. Dabei hat Duisburg tatsächlich einiges zu bieten. Nun, in einem Michelin-Reiseführer für Marsmännchen, die ihren Jahresurlaub auf dem Planeten Erde verbringen möchten, würde hier vielleicht nicht stehen: »Ist eine Reise wert.« Auch die Empfehlung »Ist einen Umweg wert« sucht man vielleicht vergebens. Das mag aber auch an den Vorlieben der Marsianer liegen, die für gewöhnlich ja sehr eigen sind.

Aber wenn man schon mal da ist, dann kann man sich das Städtchen doch auch gleich mal anschauen. Und warum nicht das Angenehme mit dem Nützlichen verbinden und Duisburg entlang der Schauplätze aus den Schimmi-Tatorten abschreiten?

Wenn auch manche Schauplätze zwar im Film in Duisburg spielten, aber dennoch in einer anderen Stadt aufgenommen wurden, befinden sich die meisten Drehorte tatsächlich in Duisburg selbst. Allerdings haben manche Kulissen heute eine andere Funktion als noch im Film. So hieß der Imbiss »Bei Gina«, in dem Schimanski und sein Kollege Thanner ihre erste Currywurst aßen, in Wirklichkeit »Pommes Kalle«. Heute gibt es hier am Friedrichplatz aber keine Pommes mehr, sondern Dönertaschen. Der Kiosk und die Telefonzelle, aus der Schimanski ein Paar verscheucht hatte, sind vom Platz verschwunden.

Manchmal ermittelte der Kommissar auch gar nicht in Duisburg, sondern verließ vorübergehend seine Heimat, um beispielsweise in Hamburg, Marseille oder sogar auf Djerba auf Verbrecherjagd zu gehen.

Geführte Touren

Treffpunkt einer geführten Wanderung entlang der Drehorte in Duisburg-Ruhrort ist vor der Kneipe »Cafe Kaldi« (die im Übrigen bei allen

Von hier haben Sie einen guten Blick auf die Mercatorinsel, die Schauplatz in mehreren Schimanski-Folgen war. Dies gilt im Übrigen gleichermaßen für den Werfthafen.

Am Rheinpreußenhafen springt Schimanski im Film *Katjas Schweigen* in den Kanal. Am Pegel Ruhrort hatte Schimmi seinen ersten Einsatz, und Thanner trat hier zum ersten Mal auf. Auf der Brücke über den Eisenhafen, die in Wirklichkeit eine reine Fußgängerbrücke ist, verursacht Horst Schimanski in der Folge *Rattennest* einen Stau.

An der Oberbürgermeister-Lehr-Brücke (die in einigen Folgen zu sehen war) muss in der Episode *Die Schwadron* Christian Thanners Tochter Nina mitansehen, wie ihr Vater von einem Lkw überrollt wird, als dieser in einer Telefonzelle steht.

Auch in der Altstadt Duisburgs befinden sich eine Reihe von Schauplätzen, wie etwa das Parkhaus am Calaisplatz (*Zabou* und *Grenzgänger*) oder die Schwanentorbrücke (*Der Fall Schimanski, Spielverderber* und *Zabou*) und der Innenhafen (*Grenzgänger, Die Schwadron, Der Fall Schimanski, Schuld und Sühne*).

Funfact am Rande

Eine Gruppe Studierender schlug 1992 vor, die Universität-Gesamthochschule Duisburg nach Horst Schimanski zu benennen, da er den Zuschauern im ganzen Land sowohl die Ruhrgebietskultur und die Schönheiten und Traditionen Duisburgs als auch die sozialen Probleme und Brennpunkte dieser Stadt auf sympathische Art nähergebracht und glaubwürdig vermittelt habe.

Dieser Vorschlag schlug große Wellen und fand durchaus Anklang in der Duisburger Bevölkerung. Die BILD-Zeitung startete eine Umfrage, und das ARD-Morgenmagazin schlug mit einem Augenzwinkern vor, wenigstens den Schornstein nach Schimanski zu benennen.

Schimmi-Fans weit über die Grenzen Duisburgs hinaus bekannt ist, da hier die Szenen in der Schifferkneipe »Zum Anker« gedreht wurden) in der König-Friedrich-Wilhelm-Straße. Das Ende des Rundgangs ist ebenfalls hier, wo sich alle Teilnehmer bei einem »Schimanski-Teller« (Currywurst) stärken können.

Die Führungen sind stets weit im Voraus ausgebucht, daher bitte unbedingt rechtzeitig reservieren! Weitere Informationen hierzu im Internet unter www.du-tours.de. Preis: 25 Euro inkl. Currywurst.

So können Sie sich diesen Traum erfüllen

Informationen über die Stadt Duisburg sowie Unterkunftsmöglichkeiten erhalten Sie unter www.duisburg.de. Das Ruhrgebiet stellt sich auf den Seiten www.ruhr-tourismus.de vor.

Zu den sehenswerten Stationen in Ruhrort, die während der geführten Tour angelaufen werden, gehören neben der erwähnten Kneipe vor allem die Schifferbörse, die sogar Schauplatz einer Koproduktion mit dem Deutschen Fernsehfunk aus Ostdeutschland war: In der Folge *Unter Brüdern* besprechen sich Christian Thanner und Horst Schimanski in diesem Restaurant mit den Kollegen vom *Polizeiruf 110*, während Thanners Volvo auf dem Parkplatz davor mit Farbe beschmiert wird.

13

In einem Hotel aus Eis und Schnee übernachten

Ice, Ice, Baby

JUKKASJÄRVI · SCHWEDEN   ALTA · NORWEGEN
SINETTÄ · FINNLAND   SAINT-GABRIEL-DE-VALCATIER · KANADA
ZUGSPITZE · DEUTSCHLAND

Wem es in unseren Gefilden auch im härtesten Winter zu warm ist, wer die Stoßlüftung selbst bei Minustemperaturen auf mehrere Stunden ausdehnt oder wer eine besondere Art des Winterurlaubs sucht, der sollte einmal in einem Eishotel übernachten.

Kosten	Erlebniswert	Aufwand
💳💳	★★★	🔧🔧

Nach einer ausgedehnten Wanderung durch verschneite Wälder freut man sich, wenn man seine Hütte am Horizont erkennen kann. Jetzt noch schön den Kamin anschmeißen und alle Viere von sich gestreckt. Das ist Erholung pur! Ach nein, heute übernachten wir ja in einem Eishotel. Auweia ...

Ich denke, die meisten Gäste übernachten hier nicht aus irgendwelchen neumodischen Wellnessgründen oder zur Selbstfindung, sondern einfach, weil sie das Gebäude reizt, dessen Wände und Dach einzig aus gefrorenem Wasser bestehen.

Im Zimmer wird ihnen dann schnell bewusst, dass das nicht nur für die Wände und das Dach gilt. Sämtliches Interieur, und vor allem das Bett, sind ebenfalls aus Eis! Na, das kann ja eine angenehm frische Nacht werden. Zur Entwarnung sei aber bereits an dieser Stelle verraten, dass die Gäste natürlich nicht auf blankem Eis liegen müssen, sondern dass die Eisblöcke mit Fellen belegt sind. Auch wenn einige Felle zum Zudecken gereicht werden: Nacktschläfer sollten den dicken Ther-

moanzug heute Nacht vielleicht doch lieber anlassen.

Es gibt mittlerweile eine ganze Reihe von Eishotels, da dieses Konzept für den Betreiber zwar sehr aufwändig ist, aber jedes Jahr genügend Neugierige anlockt, sodass die meisten Einrichtungen bereits ganze Saisons im Voraus ausgebucht sind. Aufwändig ist es insofern, dass natürlich eine gewisse Außentemperatur gegeben sein muss. In den Sommermonaten und sehr milden Wintern schmilzt das Eis dahin wie Eis in der Sonne. Und so muss der Traum aus Eis in jedem Jahr wieder neu erfunden werden. Umgekehrt bedeutet das aber auch, dass selbst Stammgäste niemals in demselben Hotel übernachten müssen.

Das älteste Eishotel der Welt, und damit der Trendsetter schlechthin, ist das Icehotel im schwedischen Jukkasjärvi. Hier suchte man bereits im Jahr 1989 nach einer Attraktion der besonderen Art, um mehr Touristen in die Region zu locken. Nachdem eine Eisskulpturen-Ausstellung sehr erfolgreich verlief, war die Marschrichtung gefunden. Heute umfasst das Hotel neben den Zimmern aus Eis und Schnee eine Bar aus Eis und sogar eine Kirche – auch aus Eis.

Aber auch im Sommer bietet dieses Hotel die Möglichkeit, eine Nacht im Eis zu verbringen. Dazu hat man einige Suiten aus Eis in einer großen Halle aus Stein und Beton aufgebaut, die ganzjährig auf Minusgrade klimatisiert ist und auf diese Weise dafür sorgt, dass die Zimmer nicht dahinschmelzen können. Zwar ist der erste Eindruck beim Betreten der Halle nicht derselbe wie im »richtigen«, kompletten Hotel aus Eis. Aber sobald man in seiner Suite ist, merkt man nichts von dem Drumherum und den warmen Temperaturen da draußen. Das Gefühl ist dasselbe wie bei der echten Winterversion. Der Preis pro Übernachtung variiert je nach Zimmer und Saison zwischen 150 und 750 Euro.

Wer nicht unbedingt nach Schweden reisen möchte, findet ähnliche Konzepte auch in Norwegen. Das Sorrisniva Igloo Hotel in Alta existiert seit 1999 und rühmt sich, das einzige Eishotel in Norwegen und das zweite der Welt zu sein. 26 Zimmer, 4 Suiten, eine Eiskapelle, eine Eisbar und jede Menge Kunst aus Eis und Schnee erwarten den Besucher hier. Preis pro Übernachtung: ca. 470 Euro.

Im offiziellen Dorf des Weihnachtsmannes, im finnischen Rovaniemi, befindet sich das Arctic SnowHotel & Glass Igloos. Hier gibt es ebenfalls Zimmer aus purem Eis sowie Iglus aus Glas, die einen atemberaubenden Rundumblick versprechen. Preis pro Übernachtung: ab 280 Euro.

In einigen Zimmern des Hôtel de Glace in Saint-Gabriel-de-Valcatier in der kanadischen Provinz Québec befindet sich sogar ein Kamin, der die Wände und das Bett nicht schmelzen lässt, aber sicher eine ganz besondere Atmosphäre erzeugt. Preis pro Übernachtung: ab 230 Euro.

Wer nicht ganz so weit reisen möchte, findet auf der Zugspitze mit dem Iglu-Dorf die deutsche Variante des Eishotels. Auf über 2.600 Metern Höhe erwarten den Eismann und die Eisfrau nicht nur ein toller Ausblick auf die verschneite Berglandschaft, sondern insgesamt 15 Iglus, eine Sauna und ein Swimmingpool. Preis pro Übernachtung: ab 380 Euro im Doppel-Iglu, ab 129 pro Person im Gruppen-Iglu.

So können Sie sich diesen Traum erfüllen

Die angegebenen Eishotels sind auf den einschlägigen Buchungsplattformen vertreten. Alternativ buchen Sie direkt beim Hotel:

Icehotel Jukkasjärvi
www.icehotel.com
Sorrisniva Igloo Hotel
www.sorrisniva.no
Arctic SnowHotel & Glass Igloos
www.arcticsnowhotel.fi
Hôtel de Glace
www.valcartier.com/en/
accommodations/ice-hotel
Iglu-Dorf
www.iglu-dorf.com/standorte/zugspitze

14

Auf einem Rosenmontagswagen durch Köln

D'r Zoch kütt!

KÖLN · DEUTSCHLAND

»Einmol Prinz zu sin in Kölle am Rhing« – davon träumt wohl tatsächlich jeder Jeck in der Stadt am Rhein, und auch manch anderer Karnevalist würde sicher gerne einmal auf dem größten Rosenmontagsumzug Deutschlands mitlaufen oder – noch besser – auf einem der Motivwagen mitfahren und *Strüßjer* und Kamelle in die jubelnde Menge werfen.

Kosten	Erlebniswert	Aufwand
💳	★ ★ ★	🔧 🔧 🔧

Prinz dringend gesucht

Für viele ein Traum, einmal Prinz zu sein. Wenn auch nur im Karneval. Trotzdem fällt es den Gesellschaften immer schwerer, das Kölner Dreigestirn aufzustellen. Für viele nämlich bleibt dieser Traum aufgrund der enormen Kosten verwehrt. Rund 100.000 Euro muss man dafür aufbringen, in einer Session als Prinz in Köln anzutreten.

Der *Zoch,* wie der Rosenmontagszug in Köln genannt wird, ist der Höhepunkt der Kölner Karnevalssession. Er erstreckt sich auf über sieben Kilometern Länge quer durch die Innenstadt und dauert etwa fünf Stunden. Wenn die ersten Gruppen bereits ihr erstes Kölsch am Ziel trinken, sind die letzten noch nicht einmal losgelaufen ...

Veranstaltet wird der Umzug vom Festkomitee des Kölner Karnevals von 1823 e.V. Jedes Jahr säumen über eine Million Schaulustige die Straßen der Stadt, um den Fußgruppen, Reiterstaffeln oder bunt geschmückten, thematisch gestalteten Motivwagen zuzujubeln, die stets aktuelle Themen aus Politik, Sport und Zeitgeschehen parodieren. Die erste Gruppe ist traditionell die Karnevalsgesellschaft »Die blauen Funken«, und den Höhepunkt bildet zum Schluss das »Kölner Dreigestirn«, als Einheit aus Prinz, Bauer und Jungfrau die obersten Repräsentanten des Kölner Karnevals.

Wenn Sie selbst einmal aktiv an diesem Spektakel teilnehmen möchten, stehen Ihnen prinzipiell mehrere Möglichkeiten offen.

Die günstigste, weil kostenlose Variante ist natürlich, Sie stellen sich mit den anderen 999.999 Zuschauern an die Straße und feiern den Straßenkarneval in seiner ursprünglichsten Form. Allerdings sollten Sie rechtzeitig, d. h. einige Stunden vor Beginn des Zuges, vor Ort sein, um sich den besten Platz zu sichern. Welcher der beste Platz ist, hängt von Ihren Vorlieben ab. Möchten Sie Ihre Taschen mit möglichst vielen *Strüßjer,* also Blumen, und Kamelle vollstopfen, empfiehlt sich meist ein Standort in der Nähe der Fernsehkameras, denn hier schmeißen die Jecken medienwirksam besonders gerne und viel. Ein übergeschnappter Schirm dient als überdimensionaler Fangarm und garantiert, dass Ihre Nachbarn nichts vom Kuchen abbekommen.

Möchten Sie über die Bedeutung der Motivwagen informiert werden, bietet sich ein Standort bei den Tribünen an, da hier meist ein Kommentator die zahlenden Gäste über Lautsprecher informiert und unterhält.

Dies bringt uns zur zweiten, etwas exklusiveren Möglichkeit der Teilnahme am Kölner Karneval. Sowohl das Kölner Festkomitee als auch viele private Anbieter bauen eigens für den Umzug Tribünen entlang der Zugstrecke auf, für die Sie sich bereits im Vorfeld über das Internet einen Sitzplatz reservieren können. Sie haben dabei die Wahl zwischen überdachten und offenen Tribünenplätzen sowie solchen mit und ohne Catering. Der Preis beträgt 49 Euro (offen, ohne Catering) bzw. 79 Euro (überdacht, ohne Catering) und 148 Euro auf einer überdachten Tribüne »all you can put in your stomach«.

Etwas schwieriger ist allerdings die echte Teilnahme, also das Mitmarschieren bei einer der Fußgruppen oder sogar das Mitfahren auf einem Wagen. Die Entscheidung, wer mit darf, liegt letztendlich beim Veranstalter, also beim Festkomitee des Kölner Karnevals. Grundsätzlich sind dies zunächst einmal die Vereine (das Wort »Karnevalsverein« hört man in Köln übrigens nicht gern, es handelt sich um »Karnevalsgesellschaften«), die dem Festkomitee angeschlossen sind.

Damit kommen wir auch schon zur ersten Möglichkeit, wie Sie am Kölner Rosenmontagsumzug mitlaufen können. Sie melden sich bei einer Karnevalsgesellschaft Ihrer Wahl an, schaffen sich einen dezenten, aber markanten kölschen Dialekt drauf, zeigen sich bei drei, vier Lokalrunden im Vereinsheim gönnerhaft – und schon sind Sie im nächsten Jahr dabei.

Wenn Sie bereits in Köln leben, können Sie natürlich auch Ihren Stadtteil oder Ihre Schule beim Schull- un Veedelszög (Veedel ist das kölsche Wort für Stadtteil) vertreten. Dieser verläuft bereits am Sonntag vor Rosenmontag auf der exakt gleichen Zugstrecke wie der »richtige« Zug. Außerdem erhalten die von einer Jury gewählten drei besten Gruppen die Gelegenheit, sich am Rosenmontag als Sieger zu präsentieren und als Teil des Rosenmontagszuges mitzulaufen.

Soviel kostet der Kölner Karneval

Für die Teilnahme am Rosenmontagszug müssen die Gesellschaften folgende Beträge an das Festkomitee zahlen (Angaben jeweils pro Person):

Kinder 11 Euro
Helfer 22 Euro
Fußgruppen 33 Euro
Reiterstaffel 44 Euro

Der über die Landesgrenzen hinaus bekannte »Kölsche Klüngel« macht natürlich auch vor der fünften Jahreszeit nicht halt, und so besteht immer die Möglichkeit, durch Vitamin B teilzunehmen. Es gibt immer jemanden, der jemanden kennt, der jemanden kennt …

So können Sie sich diesen Traum erfüllen

Eine Auflistung der aktuell aktiven Karnevalsgesellschaften erhalten Sie beim erwähnten Festkomitee unter www.koelnerkarneval.de. Hier können Sie ebenfalls Tickets für Veranstaltungen sowie Tribünenplätze während des Rosenmontagszuges bestellen.

15

Kirschblütenzauber genießen

Für mich soll's rosa Blüten regnen

UENO-PARK / ASAKUSA-SCHREIN • TOKIO
ITSUKUSHIMA-SCHREIN • HIROSHIMA
TETSUGAKU NO MICHI • KYOTO • JAPAN

Eigentlich gibt es die Kirschblüte überall da, wo es auch Kirschbäume gibt. Aber nur wenige Menschen würden eine Reise zu den Kirschbäumen im hessischen Ockstadt als Lebenstraum bezeichnen. Die Kirschblüte in Japan hingegen schon – und diese Zeit wird dort von Einheimischen und Touristen aus aller Welt zelebriert wie im Münsterland eine goldene Hochzeit.

Kosten	Erlebniswert	Aufwand
💳💳	★★★	🔧

Nach einem langen und harten Winter kündigen die ersten Blüten den langersehnten Frühling an, und die Menschen zieht es aus ihren Häusern auf die Straßen. Parks und Gärten sind prall gefüllt, und in Tokio müssen sich Familien und Freunde für ein Picknick unter den Kirschbäumen lange Zeit im Voraus anmelden.

Kirschblütenvorhersage

Die Kirschblüte und den Hype drumherum kann man an vielen Orten und in vielen Städten des Landes erleben. Allerdings gibt es einige Orte, an denen das Schauspiel besonders schön ist. Da die Blüte aufgrund der unterschiedlichen Wetterbedingungen nicht zur selben Zeit im ganzen Land ausbricht, empfiehlt sich zuvor ein Blick auf eine Kirschblütenvorhersage, von denen es einige im Netz gibt und die sich auf Erfahrungswerte und meteorologischen Vorhersagen stützen.

Besonders die Parks werden zur Kirschblüte gern frequentiert, um hier gemeinsam mit Freunden und der Familie zu picknicken oder mit seiner Liebsten auf einem mit zahlreichen Kirschbäumen geflankten Teich in einem Paddelboot, Tretboot oder einem Schwan zu schippern. In Tokio besonders beliebt ist der Ueno-Park, dessen breite Wege mit Plastikplanen ausgelegt werden, auf denen sich dann Tausende Japaner zu festgelegten Zeiten zum erwähnten Picknick niederlassen. Auch sehr eindrucksvoll zur Kirschblüte erweist sich der Senso-ji (Asakusa-Schrein), einer der ältesten Tempel Japans, der ebenfalls in Tokio zu finden ist, genauer im Viertel Asakusa.

Ein fantastischer Ort nicht nur zur Kirschblüte ist ein jeder, der einen Blick auf den höchsten Berg Japans, den ehrfürchtigen Fuji-san, ermöglicht. Und wenn dieser Blick auf den schneebedeckten Gipfel dann auch noch über zahlreiche Kirschblüten reicht, dann ist das Glück beinahe perfekt. Allerdings ist die Sicht auf den Fuji alles andere als garantiert. Häufig nämlich ist er von Wolken bedeckt, und man sieht ihn

nicht einmal, wenn man direkt davor steht. Ideal ist es dann natürlich, wenn man flexibel ist und ein paar Tage an einem Ort ausharren kann, bis der Wettergott ein Erbarmen hat und die Sicht auf dieses eindrucksvolle Wahrzeichen Japans freigibt.

Eine der bedeutendsten Sehenswürdigkeiten Japans zu allen Jahreszeiten ist der Itsukushima-Schrein in der Präfektur Hiroshima. Hierhin lohnt eine Reise allemal, aber zur Kirschblüte wird sie eben noch gekrönt durch das wundervolle Rosa der den Schrein umgebenden Landschaft.

Das berühmte rot leuchtende Tor vor der Kulisse des Bergs Misen ist schon von weitem sichtbar und spiegelt sich bei Hochwasser malerisch im Wasser; bei Ebbe kann man es zu Fuß erreichen. Der Schrein mitsamt seinem im 12. Jahrhundert errichteten und 1875 vollständig erneuerten Tores gehört seit 1996 zum UNESCO-Weltkulturerbe.

Auch in der alten Kaiserstadt Kyoto lässt sich vortrefflich unter Kirschblüten entlangschlendern. Bei Einheimischen wie Touristen besonders beliebt ist der zur Kirschblüte wunderschöne und rappelvolle Tetsugaku no Michi (Philosophenweg), der knappe zwei Kilometer entlang

eines von Kirschen gesäumten Kanals vom Silbernen Pavillon zum Nanzen-ji-Tempel führt. Wem das hier zu viel Trubel ist, der findet vielleicht auf dem Gelände des Heian-jingu-Schreins oder beim berühmten Tempelkomplex Kiyomizu-dera (beide ebenfalls in Kyoto) ein etwas ruhigeres Plätzchen unter einem der Kirschbäume.

Nirgendwo sonst habe ich persönlich übrigens mehr Damen in traditionellen und farbenfrohen Kimonos gesehen wie in Kyoto zur Kirschblüte. Ihre kunstvoll gesteckten Frisuren ziert die ein oder andere Kirschblüte, und irgendwie macht dies zusammen mit der unbeschreiblichen Pracht wirklich die Besonderheit dieses Erlebnisses aus.

So können Sie sich diesen Traum erfüllen

Informieren Sie sich bereits vorab über die beste Reisezeit mit der Kirschblütenvorhersage, u. a. über die Webseite www.japan-guide.com/sakura.

16

Backstage bei der Formel 1

Zu Gast bei Bernie Ecclestones Vermächtnis

AUSTIN · TEXAS · USA
WELTWEIT

Allein der Gedanke daran lässt viele Herzen höher schlagen. Ein ganzes Wochenende lang ohrenbetäubender Lärm in den Ohren und der Duft von verbranntem Gummi in der Nase. Herzlich willkommen bei der Formel 1!

Kosten	Erlebniswert	Aufwand
▤▤	★ ★ ★	🔧

Wenn Ihnen der Geräuschpegel auf der Tribüne nicht hoch genug ist, dann kommen Sie doch ruhig etwas näher heran ans Geschehen. Mittlerweile gibt es bei einigen Rennen einen öffentlichen *Pit-Lane-Walk*, meist am Abend vor dem freien Training, bei dem Sie auch mit Tribünentickets entlang der Boxengasse schlendern dürfen und so einen Einblick in die Rennställe erhalten. Sie erleben dann hautnah, wie die Techniker die letzten Feinheiten an den Wagen vornehmen, und kommen natürlich auch den Wagen selbst sehr nah.

Dadurch, dass aber alle Zuschauer hierzu eingeladen sind, ist der Andrang erfahrungsgemäß sehr groß – und so richtig nah kommt man seinem Lieblingsteam dann doch nicht.

Aber auch hierfür gibt es natürlich mehrere Lösungen, vorausgesetzt, man möchte die Kohle dafür lockermachen.

Die günstigste Variante ist die, einen Sitzplatz auf der Tribüne gegenüber der Boxengasse zu reservieren. Zwar erlebt man hier an einer Geraden keine spannenden Karambolagen oder taktischen Bremsmanöver wie in einer Haarnadelkurve, dafür hat man aber – wenn auch aus gewisser Entfernung – einen Einblick in das Geschehen während eines Boxenstopp. Rechnen Sie mit einem Preis von rund 600 Euro für drei Tage (Freies Training am Freitag, Qualifikation am Samstag und das Rennen am Sonntag). Insbesondere für die weniger stark besuchten Tage Freitag und Samstag empfiehlt sich das sehr günstige Ticket ohne Tribünenplatz, mit dem man an einigen Rennstrecken Zugang zu allen öffentlichen Bereichen hat.

Etwas luxuriöser wäre dann ein Ticket mit Zutritt zu einer Suite. Hier gibt es einen klimatisierten Raum mit Fernseher, in dem man sich zurückzuziehen kann. Außerdem besteht die Möglichkeit, Speisen und Getränke zu bestellen, ohne hierfür in den öffentlichen Bereich laufen zu müssen. Die Wege sind ohnehin nicht zu unterschätzen, und man möchte ja nicht noch in der Schlange stehen, während das Rennen bereits in vollem Gange ist. Ein Ticket für die Suite kostet, je nach Lage der Tribüne, zwischen 900 und 1.100 Euro.

Richtig exklusiv mit echtem Backstage-Feeling wird es dann mit dem sogenannten »Paddock Club«. Zu einem Preis von rund 4.500–5.500 Euro für das Rennwochenende haben Sie damit Zutritt zu einer klimatisierten Lounge und einem Sitzplatz auf der nur den Clubgästen zugänglichen Tribüne, die sich in aller Regel direkt über der Boxengasse befindet und damit einen tatsächlich hautnahen Einblick in das dortige Geschehen vor, während und nach dem Rennen ermöglicht.

Hautnah ist auch das Erlebnis in der Boxengasse. Während des gesamten Wochenendes haben Sie an verschiedenen Terminen die Möglichkeit, hinter die Kulissen zu schauen und Ihrem Team ganz nah zu kommen.

Vor dem Beginn des Rennens werden Sie zusammen mit den anderen Club-Gästen auf einem Tieflader über die Rennstrecke gefahren – entlang der Zuschauer auf den Tribünen, die Ihnen jetzt von ihren Plätzen zuwinken. Zu einem vorher festgelegten Zeitpunkt haben Sie noch die Möglichkeit, das Fahrerlager zu besuchen, in das sonst nur die Teams selbst und eigens akkreditierte Pressevertreter Zutritt haben. Hier erleben Sie dann im wahrsten Sinne des Wortes »hautnah« sämtliche am Rennsport beteiligte Personen, die gemeinsam mit den Fahrern ihre Pause verbringen oder von einem Kamerateam interviewt werden. Selbstredend brauchen Sie sich an diesem Wochenende auch keine Sorgen zu machen, dass Sie verhungern oder verdursten könnten. Es gibt Kaviar und Champagner satt. Für alle.

Der Paddock Club ist in Bezug auf die Nähe zu den Fahrern und ihren Rennställen sowie der Atmosphäre während des Rennwochenendes eigentlich nur zu toppen durch die Formula-1-Clubs der Rennställe, wie sie beispielsweise von Ferrari oder Red Bull betrieben werden. Hier hat man dann sämtliche Annehmlichkeiten des Paddock Clubs, allerdings in einer dem Team entsprechend gebrandeten Lounge, in der regelmäßig Fahrer oder andere Mitglieder des Teams auftauchen und für ein Gespräch und Foto zur Verfügung stehen. Außerdem erhalten die Gäste jeden Tag Merchandising-Artikel, die es zum Teil in dieser Form nur in der Club-Lounge gibt. Dafür liegt der Preis mit durchschnittlich 6.500 Euro für das Rennwochenende auch noch etwas über dem des regulären Paddock Clubs.

> An manchen Rennstrecken mieten Automobilclubs eigens für ihre Mitglieder sowie für Freunde aus dem In- und Ausland eine eigene Lounge mit Catering sowie guter Sicht auf die Geschehnisse an der Strecke. Die Tickets hierfür sind wesentlich günstiger als die für den Paddock Club, beinhalten aber dafür auch in der Regel nicht die Möglichkeit, ins Fahrerlager oder an die Boxengasse zu gelangen.

So können Sie sich diesen Traum erfüllen

Im Internet existieren zahllose Buchungsportale, über die ein solch hautnahes Erlebnis gebucht werden kann. Das Schlagwort »Formel 1« führt unmittelbar zum Erfolg.
Die angesprochene Loge der Rennställe buchen Sie aber am besten direkt über das Team, zum Beispiel:

Ferrari
www.ferrari.com/en-EN/formula1/ferrari-formula-1-club

Red Bull
https://experiences.redbullracing.com/trackside-hospitality/paddock-club

17

Golfprofis über die Schulter schauen

Möglichst weit unter Par

ST. ANDREWS · SCHOTTLAND
WELTWEIT

Wer Golf genauso wenig für einen Sport hält wie Schach oder Unterwasser-Mikado, hat sich noch keine Gedanken gemacht, welch harte Arbeit es ist, den Ball überhaupt erstmal zu treffen. Geschweige, ihn dann noch zu überreden, genau in die Richtung zu fliegen, wo man ihn gerne hätte. Hat man diesen Bogen raus, ist Golf ein Spaziergang im Park. Vor allem, wenn man mit den Profis unterwegs ist.

Kosten	Erlebniswert	Aufwand
—	★★	🔧🔧

Zwar ist Golf heutzutage längst nicht mehr so elitär, wie der Sport noch vor wenigen Jahrzehnten war. Will die High Society in diesen Tagen unter sich sein, geht sie besser zum Polo, zum Segeltörn oder ins Sommerhaus der Stars. Selbst als Spieler muss man nicht mehr großkarierte Hosen in beige zum pfefferminzgrünen Pullunder tragen, eine simple Stoffhose tut es auch. Und dazu gehören natürlich, der Name verrät es ja schon, ein Polohemd sowie eine Baseballkappe.

Von den Profis zu unterscheiden ist der Laie dann nur noch darin, dass er für die Namen der Golfausrüster auf seinem Kragen und an seiner Mütze keine Sponsorengelder einstreicht und dass er sein Gepäck selbst über den Platz schleppt (und ein 18-Loch-Platz ist ein sehr großer Park ...). Aber genau da kommen Sie ins Spiel, wenn Sie das Spiel der Profis einmal aus absoluter Nähe betrachten und Ihrem Idol wortwörtlich über die Schulter schauen möchten.

Der Kalender eines Golfprofis wird diktiert von den jeweiligen internationalen Turnieren. Allerdings ist die Auswahl größer als die Anzahl der Weltmeistertitel beim Boxen: es gibt die Majors, den Grand Slam, die World Golf Championships, die European Tour, die PGA Tour ... Jedes dieser Turniere besteht aus mehreren Turnieren auf unterschiedlichen Plätzen in unterschiedlichen Ländern auf unterschiedlichen Kontinenten. Jedes dieser Teilturniere bringt einen Sieger hervor, aber das richtig fette Preisgeld winkt dem Sieger des gesamten Dachturniers.

Das wollte ich aber eigentlich gar nicht erzählen. Ich wollte vielmehr darauf hinweisen, dass es wohl kaum ein Wochenende gibt, an dem gerade kein Golfturnier stattfindet. Genügend Möglichkeiten also, mittendrin statt nur dabei zu sein.

Zunächst einmal sollten Sie sich den aktuellen Golfkalender anschauen. Vielleicht findet ja ein Turnier von Ruf in der näheren Umgebung oder zumindest in Deutschland, na gut, sagen wir wenigstens in Europa statt. Haben Sie ein geeignetes Event für sich ausgemacht, überlegen Sie sich, in welcher Funktion Sie den Golfprofis näherkommen möchten.

Die großen Events verfügen über einen *Chief Marshal,* der den Einsatz und die Aufgaben von Freiwilligen während eines Turniers koordiniert. Die Kontaktdaten finden Sie auf den Internetseiten der Veranstaltung. In der Regel suchen diese Koordinatoren regelmäßig Personen, die mithelfen, die Mammutaufgabe für einen Golfplatz zu bewältigen. Je populärer das Turnier, desto mehr Freiwillige melden sich aber. Wie im wahren Leben gilt auch hier wieder das Lied vom frühen Vogel …

Die *Chief Marshals* verfügen meist über ein Kontingent an Wiederholungstätern, die zum Teil sogar wie Groupies von Turnier zu Turnier über den ganzen Erdball reisen. Und es ist tatsächlich so: Die Arbeit während eines Turniers ist zwar nicht immer eine Nacht im Li-La-Laune-Land, aber sie macht Spaß und süchtig.

Welche Aufgaben können wir denn nun übernehmen? Da wir ja den Golfprofis möglichst nah kommen und ihnen über die Schulter schauen möchten, schließen wir an dieser Stelle eine Position im Catering oder in der Publikumsbetreuung aus. Dafür wäre der *Chief Marshal* auch gar nicht der richtige Ansprechpartner.

Die meisten Freiwilligen werden benötigt, um die Zuschauerströme zu leiten, sodass die Spieler ungestört ihr Spiel machen können. Viele der Anwesenden bleiben nämlich nicht auf der Tribüne oder an einem Loch hocken, sondern laufen ihrem Lieblingsspieler hinterher. Manchmal führt der Weg über das *Fairway,* sodass an diesen Übergängen dafür Sorge getragen werden muss, dass a) von den Zuschauern niemand einen Ball abbekommt und b) die Spieler in ihrem Spiel nicht behindert werden.

Mindestens genauso wichtig sind die Marschalls, die eine Spielergruppe begleiten und vor allem beim Abschlag am *Tee* für Ruhe sorgen.

Wenn Sie bereits Erfahrung im Reglement und vor allem in der Punktezählung haben, können Sie auch die Rolle eines *Scorers* übernehmen. Sie notieren dazu die benötigten Schläge sowie Strafen für einen Spieler während der gesamten Runde und rufen bei Unstimmigkeiten den offiziellen Schiedsrichter.

Auch die Fernsehteams, die Turniere von internationaler Bedeutung weltweit ausstrahlen, benötigen häufig helfende Hände. Diese werden mancherorts über die *Chief Marshals* abgefragt, an anderen Orten kann man sich direkt an die jeweilige Produktionsfirma wenden und dort anfragen. Getreu dem Motto »Lehrjahre sind keine Herrenjahre« werden Freiwillige hier eingesetzt als Transponder-Halter, Kamera-Assistent, Crew-Fahrer, Mikrofonhalter oder *Ball-Spotter.* Letztere sind den Spielern immer einen Zug voraus und postieren sich in die Nähe der Stelle, an der der Ball wohl aufschlagen wird. Nachdem der Ball gespielt wurde, signalisieren sie seine Position der Regie, sodass diese die benötigten Bilder mit den mobilen oder stationären Kameras koordinieren kann.

Als Helfer bei einem Golfturnier erhalten Sie in der Regel keine Aufwandsentschädigung in Form barer Münzen, sondern eine komplette Verpflegung während Ihres Dienstes sowie eine auf das Turnier gebrandete Uniform, zumeist bestehend aus Poloshirt und Kappe. Helfer, die direkt mit den TV-Teams einen Vertrag abschließen, erhalten hingegen eine Aufwandspauschale sowie Zuwendungen für Anreise, Unterkunft und Verpflegung.

So können Sie sich diesen Traum erfüllen

Suchen Sie sich aus dem Turnierkalender das gewünschte Event heraus und nehmen Sie dann über die entsprechende Webseite Kontakt mit den Organisatoren auf. Eine Liste aller Events finden Sie zum Beispiel unter www.golfpost.de/turnierkalender.

18

Whisky probieren und selbst destillieren

Scotch oder Bourbon – eine Frage der Ehre

HIGHLANDS · SCHOTTLAND
LYNCHBURG · TENNESSEE · USA
SCHLÜCHTERN · DEUTSCHLAND

Ähnlich wie Zigarren und der Besuch im Barbershop ist das Destillat aus Getreidemaische zu einem Trend meist unter *Gentlemen* geworden. Der wahre Kenner gibt gut und gerne einen dreistelligen Betrag für eine Flasche angemessenen Whisky aus. Das stellt selbst die meisten Champagner eiskalt in den Schatten.

Kosten	Erlebniswert	Aufwand
💳💳	★★★	🔧

Die Exklusivität, die Whisky derzeit genießt, zeigt sich wohl auch daran, dass die für den Inbegriff von Luxus stehende Gruppe um den Reisetaschenfabrikanten Louis Vuitton LVMH zwei bedeutende Whiskyhäuser in ihr Portfolio aufgenommen hat. So gehören etwa Glenmorangie und Ardbeg zur selben Familie wie Louis Vuitton, Christian Dior und Dom Pérignon.

Der Großteil der schier unzähligen großen und kleineren Brennereien in Schottland haben ihre Tore für Besucher geöffnet. Bei den meisten sollte man sich zuvor für eine Führung anmelden, um Enttäuschungen zu vermeiden, wenn ein Reisebus sämtliche Plätze für die gewünschte Führung weggeschnappt hat.

Während der Führung erfahren Sie dann alles über die Entstehung des alkoholischen Getränkes, angefangen von der Auswahl der Getreidesorten über den Gärungsprozess und die Destillierung bis hin zum Abfüllprozess, der Lagerung und dem Verkauf. In der Regel erfolgt im Anschluss an die Führung ein Tasting erlesener Spezialitäten des entsprechenden Hauses, und selbstredend können die Besucher im hauseigenen Laden die neusten Kreationen käuflich erwerben.

Was für die Schotten der Scotch, ist für die Amerikaner der Tennessee. Im Dörfchen Lynchburg im Bundesstaat Tennessee hat man sich voll und ganz dem größten Unternehmen der Stadt verschrieben. Man ist regelrecht stolz darauf, dass die ganze Welt wegen des hier produzierten Jack Daniel's ihren Ort kennt. Und so plaudert der Guide gerne aus dem Nähkästchen und berichtet, welche positiven Auswirkungen das Unternehmen auf den Ort hat, dessen Bewohner mehrheitlich bei Jack beschäftigt sind. Und, dass er sich jeden Monat darauf freut, wenn er wieder die Gratisration Whisky als »geldwerten Vorteil« in Empfang nehmen darf. Beim Anblick seiner leicht geröteten Nase und dem schwungvollen Gang durch die Gewölbe und über das Anwesen nimmt man ihm das direkt ab.

Funfact am Rande

Lynchburg ist noch heute ein Dry Town, in dem der Verkauf und der Ausschank von Alkohol untersagt ist. Allein für das Besucherzentrum wird hiervon eine Ausnahme gemacht.
Mit einer jährlichen Produktion von 90 Millionen Litern Whisky ist Jack Daniel's der meistverkaufte amerikanische Whisky und mit dem schottischen Johnny Walker die meistverkaufte Whiskymarke der Welt.

So können Sie sich diesen Traum erfüllen

Wenn Sie selbst einmal Whisky destillieren möchten, brauchen Sie nicht unbedingt nach Schottland oder sogar in die USA reisen. Solche Möglichkeiten haben Sie auch hierzulande. Auf Burg Brandenstein im hessischen Schlüchtern können Interessierte nicht nur alles Wichtige über die Whiskyproduktion lernen, sondern haben sogar die Möglichkeit, einen ganz persönlichen Whisky im eigenen Holzfässchen zu kreieren. Preis pro Person: 265 Euro für einen Tag, 420 Euro für ein Wochenende. Informationen und Anmeldung unter www.burg-brandenstein.de.

19

In der First Class fliegen

Dusche und Dom Pérignon in 30.000 Fuß Höhe

WELTWEIT

Für die einen ist Fliegen ein Albtraum, ein notwendiges Übel, um von A nach B zu kommen. Wieder andere setzen sich erst gar nicht so einem Wahnsinn aus und verbringen lieber ihre schönsten Tage des Jahres an der Ostsee. Und nochmal andere kriegen gar nicht genug vom Fliegen: Sie genießen jede Meile in Style, genehmigen sich ein Gläschen an der Bar und gehen kurz vor der Landung nochmal eben schnell duschen.

Kosten	Erlebniswert	Aufwand
▭▭▭	★★★	—

Gepriesen seien die Chefs, die ihre Mitarbeiter so sehr schätzen, dass sie sie in der Business Class auf Dienstreise schicken. Während bei Kurz- und Mittelstrecken der wesentliche Vorteil darin besteht, dass die Sitzbezüge eine andere Farbe haben, macht es auf Langstreckenflügen tatsächlich wirklich Sinn, eine höhere Kategorie zu buchen als die Holzklasse. Der Angestellte kommt wesentlich entspannter im Meeting an und kann, da er ja im Flieger richtig schlafen konnte (zumindest in der Theorie), sofort und unmittelbar nach der Landung loslegen. Der Name der Buchungsklasse kommt also nicht von ungefähr, bietet sie vor allem Geschäftsreisenden wesentlich mehr Komfort. Als Tourist muss man ja auch nicht

vorschlafen, um sich nach dem Flug ausgeruht an den Strand legen zu können.

Natürlich ist alles eine Frage des Preises, und der eine oder andere weiß vielleicht ohnehin nicht, wohin mit seiner Kohle. Dann kann man auch einmal gut und gerne das Dreifache eines Economy-Tickets ausgeben, um sich den Luxus Business Class zu erfüllen. Dann hat man aber noch immer nicht die Möglichkeit, während des Fluges zu duschen – wenn man sich gerne noch erfrischter direkt an den Strand legen möchte. Für ein First-Class-Ticket ist dann gut und gerne das Fünffache des regulären Tarifs fällig. Für einen Hin- und Rückflug fallen damit also, je nach Entfernung, gerne mal 5.000 Euro an. Mit dieser Kohle sind wir nach dem Abi ein ganzes Jahr durch Australien gezogen und haben anschließend noch 2.000 Euro aufs Konto gepackt ...

Es geht aber auch anders. Fluggesellschaften planen in der Regel mit einem gewissen Prozentsatz an Passagieren, die zwar einen Platz gebucht haben, aber trotzdem ihren Flug nicht antreten. Entweder ist ein Termin geplatzt, sie haben einen Anschlussflug verpasst oder einfach keine Lust mehr. Da es jedenfalls blöd und ab einem gewissen Leerstand auch für die Airline unrentabel wäre, mit einer halbleeren Maschine zu fliegen, überbuchen sie die vorhandenen Sitzplätze, das heißt, sie verkaufen mehr Tickets als sie eigentlich Sitzplätze zur Verfügung hätten.

Und an dieser Stelle kommen wir Otto-Normalflieger ins Spiel. Wenn sich jetzt nämlich plötzlich doch alle

Reisenden mit gültigem Ticket dazu entschließen, den Flug wahrzunehmen, steht die Airline vor einem Problem. Sie können ja nicht eben schnell ein paar zusätzliche Sitze einbauen. Und Stehplätze wie im Bus gibt es ja auch nicht. Also wird erstmal gefragt, ob sich jemand vorstellen könnte, zu einem späteren Zeitpunkt zu fliegen. Bei stark frequentierten Linien kann das vielleicht nur eine Verspätung von wenigen Stunden oder ein Umweg über einen Zwischenstopp bedeuten. In jedem Fall ist ein solches Angebot durchaus attraktiv, denn als Dankeschön winkt meist ein zusätzlicher Freiflug in der originär gebuchten Klasse. Geht der alternative Flug erst am folgenden Tag, steckt außerdem noch eine Übernachtung in diesem Überraschungspaket.

Das alles bringt Sie aber noch immer nicht zur Dusche über den Wolken. Alternativ zu freiwilligen Rücktritten einzelner Passagiere bieten die Airlines auch gerne mal ein Upgrade in die nächst höhere Liga an. Ist die Economy überbucht, wandert man in die Business-Klasse. Und von der Business dann in die First. Da natürlich nicht alle Passagiere upgegradet werden können, erfolgt die Auswahl der Glücklichen einer Routine, die von Fluggesellschaft zu Fluggesellschaft variiert und dort gehütet wird wie anderswo die Kronjuwelen.

Häufig werden aber die treuen Kunden bevorzugt, also jene mit bereits ordentlich Meilen auf ihrer Vielfliegerkarte. Der mit dem höchsten Vielfliegerstatus wird zuerst upgegradet, dann kommt der nächste und so weiter. Einige Airlines verbinden den Status aber auch mit der Buchungsklasse. Haben Sie als Gelegenheitsflieger zwar weniger bis gar keine Meilen auf Ihrem Konto als Konkurrent Karlo, haben aber einen teureren Tarif gebucht (z. B. mit zusätzlicher Beinfreiheit oder flexibleren Umtausch- und Erstattungsmöglichkeiten), sticht dies bei manchen Airlines sogar die fettere Meilenanzahl. Aber wie gesagt: Ein Upgrade erfolgt grundsätzlich in die nächsthöhere Klasse. Möchten Sie gern First fliegen, benötigen Sie bereits ein Ticket für die Business Class.

Wenn Sie durchaus hin und wieder fliegen, empfiehlt sich in jedem Fall, am Vielfliegerprogramm Ihrer Lieblingsairline teilzunehmen. Denn bereits nach wenigen Langstreckenflügen haben Sie meist genug Meilen angespart, um diese für ein Upgrade einzutauschen. Dann kommen Sie in jedem Fall in den Genuss der höheren Klasse, egal ob die Maschine proppenvoll ist oder Sie der einzige Passagier an Bord sind.

Neben einem größeren Sitzabstand, Liegesesseln, die sich in der Regel zu einem richtigen Bett ausfahren lassen, ordentlichen Mahlzeiten und coolen Getränken sowie einem Lounge-Zutritt am Abflughafen erwartet Sie in der höheren Klasse dann – abhängig von der Airline und dem Flugzeugtyp – auch gerne mal eine Bar, an der sich die Passagiere treffen können (A380 Business Class) oder die eben erwähnte Dusche, mit der Sie sich bereits vor Ankunft erfrischen können (A380 First Class).

So können Sie sich diesen Traum erfüllen

Jede Fluggesellschaft ehrt ihre treuen Reisenden mit einem Bonussystem. Anmelden hierzu können Sie sich auf der jeweiligen Internetseite der von Ihnen bevorzugten Airline.
Regulär buchen können Sie First- und Business-Sitze hierüber selbstverständlich auch.

Schnäppchen-Tipp

Wenn Sie auf ein solches kostenloses Upgrade spekulieren, empfiehlt es sich natürlich, zu besonders stark nachgefragten Terminen zu reisen, also insbesondere zu Beginn der Sommerferien. Aber auch vor Weihnachten kann man durchaus Glück haben. Ferner sind insbesondere jene Strecken gefragt, die häufig von Geschäftsreisenden genutzt werden.

Schnell mal eben frisch machen in luftiger Höhe ▶

20

Eine Fußballmannschaft zur Weltmeisterschaft betreuen

Zeit, dass sich was dreht

FRANKFURT AM MAIN · DEUTSCHLAND

Sicher haben die großen Profis nicht nur ihre eigenen Trainer, Sportmediziner und Spielerfrauen, sondern vermutlich auch einen ganzen Stab von Leuten, die um ihr ganz persönliches Wohl besorgt sind. Um diese Arbeit einmal selbst erleben zu können, benötigt man wohl eine entsprechende Ausbildung und außerdem den einen oder anderen Kontakt, um überhaupt dazwischenzukommen. Bei den Stars von Morgen geht es aber etwas einfacher ...

Kosten	Erlebniswert	Aufwand
–	★ ★	🔧🔧

Zwar haben bereits die Jugendauswahlen der an einer WM beteiligten Mannschaft ebenfalls ihre eigenen Betreuer, manchmal wird aber – vor allem in einem fremden Land – jemand mit Expertise benötigt, der den hauptberuflichen Betreuerstab unterstützen kann.

So erging es mir im Jahr 2013 zur FIFA U19-WM in Abu Dhabi, als mir die Betreuung einer der teilnehmenden Jugendmannschaften angeboten wurde. Um an eine solche ehrenvolle Aufgabe zu gelangen, kann das vielfach bewährte Vitamin B nicht schaden. Auch bei mir ergab sich diese Tätigkeit eher zufällig durch einen Bekannten, der für die FIFA arbeitete.

In der U19-Bundesliga werden aber hin und wieder Personen gesucht, die das Teammanagement bzw. die Betreuung der Spieler ehrenamtlich übernehmen.

Natürlich liegt die volle Konzentration bei einer Weltmeisterschaft auf dem Sport. Das Trainingsprogramm hat absolute Priorität, und selbst die Ernährung ist auf die Bedürfnisse jedes einzelnen Spielers während des Turniers abgestimmt. Dennoch bietet sich der eine oder andere Freiraum, der auch für anderweitige Zwecke genutzt werden kann. Immerhin findet die WM in einem durchaus fremden Land statt, das viele der Jugendlichen bislang nur aus dem Fernsehen kannten.

Außerdem gehen viele der Spieler daheim noch zur Schule. Das heißt, das während der WM Versäumte muss in den Trainingspause oder am Abend nachgeholt werden. Da die Lehrerinnen und Lehrer der Spieler natürlich nicht mitgereist sind, muss auch dies vom Betreuer koordiniert werden, und zwar in enger Abstimmung und Zusammenarbeit mit den Lehrkräften daheim.

Anforderungen an den Teammanager einer U19-Fußballmannschaft

- Übernahme von organisatorischen Aufgaben
- Unterstützung des Trainerteams
- Mitarbeit vor, während und nach dem Training und den Spielen, in der Kabine, im Zusammenhang mit der Ausrüstung und beim Transport
- Unterstützung bei der Ausrüstung der Mannschaft in Zusammenarbeit mit dem Sponsor

Voraussetzungen

- Zeitliche Ressourcen, vor allem an den Wochenenden
- Interesse am Fußball, Kenntnisse des Sports
- Guter Bezug zu den Jugendlichen
- Teamfähigkeit, Kommunikationsfähigkeit

Der Betreuer sowohl einer Bundesliga-Mannschaft als auch einer Landesauswahl ist also in unterstützender Form tätig, um den Trainer und Co-Trainer zu entlasten, sodass diese sich auf ihre eigentliche Aufgabe und das erfolgreiche Bestreiten des Turniers mit der Mannschaft kümmern können. Auf diese Weise erhält das Trainerteam wertvolle Freiräume, vor allem an wichtigen Spieltagen. Die Verantwortung für die Mannschaft verbleibt aber zuletzt beim Trainer.

Mein Team musste übrigens nach einem grandiosen Start in die Weltmeisterschaft nach dem Viertelfinale die Koffer packen. Wie gut, dass der Trainer hierfür die Verantwortung hatte ...

So können Sie sich diesen Traum erfüllen

Oftmals spielt bei besonderen Events das vielgepriesene Vitamin B eine entscheidende Rolle. So war es in meinem Fall. Allerdings schreiben hin und wieder auch Jugendbundesligisten die Stelle eines Betreuers aus – ein Blick auf die Webseiten der Mannschaften in Ihrer Nähe kann sich also lohnen. Eine Nummer kleiner ist man hingegen oftmals froh darüber, wenn jemand Interesse an der Übernahme einer solchen Tätigkeit zeigt. Viele örtliche Vereine sind ständig auf der Suche nach ehrenamtlichen Helfern.

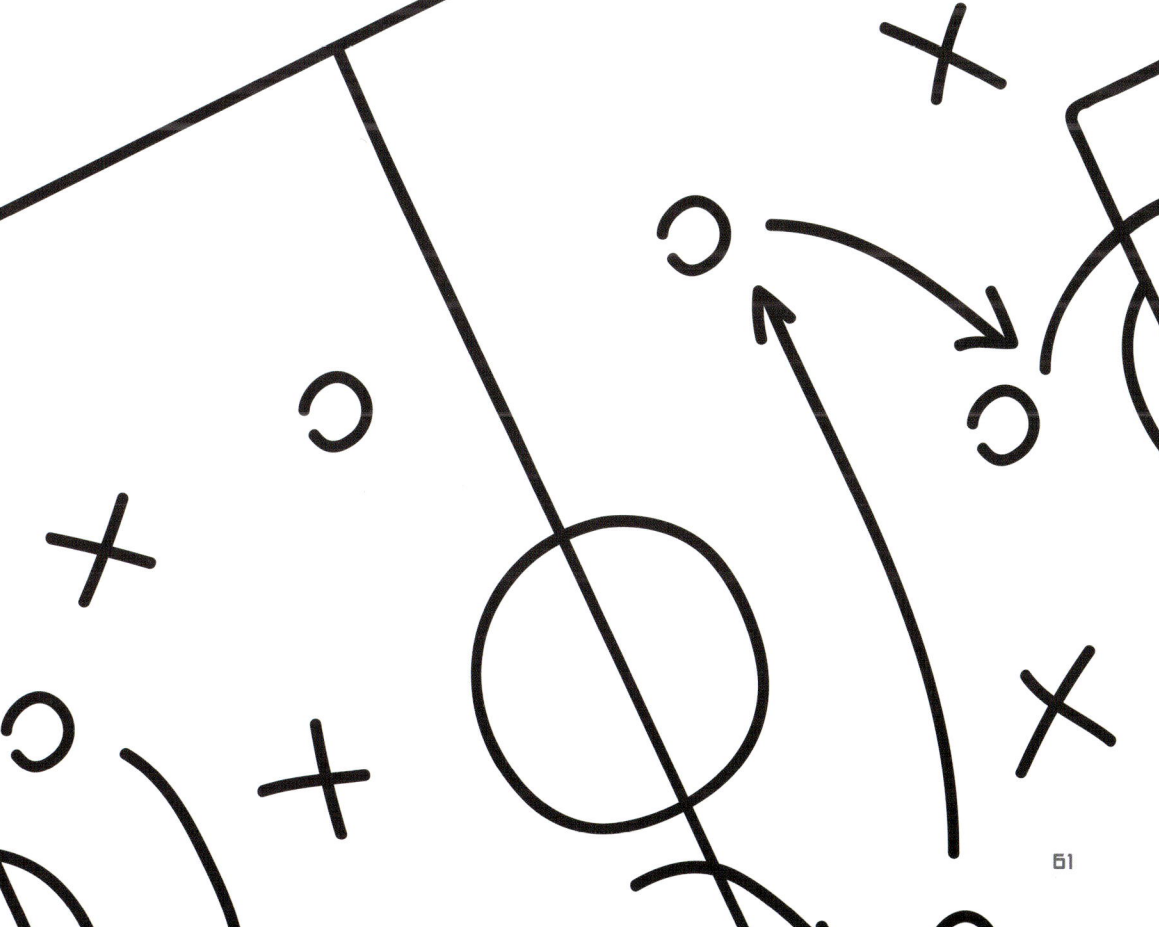

21

Frühstück gemeinsam mit Flusspferden

Happy-Hippo-Snack

TANSANIA

Ein Urlaub in Tansania wird in den meisten Fällen verbunden mit einer Safari, in der Hoffnung, die *Big Five* einmal aus nächster Nähe zu sehen. Und zwar nicht im Zoo, sondern bei ihnen Zuhause, in freier Wildbahn. Das gemütlich badende Flusspferd gehört zwar nicht zu den Großen Fünf, wie wäre es aber dennoch mit einem gemeinsamen Frühstück?

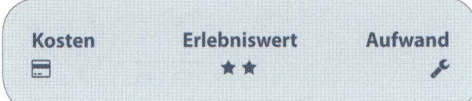

Kosten	Erlebniswert	Aufwand
💳	★ ★	🔧

Der Begriff der Großen Fünf stammt eigentlich noch aus den Zeiten, zu denen sich in den Ländern des südlichen Afrikas Großwildjäger auf die Pirsch legten, um sich zuhause das Wohnzimmer mit Fellen auszulegen und aus Elfenbeinkelchen zu trinken. Heute legen sich die Touristen eher mit einer digitalen Waffe auf die Lauer nach dem besten Foto eben jener fünf bedeutenden Tiere, als da wären Elefant, Nashorn, Büffel, Löwe und Leopard.

Bei der ersten Safari werden dann ganze Datenträger vollgeschossen mit den ersten Giraffen, die einem über den Weg laufen. Spätestens nach der hundertsten Giraffe macht sich dann aber bei manchem der Wunsch breit, vielleicht auch doch einmal andere Tiere vor die Linse und damit vors Gesicht zu bekommen. Innerlich stellt man sich eine Rangliste auf, und man stellt schnell fest: eine Safari ist wie eine Briefmarke. Je seltener sich ein Objekt zeigt, desto interessanter und begehrlicher wird es. Das sieht der Löwe auf seiner Suche nach dem perfekten Mittagessen vermutlich genauso.

Also haken wir einmal ab: die Giraffe haben wir zuerst gesehen und auch in reichlicher Stückzahl. Ähnliches gilt für den Elefanten. Und auch die Zebras lassen sich nicht lumpen und stehen für ein Foto gerne zur Verfügung. Auch mit den Gnus verhält es sich ähnlich. Spannend ist es in jedem Fall, wenn man sie zur alljährlichen Migration, der großen Wanderung, antrifft. Immer auf der Suche nach Wasser durchstreifen Millionen von Tiere die Serengeti, und immer im Juli überqueren sie in Scharen und auf spektakuläre Weise die Flüsse auf ihrem Weg in die nördlich gelegene Masai Mara. Das wissen natürlich auch die Krokodile und andere Fressfeinde, die sich für Juli schon mal den ganz großen Wecker stellen und sich auf die Lauer nach einem deftigen Rumpsteak legen.

Richtig viel zu sehen gibt es natürlich, wenn man die zuletzt genannten drei der Großen Fünf auf einem Foto erwischt. Dann gibt es erst ordentlich Lauf-Action, gefolgt von einem Splattermovie der Kategorie B und dem »Perfekten Dinner« zum Abschluss. Also ganz wie im richtigen Leben.

Um nicht selbst als Mittagessen von Löwe und Leopard auf dem Tisch zu landen, findet die Beobachtung aus sicherer Entfernung vom Jeep aus statt. Die eingesperrten Zuschauer beobachten also quasi die Tiere in Freiheit. Um noch näher dabei sein zu können, wird von einigen Safari-Anbietern ein gemeinsames Frühstück angeboten. Und zwar gemeinsam mit allen Teilnehmenden, und gemeinsam mit den Hippos in ihrem Badezimmer.

Früh aufstehen müssen Sie während Ihrer Safari in aller Regel ohnehin. Noch bevor die Sonne aufgeht, beginnt also Ihr einmaliges Erlebnis, und Ihr Jeep bringt Sie – nach einigen kurzen Fotostopps bei den Giraffen, die völlig überraschend am Wegesrand stehen – zu einem, je nach Saison und Dürregrad mehr oder minder großen Wasserloch, aus dem Sie bereits die ersten dunkelknuffigen Schnauzen wahrnehmen können. Ein bis drei fleißige Helferlein müssen wohl noch früher aufgestanden sein als Sie, denn auf einer kleinen Anhöhe, in guter Nähe zu den Tieren, aber immer noch in respektvollem Abstand zu ihnen, steht ein reich gedeckter Frühstückstisch, an dem Sie nun Platz nehmen.

Während Ihrer Mahlzeit haben Sie nun endlich einmal ausreichend Gelegenheit, die Flusspferde in aller Ruhe bei ihrer Mahlzeit zu beobachten. Vielleicht erleben Sie den einen oder anderen Machtkampf, auf jeden Fall lehrt Sie das Frühstück mehr über das soziale Verhalten der Tiere als jedes Schulbuch.

Der in der Luft liegende, von unseren Freunden aus dem Wasserloch herüberwehende Geruch hat zwar etwas vom Urlaub auf dem Bauernhof, ist nur beißender. Aber dafür ist das Erlebnis, ganz nah bei diesen gemütlich wirkenden Riesen zu sein, umso unbeschreiblicher.

So können Sie sich diesen Traum erfüllen

Das Erlebnis »Frühstück am Hippo-Pool« wird von einigen Anbietern als Bestandteil einer Safari oder als zusätzlicher Baustein angeboten. Der Preis der Safari hängt natürlich nicht nur von der Saison ab, sondern auch, in welchen Unterkünften Sie übernachten. Rechnen Sie mit 800 Euro für drei Nächte in einfachen Camps. Nach oben sind preislich natürlich keine Grenzen gesetzt.

22

Ayurveda-Ausbildung absolvieren

Entspannen wie Buddha

KERALA · INDIEN

Das »Wissen vom Leben« ist eine traditionelle Heilkunst, die ursprünglich aus Indien stammt und noch heute viele Anwender vor allem in Indien, Sri Lanka – und zunehmend auch in Deutschland hat. Während hierzulande jedoch vielfach eher der Wellness-Charakter im Vordergrund steht, wird die Ayurveda-Lehre in Indien auf wissenschaftlicher Ebene geführt. Eine Aus- oder Fortbildung vor Ort steht daher für viele Anhänger ganz oben auf ihrer Wunschliste.

Ayurveda verfolgt einen ganzheitlichen Ansatz, der physische, mentale, emotionale und spirituelle Aspekte vereint. Zentrale Bestandteile des Ayurvedas sind:
- Massage- und Reinigungstechniken
- Ernährungslehre
- Yoga
- Pflanzenheilkunde

Kosten	Erlebniswert	Aufwand
💳	★ ★	🔧🔧

Wie es der Traum eines Rocky-Fans ist, einmal im Jogginganzug die berühmten Stufen des Philadelphia Museum of Art hochzulaufen und dabei *Eye of the Tiger* zu pfeifen, so ist es wohl ein Muss für einen Wellness-Liebhaber, einmal in die Geburtsstätte des Ayurveda zu reisen. Sicherlich bieten die Länder Indien, Nepal und Sri Lanka eine Vielzahl weiterer Gründe, die eine Reise hierhin lohnenswert machen.

Warum aber sollte man nicht das Angenehme mit dem Angenehmen verbinden und einen Urlaub mit einer echten Fortbildung kombinieren? Und zwar ganz egal, ob man diese Ausbildung jemals in seiner Heimat wird verwenden können. Das Zertifikat über die erfolgreiche Teilnahme jedenfalls wird zumindest eine schöne Erinnerung an den Aufenthalt in der Fremde sein.

Sie haben dabei die Möglichkeit, eine allumfassende Ausbildung in allen Themenbereichen zu absolvieren, oder Sie beschränken sich auf einen Teilaspekt. Dies hängt zum einen von Ihrem Interesse ab, aber natürlich auch von der Größe Ihres Geldbeutels und – vielmehr – von der Zeit, die Sie zur Verfügung haben.

An den professionellen Schulen, die Sie bereits in Deutschland über unterschiedliche, auf Ayurveda-Reisen spezialisierte Anbieter buchen können, werden Sie von qualifizierten Ärzten und Therapeuten geschult. Besondere Vorkenntnisse benötigen Sie hierzu nicht, allerdings sollten Sie natürlich Englisch sprechen können. Verfügen Sie indes über Vorerfahrungen, können Sie gleich einen Fortgeschrittenenkurs belegen, da die Grundkurse im wahrsten Sinne des Wortes recht grundlegend beginnen.

Ihre Ausbildung beinhaltet sowohl theoretische als auch praktische Einheiten, in denen Sie das Gelernte in die Tat umsetzen können, z. B. in Form von Ölmassagen, Stirnguss, Nasenreinigung und Herstellung von Cremes und Pflanzenölen. Zwar können Sie meist auch Einzelseminare buchen, aber gerade das Gemeinschaftsgefühl ist ein wesentlicher Aspekt eines solchen Events. Der Austausch mit Gleichgesinnten, vielleicht aus aller Welt, ist eine zusätzliche Bereicherung Ihres Erfahrungsschatzes. Zu den weiteren Bestandteilen der Ausbildung gehören in aller Regel morgendliches Yoga, Meditationen und Selbsterforschungsübungen. Gespräche in der Gruppe runden die Inhalte ab.

Eine solche vollständige Grundausbildung dauert etwa zwei Wochen und kostet rund 2.000 Euro einschließlich Unterkunft und Verpflegung.

Möchten Sie sich lieber auf die Ayurvedische Massagetechnik beschränken, werden Sie auch hierzu einen Kurs finden, der ebenfalls praktische und theoretische Elemente vereint. Rechnen Sie mit einer Dauer von einer halben Woche und Kosten in Höhe von rund 500 Euro.

Die meisten Anbieter von Ayurveda-Ausbildungen in Indien vermitteln Ihnen zudem Grundlagen über die Ayurveda-Typ-Bestimmung sowie eine geeignete Ernährungsweise und Lebensführung. Zum Abschluss findet meist eine kleine Prüfung statt, nach deren Bestehen die Teilnehmenden ein Zertifikat über die erfolgreiche Teilnahme ausgehändigt bekommen.

So können Sie sich diesen Traum erfüllen

Es gibt inzwischen eine große Anzahl an Veranstaltern von derartigen Fortbildungsprogrammen. Das Sanjeevani-Retreat (www.sanjeevani-retreat.com) in Kerala ist einer davon.

23

Ins Auge eines Hurrikans reisen

Auf der Jagd
nach dem Sturm

OSNABRÜCK · DEUTSCHLAND
WELTWEIT

Für Wissenschaftler von großer Bedeutung, um die Entstehung von Wirbelstürmen zu erforschen. Für Touristen ein Alptraum. Nur wenige Waghalsige lockt die Gefahr, in das Auge eines Hurrikans zu reisen.

Kosten	Erlebniswert	Aufwand
–	★ ★	⚲ ⚲ ⚲

Völlig unbedarft sollte niemand auf die Idee kommen, sich absichtlich und mutwillig auch nur in die Nähe eines heftigen Sturms zu begeben. Für die Spezialeinheit »Hurricane Hunters« der National Oceanic and Atmospheric Administration gehört dieser Job zu ihrem Alltag. Sie fliegen gezielt in Hurrikane, um hieraus Schlussfolgerungen zu Veränderungen in der Umgebung der Erde und dem Verhalten aktiver Hurrikane zu ziehen.

Wer die Bilder der Zerstörung sieht, die ein solcher Sturm anrichten kann, hat großen Respekt vor einem derartigen Unternehmen. Gezielt fliegen sie in den Hurrikan, und wenn das Spezialflugzeug erst einmal in die Nähe des Sturms gelangt ist, beginnen die Turbulenzen, wie man sie in seinen schlimmsten Träumen nicht hätte ausmalen können. So viele Superpep kann man gar nicht einwerfen, wie sehr man sich jetzt die letzte Mahlzeit noch einmal durch den Kopf gehen lassen möchte.

An Bord befindlich redet man sich ein, dass das alles ja nicht so schlimm sein kann. Für die Mitreisenden ist es ein Job, und sie machen das nicht zum ersten Mal. Aber vielleicht zum letzten, schießt es einem unweigerlich durch den Kopf. Hatte die Truppe nicht schon einmal ein Flugzeug verloren?

Das Flugzeug wurde speziell für solche Wetteraufklärungsflüge umgebaut. So schafft es die Maschine sogar, für längere Untersuchungen bis zu 18 Stunden in der Luft zu bleiben. Hoffentlich dauert der Trip heute nicht so lange. Nach heftigen Auf und Abs wie auf der Achterbahn verdunkelt sich rings um das Flugzeug der Himmel. Nun befindet man sich mitten im Hurrikan. Die Maschine wackelt unaufhörlich und äußerst bedrohlich weiter. Allerhöchste Zeit für die Wissenschaftler, Daten über diesen Sturm aufzunehmen und an die Zentrale zu übermitteln. Damit leisten sie einen wertvollen Beitrag zur Wetterforschung, da diese Angaben aus der Mitte wesentlich genauer sind als jene, die ein Satellit von außen aufnehmen kann.

Es dauert nicht lange, und das Wackeln lässt nach, ja es hört sogar auf. Für wenige Sekunden ist es beinahe gespenstisch still. Das Innere des Auges ist erreicht. Wieder werden einige Daten aufgenommen, und dann geht es mit großem Getöse und wilder Achterbahnfahrt zurück zur Basis. Geschafft.

Als Sturmjäger bezeichnen sich all jene, die sich aus wissenschaftlichen Gründen oder aus Gründen ihrer eigenen Abenteuerlust Unwettern bewusst aussetzen, um sie in der Regel fotografisch oder filmisch festzuhalten. Während die erste Gruppe die Wetterdienste hilfreich unterstützt, werten Letztere eher ihre Facebook- oder Instagramprofile auf. Allerdings besteht auch die Möglichkeit, als ehrenamtlicher Beobachter die Wetterdienste, Rundfunkanstalten und Katastrophenschutzeinrichtungen zu unterstützen. Gebündelt werden die Aufgaben über ein bundesweites Beobachtungsnetzwerk. Hier muss man sich als sogenannter »Spotter« zertifizieren lassen, was wiederum das Durchlaufen einer Schulung über meteorologische Grundlagen voraussetzt.

Die Zahl solcher Hobby-Wetterfrösche ist steigend. Alle eint die Naturgewalten als ihr besonderes Hobby, und dass sie gut und gerne auch mal mehrere hundert Kilometer hinter einem Sturm herreisen. Zwar ist die Zahl schwerer Unwetter im Vergleich zu anderen Regionen der Welt in Deutschland glücklicherweise gering, dennoch pfeifen auch hierzulande durchschnittlich 50 Tornados pro Jahr um die Häuserecken.

Allerdings sollte bei aller Unterstützung der Wettervorausschau und persönlicher Vorliebe für Naturgewalten niemals die Gefahr unterschätzt werden. Jedes Jahr sterben nicht nur viele Zivilisten durch eine Naturkatastrophe, sondern auch Jäger, die sich bewusst in Gefahr gebracht haben.

So können Sie sich diesen Traum erfüllen

Auf keinen Fall sollten Sie sich ohne Weiteres ins Auto setzen und in den nächsten Sturm brettern. Zertifizieren Sie sich als Wetterspotter auf www.skywarn.de, und schon kann das Abenteuer beginnen! Und ganz nebenbei tun Sie auch noch etwas Gutes, denn durch Ihre Informationen wird die nächste Wettervorhersage oder Unwetterwarnung noch präziser.

24

Elefanten pflegen

Bei Dumbo und seiner Familie

SRI LANKA

Auf einer klassischen Safari sind sie neben den Giraffen und dem Personal der Lodge die ersten Einheimischen, die den Touristen in ihrer Heimat begrüßen. Den größten lebenden Landtieren wird ein noch größeres Gedächtnis zugeschrieben. Wenn Sie sich also auf nach Sri Lanka machen, um dort Elefanten zu pflegen, seien Sie lieb zu Ihren Schützlingen – man sieht sich bekanntlich immer zweimal im Leben!

Kosten	Erlebniswert	Aufwand
💳	★ ★	🔧🔧

Waisenhäuser für die Dickhäuter gibt es in einigen Ländern der Welt. Vor allem in Asien haben sich eine Reihe Organisationen dem Schutz dieser liebevollen Lebewesen verschrieben, allerdings sind einige von ihnen auch verschrien, weil sie im Verdacht stehen, zur Belustigung zahlender Touristen die Tiere auszubeuten und nicht artgerecht unterzubringen.

Allerdings gibt es neben den schwarzen auch eine Reihe weißer Schafe – oder sagen wir besser Elefanten, denen das Wohl der unter ihre Fittiche genommenen Riesen wirklich am Herzen liegt.

Diese kümmern sich dann zum Beispiel um Waisen, kleine Elefantenbabys, die ihre Mutter verloren haben. Aber auch ältere Elefanten finden Unterschlupf in den Waisenhäusern, solche etwa, die bei einem Kampf oder durch eigenes Ungeschick oder aber durch Menschenhand verletzt wurden.

Wie auch immer, das Ende vom Lied ist immer dasselbe: die Elefanten-Teenager bleiben alleine und hilflos zurück, und vermutlich hätten sie in der freien Wildbahn ohne Eingriff des Menschen keine oder nur eine sehr geringe Überlebenschance. Wenn sie Glück haben, landen diese kleinen Dickhäuter dann in einem Waisenhaus der Abteilung »Weißes Schaf«.

Ganz umsonst ist das Aufpäppeln natürlich nicht. Schließlich ist die Hauptbeschäftigung der Elefanten neben dem gemütlich aus der Wäsche schauen das Fressen. Bis zu 20 Stunden verbringen die ausgewachsenen Exemplare damit, ihren Tagesbedarf von bis zu 300 Kilogramm Gras, Obst und sonstige Leckereien zu decken. Aber auch die kleinen Großen verlangen nach 25 Litern Milch am Tag. Das nötige Geld hierfür nehmen die Elefantencamps aus Spenden, der Vergabe von Sponsorings für einen Elefanten und aus Einnahmen touristischer Veranstaltungen mit den Dickhäutern.

Sind die Elefanten dann nach einiger Zeit ordentlich aufgepäppelt und reif für die Wildnis, dürfen sie das Camp wieder verlassen und zu ihren Artgenossen zurückkehren.

Wenn Sie sich selbst einmal ein Bild von einem Waisenhaus machen möchten, bieten diese in der Regel gegen einen kleinen Obolus einen Einblick an. Am besten sind die Fütterungszeiten, da Sie dann eine Garantie haben, die Tiere während Ihres Besuches auch zu Gesicht zu bekommen.

Tierquälerei unterstützen verboten

Dass bei den Touristen gerne mal der Zaster locker sitzt und sich mit süßen Tierbabys immer gute Geschäfte machen lassen, wissen natürlich auch die bereits erwähnten schwarzen Schafe der Branche, die zwar ein Waisenhaus vorgaukeln, die Tiere aber in Wirklichkeit unter unwürdigen Bedingungen halten.

- Vermeiden Sie Camps, in denen die Elefanten isoliert voneinander gehalten werden, vielleicht sogar angekettet sind.
- Auch das Verhalten der Tiere bei der Fütterung oder Waschung gibt oft Ausschluss auf die Haltung. Gehen die Tiere aus eigenem Antrieb oder werden sie durch Anwenden von Gewalt von den Pflegern gezwungen?
- Die Elefanten sollten nicht zu Arbeitszwecken oder zur alleinigen Belustigung der Touristen eingesetzt werden.

Möchte man sich intensiver mit der Pflege der Elefanten beschäftigen und über einen etwas längeren Zeitraum aktiv dabei helfen, bietet sich die Unterstützung eines Elefanten-Projektes an, beispielsweise im Rahmen eines Freiwilligen Sozialen Jahres. Aber auch, wer nur zwei Wochen hierfür zur Verfügung hat, kann direkt mit den Waisenhäusern Kontakt aufnehmen. Arbeit fällt genug an, und helfende Hände sind immer gern gesehen.

Wer die individuelle Organisation dieses Trips mit Nachhaltigkeit zu aufwändig findet, der kann auf eine Reihe von (allerdings kommerziellen) Anbietern zurückgreifen, die die Gesamtorganisation einschließlich Unterkunft, Praktikum im Camp sowie Transfers übernehmen.

So können Sie sich diesen Traum erfüllen

Die familiengeführte Nichtregierungsorganisation (NRO) Millenium Elephant Foundation (www.millenniumelephantfoundation.com) bietet Freiwilligenprojekte, die sich um den Schutz und die Pflege der Dickhäuter drehen.

Da kann man ja nur mit den Ohren schlackern. ▶

An einer Fernsehshow teilnehmen

Der große Preis

LOS ANGELES · USA

Wenn Sie den Pass von Günther Jauch in der Tasche haben, gehört die Teilnahme an einer Fernsehshow vermutlich nicht mehr zwangsläufig zu den besonderen Once-in-a-Lifetime-Abenteuern, die Sie unbedingt erlebt haben sollten. Aber neueste Umfragen haben ergeben, dass es in Deutschland mehr als 83 Millionen gibt, die einen anderen Pass in der Tasche haben. Und für genau die ist dieses Kapitel.

Kosten	Erlebniswert	Aufwand
–	★★★	🔧🔧🔧

Viele Wege führen nach Rom, und mindestens genauso viele führen in ein Fernsehstudio. Da gibt es die begehrten Sendungen mit Live-Publikum, für die man ein Ticket käuflich erwerben muss wie für ein Alice-Cooper-Konzert.

Um so etwas zu tun braucht es aber wohl nicht dieses Buch. Also muss es da noch etwas anderes auf diesem Planeten geben.

Sicher, man kann sich auch für eine Fernsehshow casten lassen. Da die Anzahl der Talkshows in Deutschland in den letzten Jahren aber stark nachgelassen hat und Bärbel Schäfer und Hans Meiser nicht mehr über die Bildschirme flimmern, ist die Möglichkeit, sich hier für einen Fuffi zum Affen machen zu lassen, leider bereits ausgestorben.

Auch der charmante Bitte-Nicht-Überbieten-Harry und sein noch charmanterer Assistent Wiehießerdennnoch Freiwald versuchen sich mittlerweile auf ganz anderen Wegen. Eine Teilnahme an einer Spielshow,

um während eines vergnüglichen Vormittags ganz nebenbei auch noch das nigelnagelneue Kaffeeservice Edelgard abstauben zu können, fällt damit leider auch flach.

Zumindest in Deutschland. Aber das Land, das diese Geister der frühen Privatfernsehunterhaltung einst rief, scheint sie bis heute nicht mehr loszuwerden. Denn noch immer flimmern Klassiker wie *Der Preis ist heiß, Jeopardy!* oder *Familienduell* über die amerikanischen Bildschirme. Und zwar nicht als Wiederholung, sondern als frische Aufzeichnung.

Es kann durchaus passieren, dass man vor dem TCL Chinese Theater am Walk of Fame angesprochen wird, ob man nicht Lust hat, als Zuschauer an der Aufzeichnung einer Fernsehshow teilzunehmen. Auf diese Weise wurde ich beispielsweise zu einem ausflippenden Fan bei der Sendung *Rock Star INXS*. In dieser Castingshow wurde im Sommer 2005 ein vermeintlicher neuer Lead-Sänger für die bereits damals schon etwas in die Jahre gekommene australische Rockband gesucht. Viel gebracht hat es dem Gewinner jedenfalls nicht, denn die Formation löste sich im November 2012 endgültig auf. Der Blick hinter die Kulissen einer solchen Veranstaltung war aber durchaus die kurze Fahrt zum Studio wert.

Möchte man sich nicht auf sein Schicksal verlassen und darauf warten, von jemandem angesprochen zu werden, kann man sich online bereits vorab für eine der anstehenden Aufzeichnungen registrieren. Zur Wahl stehen Spielshows, an denen man aktiv teilnehmen kann (für die Auszahlung von Gewinnen wird allerdings eine *Social Security Number* abgefragt, die man als Ausländer natürlich nicht hat), oder auch Casting-Shows wie *America's Got Talent* mit unserer

Heidi. Man erhält – wenn man ausgewählt wurde oder schlicht schnell genug war – eine Bestätigung, in der weitere Instruktionen enthalten sind, wie etwa der genaue Ablauf, die Adresse des Studios – und wie man sich verkleiden sollte. Kein Witz, anders als zum Beispiel beim deutschen Pendant *Geh aufs Ganze* sind sämtliche Zuschauer der Sendung *Let's make a deal* verkleidet, und zwar unabhängig von der Jahreszeit. Und da das Auge des Moderators bei der Auswahl der Kandidaten behilflich ist, gilt hier selbstredend die Devise: Je schriller das Outfit, desto besser die Chance, als Kandidat ausgewählt zu werden.

In meiner Bestätigungsmail hieß es, man solle nicht nur ein Kostüm, sondern vor allem Zeit mitbringen. Zu Recht: Täglich wurden drei Shows aufgezeichnet, und während die erste bereits lief, fanden die Vorbereitungen für die dritte Show statt. Hier erfolgte dann die Aufklärung bezüglich der eigener Persönlichkeitsrechte, dem Recht am eigenen Bild etc. Und natürlich gab es eine Anweisung, was man im Studio tun sollte (klatschen und einen guten Eindruck machen) und was man tunlichst unterlassen sollte (Kaugummi kauen, telefonieren etc.).

Danach unterhielt sich ein Assistent mit jedem Zuschauer über seine Herkunft, den Grund seines Besuchs und darüber, was die Person besonders machen könnte. Natürlich nur, um das Eis zu brechen und uns lockerer zu machen. Keinesfalls wurde hier bereits ein Zettelchen für den Moderator geschrieben, welcher der Zuschauer total abgehen wird und deshalb unbedingt als Kandidat ausgewählt werden muss. Ein vor Freude quiekender Vietnam-Veteran mit blonden Haaren hat da bereits beim Vorgespräch den Stich in der Tasche.

Und so saßen wir dann in der sechsten Reihe als Cowboy verkleidet (wir fanden das witzig, sind aber im Land der Rinderzüchter genauso aufgefallen wie eine Weißwurst beim Oktoberfest) neben quietschbunten Menschen in viel zu engen Klamotten und aufdringlichen Damen mit viel zu großer Oberweite und machten gute Miene zum lustigen Spiel.

Die Show an sich war dann ganz schnell vorbei. Meg aus Ohio gewann 200 Dollar Cash beim Zocken gegen Moderator Wayne, Sam aus Minnesota pokerte zu hoch und durfte sich wieder setzen und Sally aus San Diego setzte ihre Traumreise beim Mega-Deal und gewann ein fettes Auto.

Und wir? Wir fanden zwar keine Berücksichtigung, kehrten aber mit einer Menge neuer Eindrücke erschöpft in unser Hotel zurück.

So können Sie sich diesen Traum erfüllen

Die Wahrscheinlichkeit, von einem Agenten angesprochen zu werden, ist auf dem Walk of Fame in Hollywood am größten. Sie können aber auch online Karten vorbestellen – die meisten Shows werden kostenlos angeboten, bei den beliebtesten sind die Plätze allerdings schnell vergeben. Eine Plattform, die Karten für TV-Aufzeichnungen und Liveshows vermittelt, ist On Camera Audiences (www.on-camera-audiences.com).

Mit Delfinen schwimmen

Flippern, aber nicht in der Spielhalle

AZOREN · PORTUGAL
WELTWEIT

Die Artgenossen von Flipper gelten nicht nur als besonders schlaue und hilfsbereite Tiere, die jede noch so verzwickte Situation lösen, in die sich die Menschen mal wieder selbst durch ihre ungeschickte, tapsige oder selbstherrische Art manövriert haben. Sie werden sogar als Therapeuten eingesetzt, um Kindern mit Behinderungen oder Verhaltensauffälligkeiten zu helfen. Und jeder, der einmal mit einem Delfin geschwommen ist, wird dieses Erlebnis so schnell nicht wieder vergessen.

Kosten	Erlebniswert	Aufwand
💳	★ ★ ★	🔧

Die Meeressäuger haben wegen ihres knuffigen Aussehens, ihrer grundlieben Erscheinung und nicht zuletzt durch die positive Darstellung in Film und Fernsehen eine große Anziehungskraft auf den Menschen. Und so ist es auch nicht verwunderlich, dass viele Menschen gerne einmal ihren Lieblingstieren im Meer ganz nah kommen möchten. Und so ist es noch weniger verwunderlich, dass es immer mehr Unternehmen gibt, die ein solches Erlebnis anbieten.

Angeboten werden dabei zum einen Bootsfahrten zu Delfinen in freier Wildbahn. Nach einer Instruktion über Vorsichtsmaßnahmen und Verhaltensweisen während der Exkursion schmeißen sich die Teilnehmer in eine Rettungsweste – und ab geht die wilde Fahrt mit dem Motorboot zu den üblicherweise von

Delfinen frequentierten Orten in Küstennähe. Werden Delfine gesichert, hält das Boot an, und die Insassen haben die Möglichkeit, die Tiere beim Spielen aus der sicheren Distanz zu beobachten oder im Wasser zu versuchen, mit den Delfinen mithalten zu können.

Diese Form des Delfinerlebnisses wird von Tierschützern allerdings nicht gerne gesehen. Zum einen registrieren sie Verhaltensänderungen und Rückzugstendenzen bei jenen Tieren, die permanent durch Ausflugsboote gestört werden. Werden sie durch die Touristen zudem bei ihrer Jagd gestört, kann es zu Unterernährung und Mangelerscheinungen kommen. Außerdem besteht immer die Gefahr, dass Delfine durch die nahenden Boote verletzt werden.

Eine andere Möglichkeit, mit Delfinen zu schwimmen, besteht an vielen Orten mit an den Umgang mit Menschen gewöhnten, idealerweise in einem großzügig abgetrennten Bereich des Meeres gehaltenen Delfinen.

Während die erstgenannte Alternative, das Schwimmen mit Delfinen in freier Wildbahn, logischerweise nur dort angeboten wird, wo Delfine in eben jener freien Wildbahn auch vorkommen, gibt es das zweite Angebot mittlerweile bereits auf der ganzen Welt.

Beim Schwimmen mit Delfinen auch mal an die Delfine denken

Achten Sie vor der Buchung eines solches Events darauf, dass weder die Haltung noch das Schwimmen selbst in einem zu kleinen Bereich stattfinden.

Ein ganz besonderes Erlebnis ist es allerdings, wenn die Begegnung mit Delfinen ungeplant erfolgt und die Tiere von sich aus die Nähe zu Ihnen suchen. Da die Wahrscheinlichkeit, dass Delfine bis zum Strand schwimmen, um sich eine Extraportion Menschenschweiß mit Sonnenöl zu gönnen, allerdings geringer ist als ein Sechser im Lotto, haben ein solches Erlebnis eher Taucher und Schnorchler, die sich bereits mit dem Boot ein Stück von der Küste entfernt haben.

Ich selbst hatte eine solche Begegnung während eines Tauchgangs am Great Barrier Reef in Australien. Zuerst begleiteten zahlreiche Delfine unser Boot auf dem Weg zum Tauchplatz, dann besuchten uns einige aus der Truppe tatsächlich unter Wasser. Sie schienen sehr interessiert zu sein an dem, was diese Riesenfische mit den komischen Röhren auf dem Rücken in ihrem Revier so trieben. Sie begleiteten uns viele Minuten lang, einige begannen sogar, mit uns zu spielen.

So können Sie sich diesen Traum erfüllen

Schwimmen mit Delfinen können Sie überall da, wo es Delfine gibt. Und darüber hinaus sogar in der Wüste. Erkundigen Sie sich vor Ort, zum Beispiel an einer Tauchbasis, welche Möglichkeiten bestehen.
In deutschsprachigen Ländern ist das Schwimmen mit Delfinen nicht möglich. Der Tiergarten Nürnberg bietet aber zum Beispiel eine Tour hinter die Kulissen des Delfinariums an, während der man den Tieren ganz nah kommt und nebenbei so einiges über ihr Leben und die Fütterung erfährt. Die Führung dauert etwa zwei Stunden und kostet 80 Euro. Informationen und Buchung unter www.tiergarten.nuernberg.de.

Kugelfisch essen
Spiel mit der Gefahr

TOKIO · JAPAN

Neben einem Leben in schnellen Zügen, der Kirsch-blüte und sprechenden Toiletten haben die Japaner noch etwas erfunden: Russisches Roulette zum Abendbrot. Für die einen die giftigste Versuchung, seit es Essen mit Stäbchen gibt, für die anderen eine unvergleichliche Geschmacksexplosion: der Kugelfisch, unter Gourmets als *Fugu* bekannt.

Kosten	Erlebniswert	Aufwand
🔳🔳	★ ★ ★	🔧🔧

Kugelfische leben vorwiegend in Amazonien, Indien und Südostasien. Ihrem Namen werden sie aber erst dann gerecht, wenn sie sich bedroht fühlen. Dann nämlich pumpt sich der ansonsten wie ein gewöhn-licher Fisch aussehende Kamerad zu einer Kugel auf, indem er Wasser aus seiner Mundhöhle in seinen Magen presst. Auf diese Weise schreckt er Angreifer ab und verhindert allein durch seine Größe, selbst von ansonsten unerschrockenen Feinden gefressen zu werden. Und wenn sie dies doch tun, kann sich der Kugelfisch noch im Magen des Wüstlings aufblasen und ihn so ersticken lassen.

Das klingt zwar sehr bedrohlich, ist aber noch gar nichts dagegen, was sich der kleine Meeresbewohner hat einfallen lassen, um keinen der oberen Plätze auf der Speisekarte jenes Fressfeindes zu ergattern, der sich durch bloße Größe allein davon nicht abschre-cken lässt: den Menschen.

Die Eingeweide und insbesondere die Haut, Leber und Eierstöcke des Kugelfischs sind hochgradig giftig. Für einen ausgewachsenen Mann braucht es nur 80

Mikrogramm dieses Nervengiftes, um ihn vollständig zu lähmen. Er kann sich dann weder bewegen noch atmen, und auch sein Herz hört mit der Arbeit auf. Bei all dem bleibt der Arme dann zu allem Überfluss auch noch bei vollem Bewusstsein.

Das Muskelfleisch des Kugelfisches aber ist völlig ungiftig und gehört in Japan zu den absoluten Delikatessen, die nur in ganz besonderen Restaurants von Köchen mit einer speziellen Schulung und einer behördlichen Genehmigung für die Zubereitung von *Fugu* angeboten werden dürfen.

Um zu vermeiden, dass die giftigen Bestandteile auf den Tisch des Hauses kommen, müssen Darm, Ro-gen, Leber und Haut vorsichtig entfernt werden. Jede auch nur winzige Unachtsamkeit kann böse Folgen haben: für den Koch, für den Ruf des Restaurants und für den Gast.

Aufgrund der besonderen Zubereitung sowie der erforderlichen Zusatzausbildung der Köche gilt der Kugelfisch in Japan nicht nur als Delikatesse, sondern wegen seines Preises auch als Statussymbol. Er wird entweder in einer Suppe verarbeitet oder in hauchdün-nen Scheiben roh, frittiert oder gebraten serviert. Der besondere Reiz liegt aber nicht in seinem eigentlichen Geschmack, sondern zum Einen natürlich am Spiel mit der Gefahr, denn schließlich kann man sich ja nie hundertprozentig sicher sein, ob der Koch nicht gerade heute einen schlechten Tag hatte. Andererseits wird meist nicht das gesamte Gift entfernt, sondern eine für den Menschen harmlose Dosis beibehalten, die dem Genießer ein leichtes Prickeln im Mundraum sowie ein Taubheitsgefühl wie nach einer leichtern lokalen Betäu-bung beim Zahnarzt verschafft – und im Idealfall noch in einen leichten Rauschzustand versetzt.

Russisch Roulette auf Japanisch

Während im Japan der 1950er-Jahren jeder Kugelfisch zubereiten durfte, verstarben dort jährlich rund 200 Gourmets an den Folgen einer Schlemmerei. Seit der Einführung der *Fugu*-Lizenz gibt es offiziell keine Menschen mehr, die in einem lizenzierten Restaurant über die Wupper gegangen sind. Verringert wird das Risiko zudem durch eigens für den Verzehr gezüchtete Kugelfische. Da die Fische ihr Gift nicht selbst produzieren, sondern über ihre Nahrung aufnehmen, kann man durch eine geeignete Diät ungefährliche Exemplare heranzüchten.

In Deutschland darf Kugelfisch nicht für den Verzehr importiert werden. Wer für ein solches Erlebnis aber nicht gleich nach Japan reisen möchte und zufällig gerade in den USA unterwegs ist, findet dort einige Restaurants mit einer *Fugu*-Servier-Erlaubnis. Zubereiten dürfen sie ihn aber nicht, sie dürfen lediglich in Japan bereits zubereiteten und dort tiefgefrorenen Fisch servieren.

Funfact am Rande

In die Koalitionsverhandlungen zur Bildung der ersten rot-grünen Landesregierung in Hessen nahmen die Grünen einen Passus zur Stärkung der Rechte von *Fugu*-Köchen in Deutschland auf und verwiesen dabei auf das fiktive Shanghaier Kugelfischabkommen von 1974. Und obwohl es in Deutschland aufgrund des erwähnten Verbots weder einen einzigen *Fugu*-Koch noch das Abkommen an sich gibt, bemerkte zunächst niemand aus den Reihen des Koalitionspartners diesen Scherz.

So können Sie sich diesen Traum erfüllen

Sie erkennen ein *Fugu*-Restaurant an dem aufgeblasenen Kugelfisch, der über der Eingangstür hängt. Allein in Tokio haben Sie die Wahl zwischen zig zertifizierten Gaststätten, die allesamt sehr nobel sind – einige tragen sogar einen Michelin-Stern.

28

Besonderes Taucherlebnis

Vernissage unter Wasser

GILI MENO · BALI · INDONESIEN
MUESO ATLANTICO · LANZAROTE · SPANIEN

Gerätetauchen ist unter Freizeitsportlern beinahe schon so beliebt wie Fußball, und viele suchen sich ihr Urlaubsziel bewusst nach den möglichen Tauchexkursionen aus. Wer aber schon die Farben aller Korallen eingefangen und vom Warten auf den nächsten Schwarm von Riesenhaien die Nase voll hat, der sucht auch hier das Besondere. All jene Küstenorte jedoch, die nicht das »Glück« hatten, dass in ihrer Nähe vor Jahren ein Erdöltanker gesunken ist, der jetzt in erreichbarer Tiefe von Tauchern als künstliches Riff bewundert werden kann, versenken eben kurzerhand mutwillig einen alten Kahn – oder sie arrangieren eine ganz besondere Kunstausstellung.

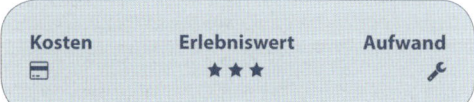

Kosten	Erlebniswert	Aufwand
💳	★ ★ ★	🔧

Bereits an verschiedenen Tauchdestinationen finden sich neue künstlich angelegte Tauchspots zumeist in relativ flachem Wasser. Bei zu großer Tiefe würde die Lichtintensität für eine gute Sicht auf die spektakulären und außergewöhnlichen Kunstschätze nicht mehr ausreichen. Und so haben vielerorts auch Schnorchler die Möglichkeit, von oben einen Blick auf das »Kunstmuseum unter Wasser« zu werfen.

Allerdings ist manchmal die Natur oder die Geschichtsschreibung noch kreativer als so mancher Künstler, und so finden sich wahre Kunstwerke unter Wasser, die nicht von Menschenhand geschaffen wurden. Zumindest nicht absichtlich.

Eines dieser natürlichen Kunstwerke beruht auf einer doch traurigen Geschichte. Vor der Südspitze der Sinai-Halbinsel in Ägypten sank im Jahr 1980 das zypriotische Handelsschiff Yolanda. Witzig wird die Geschichte für Taucher dadurch, dass das Schiff vor allem Badkeramik gebunkert hatte, die sich heute allesamt auf dem schräg abfallenden Sandgrund verteilt. Und so lädt so manche dort auffindbare Kloschüssel zu dem einen oder anderen lustigen Foto mit einem Taucher ein, der unter Wasser seine ganz menschlichen Bedürfnisse zu befriedigen scheint. Aber Vorsicht beim Nachmachen: Auch Muränen lieben Kloschlüsseln und nutzen sie gern als Versteck!

Wer beim Anblick solcher eher zufällig entstandenen Kunstwerke noch nicht völlig aus dem Tauchanzug springt, der kann sich ja eines der von Künstlerhand geschaffenen Werke unter Wasser gönnen. Eines davon findet sich zum Beispiel vor den Gili-Inseln in der Nähe des indonesischen Touristen-Hotspots Bali. Der britische Künstler Jason DeCaires hat hier vor der Insel Gili Meno insgesamt 48 lebensgroße Statuen versenkt, die in ihrer Formation den Kreis des Lebens darstellen. Da das Wasser hier sehr flach ist, wird das Kunstwerk mit Namen NEST unter Wasser vornehmlich von Schnorchelausflüglern frequentiert.

Für das Unterwasser-Museum vor der Küste von Lanzarote zeichnet sich derselbe Künstler verantwortlich. Hier hat deCaires in 14 Metern Tiefe ganze 300 Figuren auf einer Strecke von über 30 Metern auf dem

Meeresboden verteilt. Durch die Wassertiefe ist dieses Kunstwerk nur für Taucher geeignet. In seinem Museo Atlantico befinden sich verschiedene Werke, für deren Betrachtung sich der Taucher – wie in einem Kunstmuseum über Wasser auch – genügend Zeit lassen sollte. Allerdings sollte man bei aller Euphorie das Finimeter nicht ganz aus den Augen lassen, damit Ihnen am Ende nur wegen der beeindruckenden Kunstwerke die Luft ausbleibt.

Insgesamt hat der Künstler bisher 10 Projekte umgesetzt, z. B. auch mit 500 Figuren auf 420 Quadratmeter vor der Küste Cancuns in Mexiko oder vor Grenada in der Karibik auf 800 Quadratmetern mit 65 seiner Figuren.

Das Ziel des Unterwasserkünstlers ist es, nicht nur Besucher für seine Kunstwerke zu begeistern. Er erschafft durch die Verwendung von umweltfreundlichem Beton ein künstliches Riff, das sich in den kommenden Jahren und Jahrzehnten als neue Heimat für unzählige Lebewesen im Wasser erweisen wird.

So können Sie sich diesen Traum erfüllen

Eine Auflistung aller Tauch- und Schnorchelspots finden Sie auf der Webseite des Künstlers www.underwatersculpture.com.

Tee pflücken in Ceylon
Kostbare Blätter

NUWARA ELIYA · SRI LANKA

Eine Reise nach Sri Lanka ist ein Erlebnis für sich. Elefanten in freier Wildbahn, ungewöhnliche Tempelanlagen, zahlreiche Strände. Und im Hochland reiht sich eine Teeplantage an die nächste. Hier kann man nicht nur an einer traditionellen Teezeremonie und Verkostung teilnehmen, sondern auch den Teepflückern bei der Arbeit zuschauen. Oder gleich selbst mit Hand anlegen.

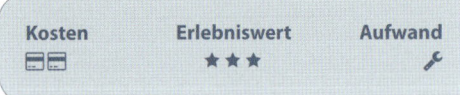

Kosten	Erlebniswert	Aufwand
💳💳	★ ★ ★	🔧

Der Verkehr wird zunehmend flüssiger, als wir nach gefühlten Stunden halsbrecherischen Fahrens den chronisch überfüllten und für das Verkehrsvolumen viel zu engen Straßen der Hauptstadt Colombo entkommen.

Der Weg ins Hochland nach Kandy ist beschwerlich. Zwar sind es nur wenige Kilometer, aber die Straßen

sind hier wirklich nicht der Knaller, und so kommen wir nur sehr langsam voran. Bald aber sind schon von der Straße aus die ersten Teesträucher zu erkennen. Die Landschaft hier oben ist insgesamt ein Augenschmaus – herrlichste Grüntöne leuchten in allen Schattierungen unter dem strahlend blauen Himmel.

Kurz nach der ersten Begegnung mit den Pflanzen erscheinen auch die ersten »Teepflückerinnen«. Diese verdienen ihre morgendlichen Brötchen aber nicht durch die Ernte dieser Pflanze, sondern vielmehr durch das Melken der Touristen. Sie sind quasi Models, die sich gerne für ein Trinkgeld – das von unbedarften Touristen auch mal den Monatslohn einer echten Teepflückerin ausmacht – ablichten und den Instagram-Account auf diese Weise richtig authentisch wirken lassen.

Wir wollen aber weiter, hoch hinaus Richtung Nuwara Eliya. An der Teeplantage angekommen – und hier oben reiht sich eine an die andere, und die meisten davon haben für den Publikumsverkehr geöffnet – lohnt es sich, zunächst einmal einen kleinen Spaziergang durch die Plantage entlang der saftig grünen Blätter der Teesträucher zu unternehmen.

Später lernen wir, dass die traditionelle Zubereitung von Tee tatsächlich die Verwendung von frischen Teeblättern vorsah, die direkt vom Strauch gepflückt mit heißem Wasser übergossen wurden.

Da aber nicht jeder Teetrinker auf der Welt ein paar Teepflanzen in seinem Hinterhof versteckt hält und frische Blätter nicht allzu lange allzu frisch bleiben, wenn sie einmal abgezupft sind, musste man sich für den Export eine andere Methode einfallen lassen. Spezielles Fermentieren und Trocknen der Blätter garantieren heute eine lange Lagerung der Tees und machen eine Verschiffung in alle Welt überhaupt erst möglich.

Die wichtigsten Teearten

Grüner Tee   Die Blätter werden nach der Ernte in großen Behältern gewelkt und getrocknet.
Weißer Tee   Bei der Ernte werden nur die ganz jungen Triebe verwendet und getrocknet.
Schwarzer Tee   Das Schütteln der Blätter nach der Ernte ermöglicht eine Oxidation des austretenden Saftes mit dem Sauerstoff in der Luft. Anschließend erfolgt der Trocknungsprozess.

Aufgrund des günstigen Klimas hier oben im Hochland Sri Lankas wachsen die Blätter schnell nach, so dass jeder Strauch einmal die Woche geerntet werden kann. Dabei kommen aber im Wesentlichen nur die oberen drei Blätter in Frage, da die Qualität der älteren Blätter zu schlecht ist. Je höher das Blatt, desto besser die Qualität. Und dies gilt auch für die Lage der Plantage. Je höher das Anbaugebiet liegt, desto besser ist die Qualität der geernteten Tees.

Nach der Einführung in die Vorgehensweise beim Verarbeiten von Tees möchte ich nun nicht mehr länger dem Tee beim Trocknen zusehen, sondern selbst aktiv werden. Schließlich warten hier oben auf fast 200.000 Hektar mehrere hundert Millionen Kilogramm Tee, die jährlich geerntet werden, und die Sri Lankas Haupteinnahmequelle darstellen.

 Nach einer Einweisung, wie genau ich was genau zu pflücken habe, schlüpfe ich in einen Umhang aus Plastik und schnappe mir einen Korb. Mit einem Stock soll ich die Größe der Blätter messen, und nach kurzer Zeit muss ich feststellen, dass das einfacher klingt, als es getan ist. Meine einheimischen Kolleginnen sind allesamt viel schneller als ich, aber dafür arbeite ich gründlicher – rede ich mir ein. Zwanzig Kilogramm sollte ein Teepflücker am Tag in seinem Korb haben, da die Arbeit nach Gewicht bezahlt wird (und zwar alles andere als generös) und ansonsten die Küche am Abend kalt bliebe. Da die Blätter aber jedes für sich federleicht ist, muss man schon ordentlich pflücken, um auf diese Masse zu kommen.

 Ich jedenfalls gebe mich nach zwei Stunden geschlagen. Mit gerade einmal einem halben Kilogramm Teeblättern in meinem Korb hätte ich damit heute wohl nicht einmal einen Schluck Leitungswasser verdient.

So können Sie sich diesen Traum erfüllen

Die meisten Teeplantagen öffnen ihre Tore für Besucher, denn Touristen schauen ja in der Regel nicht nur, sondern kaufen auch das eine oder andere Päckchen Tee für die Lieben daheim.
Ein Anbieter mit Homepage ist die Damro Tea Plantation (www.damrotea.com).

30

Tiger füttern

Da war doch eine Miezekatze

THAILAND

Eine hautnahe Begegnung mit einer Riesenkatze kann man in Thailand erleben. Das Angebot erstreckt sich landesweit auf mittlerweile rund 50 Orte, die sich Tiger-Zoo oder sogar Tiger-Tempel nennen, und an denen man den Raubtieren wirklich ganz nah kommt.

Kosten	Erlebniswert	Aufwand
💳	★ ★ ★	🔧

Zunächst ein Disclaimer vorweg: Auch dieses Event ist unter Tierschützern nicht ganz unumstritten, denn allein die Tatsache, dass die Tiere einen engen Kontakt zu den Menschen eingehen müssen, entspricht nicht unbedingt einer artgerechten Haltung.

Beim Tigerfüttern auch an die Tiere denken

Achten Sie darauf, dass die Tiere nicht auf engem Raum eingepfercht sind, sondern dass ihnen ausreichend Platz und auch Rückzugsmöglichkeiten zur Verfügung stehen. Werden zudem zirkusartige Shows angeboten, in denen die Tiger durch brennende Reifen springen oder auf den Hinterbeinen stehend tanzen müssen, sollten Sie diesem Event besser den Rücken zudrehen. Sehr berühmt und beliebt bei den Touristen war bis zu seiner Schließung durch die thailändischen Behörden im Jahr 2016 der Tigertempel Wat Pa Luangta Maha Bua, ein buddhistischer Tempel, der sich der Versorgung von verletzten und verwaisten Wildtieren verschrieb. Hier konnte man zwischen »freilaufenden«, aber angeketteten Tigern laufen und Babytiger mit der Flasche aufziehen. Der zunehmende Tourismus ließ aber auch hier die Dollarzeichen in den Augen einiger Verantwortlichen aufflackern, und so wurden die Tiere nicht nur immer weniger artgerecht gehalten – ältere Tiere wurden sogar zu »Tigerwein« und anderen Produkten der traditionellen asiatischen Medizin verarbeitet.

Es gibt sie aber dennoch, auch in Thailand, die Orte, an denen man als freiwilliger Helfer den Wildtierschutz unterstützen kann. In solchen Auffangstationen kümmert man sich liebevoll um misshandelte und vernachlässigte Wildtiere, die beispielsweise in der Tourismus-Industrie ausgebeutet und als touristische Attraktion angeboten wurden.

Einige Tiere werden nach einiger Zeit wieder in die Wildnis entlassen, andere wiederum hätten dort auch nach der Pflege in der Aufzuchtstation keine Überlebenschance und bleiben für den Rest ihres Lebens unter der Obhut freiwilliger Pfleger.

In der Regel ist für einen solchen Freiwilligendienst eine Dauer von mindestens zwei Wochen vorgesehen, damit der Kontakt zu den Tieren aufgebaut werden kann. Aber auch eine längerfristige Mitarbeit von mehreren Monaten ist willkommen.

Freiwillige übernehmen das Füttern der Tiere, wobei insbesondere bei den erwachsenen Exemplaren die Beschäftigung mit dem Essen dabei eine zunehmende Rolle spielt. Die Tiere bekommen ihr Futter also nicht einfach in den Napf gelegt, sondern müssen sich – ähnlich wie in freier Wildbahn auch – abwechselnden Herausforderungen stellen, um an ihre Nahrung zu gelangen.

Auch das Besorgen und die artgerechte Zubereitung der Nahrung zählt zu den Aufgaben der Wildhüter auf Zeit. Weniger beliebt, aber ebenfalls notwendig, ist die Reinigung der Gehege.

Wem die Tiger aber auch hier noch zu sehr eingesperrt sind, hat die Möglichkeit, die frei lebenden Exemplare auf einer Safari aufzuspüren, die von einigen Anbietern sowohl im Norden als auch im Süden Thailands angeboten werden. Zwar ist es dann reine Glückssache, ob sich tatsächlich ein Tiger blicken lässt – und natürlich wird man ihn nur aus sicherer Entfernung beobachten können und schon gar nicht füttern dürfen. Dafür ist das Erlebnis vielleicht umso erhabener.

So können Sie sich diesen Traum erfüllen

Aufgrund der lokalen Vorschriften in Bezug auf Visa und Arbeitserlaubnis (die auch beantragt werden muss, wenn es um ein ehrenamtliches Engagement handelt), empfiehlt sich die Beauftragung einer Organisation zur Vermittlung von Freiwilligendiensten, zum Beispiel: www.volunteerworld.com.
Wenn es eine große Miezekatze, aber nicht zwangsläufig Asien sein soll: In Afrika bieten sich mehr Möglichkeiten, sich im Kampf für das Wohl der Tiere einzusetzen, z. B. auch im Kruger Nationalpark (www.sanparks.org).

Mit Mantas tauchen

Bei den lautlosen Riesen

MALEDIVEN

Allein durch ihre Größe – ihre enorme Spannweite misst sage und schreibe bis zu sieben Metern – und durch ihre unbeschreiblich elegant wirkende Art, lautlos durch das Meer zu schweben, faszinieren Riesenmantas wohl jeden Gerätetaucher und sind das Highlight eines jeden Tauchgangs.

Riesenmantas gehören zur Familie der Rochen, besitzen aber im Gegensatz zu anderen Familienmitgliedern keinen Giftstachel. Durch die Aufnahme von Plankton, Fischen und Weichtieren können sie ein Gewicht von bis zu zwei Tonnen erreichen.

Kosten	Erlebniswert	Aufwand
💳	★ ★ ★	🔧🔧

Zwar kennen die Tauchführer die Hotspots, an denen sich in der Regel zu einer gewissen Jahreszeit die sanften Riesen aufhalten. Dennoch ist es immer mit einem gewissen Quäntchen Glück verbunden, dass sich die Tiere gerade dann zeigen, wenn man selbst unter Wasser ist.

Auf den Malediven hatte ich meine erste Begegnung mit Mantas. Vielleicht ist sie mir deshalb noch so gut in Erinnerung, als wäre es erst gestern gewesen. Ich weiß auch nicht, wie es anderen Tauchern geht, aber für mich ist eine Begegnung mit den Riesenrochen in etwa vergleichbar mit einer Begegnung mit einem Nashorn während einer Safari. Eben etwas ganz Besonderes.

Es war bereits der letzte Tag vor unserer Rückkehr nach Deutschland. Bislang hatten wir zwar jede

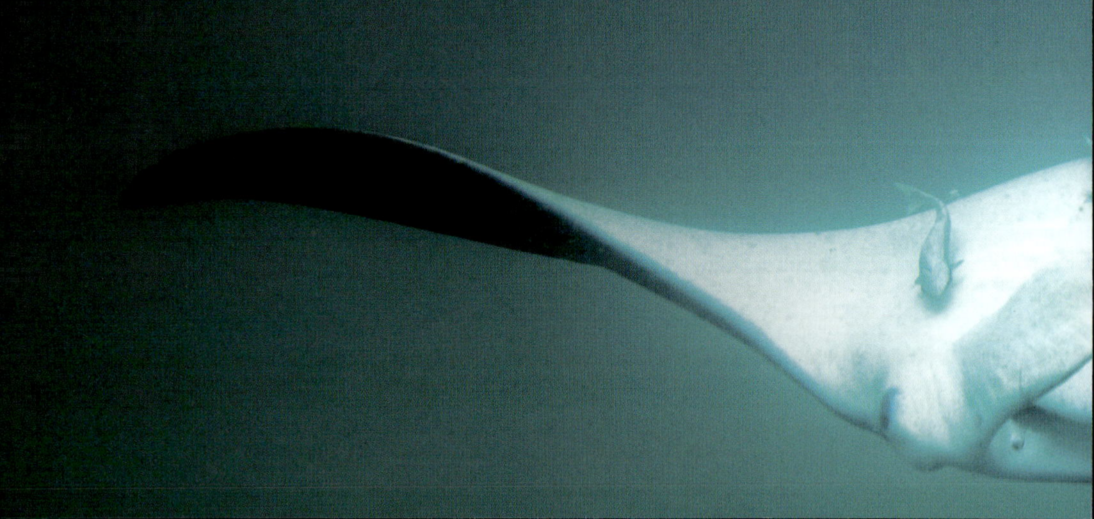

Menge Fischschwärme und natürlich noch mehr Korallen in den buntesten Farben gesehen, aber eben noch keinen einzigen Manta. Einen Tauchgang durften wir noch unternehmen, da unser Rückflug erst in 26 Stunden erfolgte.

Wieder sahen wir eine ganze Menge interessanter Fische, aber wieder einmal ließ sich kein Manta blicken. Wir hatten bereits etwa die Hälfte unserer Luft verbraucht, da sahen wir aus der Ferne schemenhafte Umrisse, die zuerst so aussahen, als käme ein Flugzeug auf uns zu. Wir suchten Halt an einem Felsen und ließen den Manta über unsere Köpfe gleiten. Begleitet wurde er von einer Reihe kleiner Fische, die den Manta permanent zu zwicken schienen. Jetzt wurde uns bewusst, dass wir uns in einer Putzstation befanden. So zog der Manta seine majestätischen Bögen viele Minuten lang über unsere Köpfe hinweg, bis die Putzerfische seinen gesamten Körper sowie seine Kiemenöffnungen und den Mund gänzlich von Parasiten, Schleim und toten Schuppen befreit hatten.

Eine Win-Win-Situation für alle Beteiligten. Die Mantas bleiben auf diese Weise gesund und von Parasiten befreit, die Putzerfische werden gut ernährt. Und ich habe das erste Mal einen Manta in einer Putzstation gesehen. Wirklich ganz großes Kino.

So können Sie sich diesen Traum erfüllen

Jedes Resort auf den Malediven beherbergt eine Tauchbasis oder kann einen Kontakt zu einer solchen herstellen. An jeder Basis werden in der Regel auch Tauchgänge angeboten, die zu von Mantas besonders frequentierten Spots führen. Unbedingt rechtzeitig – am besten gleich nach Ankunft im Resort – buchen!

32

Übernachten im Ryokan und Wellness im Onsen

Big in Japan

JAPAN

Ein Urlauber hat Japan erst richtig erlebt, wenn er die Kirschblüte gesehen, ein Kugelfischessen überlebt und sich in einem traditionellen japanischen Thermalbad gereinigt oder dort sogar übernachtet hat. Solche *Onsen,* die sich aus vulkanischen Quellen speisen, finden sich nahezu überall in Japan. Neben dem Wellness-Gedanken wird diesen japanischen Bädern nicht zuletzt durch den hohen Anteil an Mineralien im Wasser ein gesundheitsfördernder Aspekt beigemessen.

Kosten	Erlebniswert	Aufwand
💳💳	★★★	🔧

In der japanischen Kultur nimmt das *Onsen* eine große Rolle ein. So nutzen es viele Japaner zur Entspannung nach der Arbeit, traditionell ohne Trennung nach Geschlechtern – und nackt. Also vergleichbar mit unseren Saunen. Heute allerdings gibt es vermehrt getrennte Bäder oder eine entsprechende Vorgabe für Badebekleidung.

Vor Betreten des *Onsen* gelangt man in einen Umkleidebereich, in dem man seine Kleidung ablegt, diese in einen Korb legt und gegen ein kleines Tüchlein eintauscht, das man entweder als Schweißtuch verwenden oder im heißen *Onsen*wasser auf dem Kopf tragen kann.

Vor dem Eintauchen in das Becken muss man sich gründlich mit Seife und Shampoo waschen, um das Wasser nicht zu verschmutzen. Selbst nach einer soeben erfolgten Dusche im Hotelzimmer muss diese – dann eher symbolische – Waschung durchgeführt werden. Dies gilt insbesondere für die im Allgemeinen als schmutzig empfundenen Körperteile wie die Füße oder der Genitalbereich.

Für die Reinigung stehen kleine Bänkchen bereit, auf die man sich während des Duschens an einen der Waschplätze setzt. Ein Aufstehen während der Dusche wird als Fauxpas gesehen, ähnlich wie sich im Bidet die Zähne zu putzen.

Da es sich bei der Nutzung des *Onsen* um eine traditionelle japanische Wellness-Anwendung handelt, folgt diese erwartungsgemäß einigen Riten und

Regeln, die strikt eingehalten werden müssen. Eine davon ist die bereits erwähnte Grundreinigung des Körpers vor Eintritt in das Becken.

Verpönt, vor allem bei Touristen jedoch heute nicht mehr strikt verboten, sind Tätowierungen, da diese in Japan vorwiegend Mitgliedern krimineller Vereinigungen zugeschrieben wurden.

Achten sollten Sie auch darauf, Ihre Schuhe vor Betreten des *Onsen* auszuziehen, da dieser Bereich ansonsten als verschmutzt gilt. Dies gilt insbesondere für das Aufsuchen des stillen Örtchens. Überall in Japan stehen an der Toilettentür Schlappen bereit, in die man vor Betreten des WC schlüpft und die in jedem Fall den Bereich der Toilette nicht verlassen dürfen, um den Rest der Wohnung, des Hotelzimmers oder des *Onsen* nicht zu verschmutzen.

Nach einem ausgiebigen Bad in heißem Thermalwasser hat man sich etwas Ruhe verdient, und so bieten die meisten *Onsen* einen Ruheraum, in dem man – in eher traditionellen Einrichtungen – auf Reisstrohmatten liegend entspannen kann oder – wie in moderneren Lokalitäten – auf komfortablen Liegen zur Ruhe kommt.

Bei unserem Aufenthalt in Japan haben wir das Wellness-Programm in einem *Onsen* mit der Übernachtung im angeschlossenen *Ryokan*, einer traditionellen japanischen Herberge, verbunden. Authentischer und traditioneller lässt sich Japan wohl nicht erleben – angefangen von Zimmerböden mit Tatami-Matten über Wände aus Reispapier bis zu Futons zur Nachtruhe.

Die »Reisehäuser« liegen meist abseits der Städte in der Natur und oftmals in der Nähe einer heißen Quelle. Etwa 60.000 dieser traditionellen japanischen Herbergen sind im ganzen Land verteilt.

So können Sie sich diesen Traum erfüllen

Die *Ryokan*, die dem Japanischen *Ryokan*-Verband angeschlossen sind, müssen strenge Vorgaben erfüllen und garantieren so einen sicheren Aufenthalt. Sie finden die Adressen der angeschlossenen Häuser auf der Webseite www.ryokan.or.jp/lang/de.

Nach so viel Wellness hat man sich eine Pause verdient. ▶

Als »Schwellkopp« durch die Fastnacht

Mainz bleibt Mainz, wie es singt und lacht

MAINZ · DEUTSCHLAND

»Am Rosemmontag bin ich geboren, am Rosenmontag in Mainz am Rhein.« Zusammen mit Düsseldorf und Köln gilt Mainz als Karnevalshochburg (hier »Fastnacht« genannt). Die drei Rheinmetropolen stellen die drei größten Fastnachtsumzüge Deutschlands; Mainz allein vermeldet jährlich knapp 10.000 aktive Teilnehmer und rund 500.000 Zuschauer, die den Zug entlang der Straßen durch die Mainzer Innenstadt verfolgen.

Kosten	Erlebniswert	Aufwand
💳	★★★	🔧

Die Geschichte des Mainzer Fastnachtszuges reicht zurück bis ins Jahr 1837, damals noch »Krähwinkler Landsturm« genannt. Zuständig für die Organisation, Finanzierung und Durchführung ist seit dieser Zeit bis heute der Mainzer Carneval-Verein 1838 e.V. (MCV). Die Verantwortung für den Zug übernimmt ein Zugmarschall, der ebenfalls am Zug teilnimmt und von den Jecken gefeiert wird wie einst die Mainzer Hofsänger.

Der Zug ist heute rund sieben Kilometer lang und führt in gut vier Stunden von der Mainzer Neustadt in die Altstadt. Um die Finanzierung des Rosenmontagszuges in Höhe von knapp 400.000 Euro zu gewährleisten, für die der MCV allein verantwortlich ist, werden seit 1950 während des Zuges sogenannte *Zuchplakettcher* (Zugplaketten) – kleine Plastikfiguren

zum Umhängen mit jährlich wechselnden Motiven – verkauft.

Anders als in Köln nehmen am Zug nicht nur Gruppen aus der Stadt oder der näheren Umgebung teil, sondern auch Garden und Musikgruppen aus allen Teilen Deutschlands, vor allem *Guggenmusik*-Gruppen aus Süddeutschland und der Schweiz.

Ein besonderes Kennzeichen des Mainzer Straßenkarnevals sind aber vor allem die schon von weitem sichtbaren *Schwellköppe,* überdimensionierte Köpfe aus Pappmaché, die bekannte Mainzer Charaktere darstellen.

Und genau da kommen Sie ins Spiel! Es gibt dreißig verschiedene Schwellkopp-Puppen, die in mehrfacher Ausfertigung den Zug begleiten. Hierfür werden häufig Freiwillige gesucht, da die aktiven Mitglieder der Karnevalsgesellschaften mit anderen Aufgaben betraut sind. Und weil das Tragen der 25 Kilogramm schweren Figuren auf einer Wegstrecke von sieben Kilometern alles andere als ein Zuckerschlecken ist.

Die *Schwellköpp* (Geschwollene Köpfe) sind seit 1927 nicht mehr aus der Mainzer Fastnacht wegzudenken. Aber auch zu anderen Veranstaltungen wie etwa dem Gutenberg-Marathon sind sie zu sehen. Mittlerweile gibt es 30 verschiedene Motive, jeder *Schwellkopp* hat ein Gewicht von 25 Kilogramm und kostet in der Herstellung rund 7.000 Euro.

Da die Anzahl der freiwilligen Schwellkoppträger immer weiter zurückging, wurde im Jahr 2002 kurzerhand der Verein Schwell-Kopp-Träscher-Club (SKTC) (Schwellkoppträgerclub) gegründet, um dieses Brauchtum aufrechtzuerhalten und vor dem Aussterben zu bewahren.

Heute haben sich am Treffpunkt glücklicherweise wieder ausreichend viele Freiwillige versammelt, und jedem von ihnen wird eine Figur zugeteilt. Bereits beim Aufsetzen stellt sich die Frage, wie man mit diesem Gewicht auf den Schultern die nächsten vier Stunden überstehen soll. Sobald sich der Zug in Bewegung setzt, stellt man aber sehr schnell fest, dass das Gewicht längst nicht das einzige Problem des heutigen Tages sein wird. Und erst recht nicht das größte.

Dadurch, dass man durch den Mund des *Schwellkopps* schaut, ist das eigene Sichtfeld enorm eingeschränkt. Wer direkt neben oder unter einem steht, lässt sich nur anhand seines Geruches ausmachen. Außerdem verleitet der riesige geöffnete Mund des lustig dreinschauenden Figürchens so manch lustigen Narr dazu, ihm etwas von seinem Bier abzugeben, das dann langsam den Pullover des Trägers herunterläuft, bis dieser nach spätestens dem dritten lustischen Glückshasen durchnässt ist. Da hier unter dem Pappmonster aber trotz der Minustemperaturen eine Bullenhitze herrscht, kommt diese erfrischende Abkühlung bei weiterem Nachdenken dann doch ganz gelegen. Eine Watschen verteilen geht leider ohnehin nicht, da man mit beiden Händen ja das Gerüst des riesigen Kerlchens umklammert, um ihn erstens auf seinen Schultern zu belassen und zweitens überhaupt das Gleichgewicht halten zu können.

Nach gefühlten vierzehn Tagen hat man dann endlich das Ziel des heutigen Zuges erreicht, und man ist sich sicher: *Schwellkopp* tragen ist ein wahrlich einmaliges Erlebnis!

So können Sie sich diesen Traum erfüllen

Wenn Sie die Mainzer Fastnacht unterstützen möchten, selbst einmal bei einem der größten Karnevalszüge Deutschlands mitlaufen und dafür auch noch eine Aufwandspauschale von 40 Euro kassieren wollen, nehmen Sie direkt Kontakt mit dem Mainzer Carneval Verein (www.mainzer-carneval-verein.de) oder dem Schwell-Kopp-Träscher-Club (https://schwellkopp.wordpress.com) auf.

34

Eine Falkenklinik besuchen

Maniküre für Gefieder

ABU DHABI · VEREINIGTE ARABISCHE EMIRATE

Die Falkenklinik in Abu Dhabi ist die erste und größte Einrichtung in den Emiraten, die sich der Pflege dieser majestätischen Vögel verschrieben hat. Seit ihrer Eröffnung im Oktober 1999 haben bereits mehr als 100.000 tierische Patienten den Weg hierher gefunden. Und eine zunehmende Zahl an Touristen, die diese für europäische Verhältnisse doch eher ungewöhnlichen Tierklinik besuchen.

Kosten	Erlebniswert	Aufwand
💳	★ ★ ★	🔧

Jährlich werden hier rund 11.000 Falken versorgt. Einige von ihnen kommen mit Krankheiten oder Verletzungen, andere nur für einen regelmäßigen Check-Up, einer Inspektion, die eventuelle Verletzungen oder Krankheiten frühzeitig aufdecken soll, um eine wirksame Behandlung zu gewährleisten.

> Die Falkenklinik Abu Dhabi steht unter der Leitung von Dr. Margit Gabriele Müller, einer Deutschen, die mit ihrer Arbeit einen internationalen Ruf genießt. Ihr vertrauen hochkarätige Emiratis mit großem Posten und noch größerem Einfluss in Politik und Wirtschaft ihre gefiederten Familienmitglieder an. In einem Land, in dem Falken das Hobby einer eher männerdominierten Fraktion sind, zählt dieser Erfolg gleich doppelt, wenn nicht sogar dreifach.

Die große Bedeutung, die den Falken in den Emiraten, aber auch in den anderen Golfstaaten beigemessen wird, ist in der Geschichte zu finden. Der Umgang mit den Falken ist fest mit der arabischen Kultur und insbesondere in der Beduinentradition verankert. Einen Falken zu besitzen, ist für viele auch ein Zeichen des Wohlstands. Kein Wunder bei den Preisen: Für den Anschaffungspreis eines einzigen Vogels bekommt man anderswo einen Sportwagen. Mit Sonderlackierung.

Dafür braucht der Falke aber auch keinen Sprit – aber Unterhaltung, und so transportieren ihn die Scheichs jeden Nachmittag in die Wüste, wo der Vogel seine Kreise ziehen kann. Oder sie trainieren mit ihm für die Jagd. Und während derjenige, der sich für die Anschaffung des Sportwagens entschieden hat, diesen alljährlich in die Werkstatt bringt, bringen die Falkner ihre Tiere eben in die Falkenklinik. Schon seit einigen Jahren öffnet diese auch gewöhnlichen Touristen ihre Tore, damit man sich vor Ort einen persönlichen Eindruck davon verschaffen können, mit welchen Problemen die Tiere oder ihre Herrchen hier aufschlagen.

Dabei kann man den Ärzten und Pflegern unmittelbar über die Schultern schauen, während sie einem Falken den Schnabel richten. In einem anderen Saal unterzieht sich ein Falke einer ausgiebigen Pediküre, und im Operationssaal wird einem anderen Tier unter Narkose der angeknackste Flügel zurechtgerückt.

In jedem Fall sind dies spannende Einblicke in eine Welt, die man beim örtlichen Tierarzt nur höchst unwahrscheinlich erhalten kann. Allein der Anblick des Wartezimmers ist die Reise wert: Ein Dutzend Falken hocken dort mit verbundenen Augen und warten in aller Ruhe auf ihren Aufruf.

Der Nächste, bitte!

Auch ein Falke achtet auf sein Aussehen. ▶

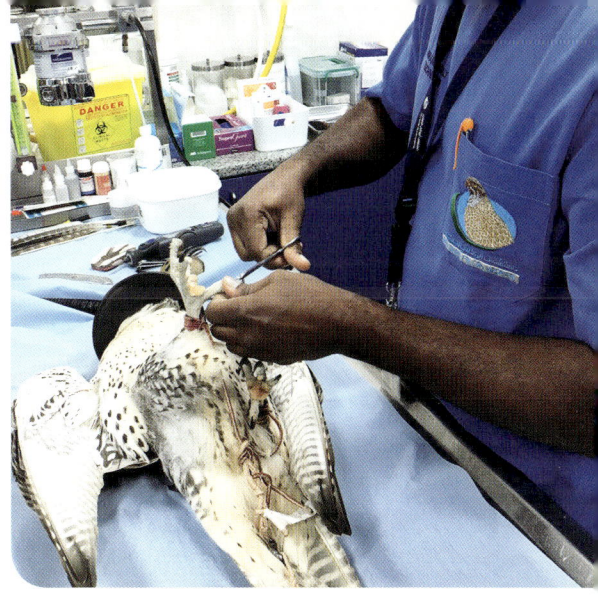

So können Sie sich diesen Traum erfüllen

Ein Besuch der Falkenklinik ist werktags, für die Vereinigten Arabischen Emirate also von Sonntag bis Donnerstag, entweder morgens oder nachmittags möglich. Allerdings ist eine vorherige Anmeldung erforderlich. Informationen und Anmeldung unter www.falconhospital.com.

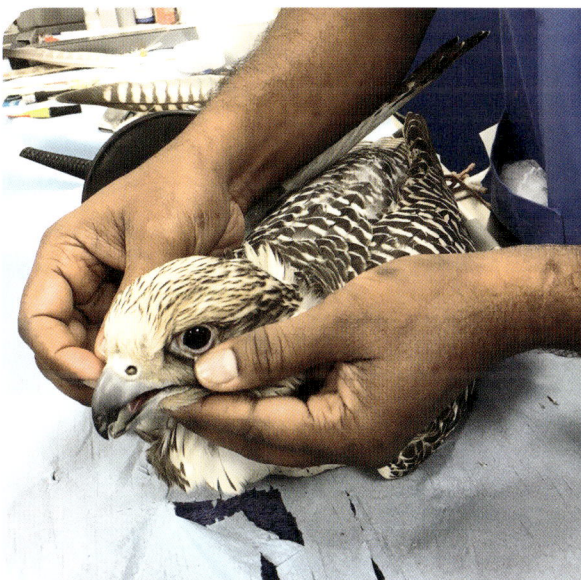

Kung-Fu lernen bei den Shaolin-Mönchen

Wenn Jackie Chan das kann, kann es ja nicht so schwer sein

DENGFENG · CHINA

Was für Golfspieler St. Andrews und für Tennisspieler Wimbledon, ist für Anhänger asiatischer Kampfsporttechniken ein buddhistisches Mönchskloster, in dem sie ihre Techniken unter Aufsicht echter Shaolin-Meister verfeinern können.

Kosten	Erlebniswert	Aufwand
💳	★ ★ ★	🔧

Shaolin-Kung-Fu

Das Shaolin-Kung-Fu umfasst etwa 400 Kampfkunststile, die sich auf das Shaolin-Kloster beziehen und von den damaligen Mönchen entwickelt wurden.
Die Kampftechniken zählen heute zum immateriellen Kulturerbe Chinas.

Der Begriff Kung-Fu bedeutet zunächst einmal so viel wie »harte Arbeit«, und wer sich mit der chinesischen Kampfkunst bereits auseinandergesetzt hat, weiß, was das bedeutet. Dennoch – oder gerade deshalb – ist es für viele ein Traum, ihrem Hobby dort nachzugehen, wo der Sport gelebt wird.

Gelehrt werden beim traditionellen Kung-Fu-Training nicht nur die Kampftechniken, sondern vor allem Geduld, Ausdauer und Disziplin.

Entwickelt wurde die chinesische Kampfkunst vor rund 1.500 Jahren von den Shaolin, einem buddhistischen Mönchsorden, dessen Ursprung wiederum in Dengfeng in der Provinz Henan in der Mitte Chinas liegt. Auch heute noch sind in China einige Shaolin-Tempel in Betrieb, die sich hauptsächlich als Schule des Chan-Buddhismus, einem Vorläufer des wesentlich vom Daoismus beeinflussten Zen, verstehen. Die Kampfkunst ist dabei ein Bestandteil ihrer Lehre.

Um in einem echten Shaolin-Kloster seine Fertigkeiten im Kung-Fu zu perfektionieren, braucht man nicht zwangsläufig nach China zu reisen. Shaolin-Kloster gibt es auch in Deutschland und Österreich, und auch hier werden Workshops und Seminare, meist von chinesischen Großmeistern angeboten.

Zu einem echten Erlebnis wird das Event aber erst, wenn man es an der Geburtsstätte erleben kann. Und tatsächlich gibt es eine Reihe von Schulen in China, in denen Shaolin-Mönche Anfängern wie Fortgeschrittenen Kampftechniken und sämtliche Tugenden eines Kung-Fu-Schülers vermitteln.

Dabei leben und trainieren die Meister selbst im Shaolin-Tempel und verfügen über ein breites Wissen und eine langjährige Praxis.

Der Aufenthalt in der Schule, in der auch die Übernachtung und das gemeinsame Einnehmen der Mahlzeiten stattfindet, kann sich von einer bis mehreren Wochen oder sogar über mehrere Monate erstrecken – ganz nach den Vorlieben und natürlich den zeitlichen Möglichkeiten des Schülers.

In jedem Fall erleben die Schüler hier eine ganz intensive Erfahrung mit ihrem eigenen Körper und Geist und verspüren ein völlig neues Glücksgefühl.

In der Regel erhält jeder Schüler zu Beginn seines Aufenthaltes in der Shaolin-Schule einen individuellen Trainingsplan, der auf den bereits vorhandenen Kenntnissen und Fähigkeiten aufbaut sowie den persönlichen Fitnesslevel berücksichtigt. In einem persönlichen Gespräch mit einem der Meister werden auch die individuellen Ziele besprochen, die ein Schüler während seines Aufenthaltes erreichen möchte.

Der Unterricht selbst findet dann zum Teil einzeln mit einem Meister statt, der konkret einen besonderen Aspekt herausarbeiten möchte, ansonsten in kleinen Gruppen. Dabei geht es um einzelne Techniken, aber auch um die Verbesserung der eigenen Kondition sowie der Intensivierung der eigenen Kraft. Zwischen den Praxisteilen gibt es immer wieder auch Sitzungen, in denen theoretische Grundlagen vermittelt werden.

Ein typischer Tagesablauf beginnt in der Regel frühmorgens um 6 Uhr mit Tai Chi zum Wachwerden, gefolgt von einem gemeinsamen Frühstück. Bis zum Mittagessen finden dann die ersten Praxisblöcke statt, und direkt danach geht es weiter mit einem Praxis-

und einem Theorieteil. Wer nach dem Abendessen noch immer nicht richtig ausgepowert ist, der kann dann noch ein bisschen Hochchinesisch lernen, bevor der Herbergsvater um 22.00 Uhr das Licht ausschaltet und zur Bettruhe ermahnt. Abgeschlossen wird der Lehrgang mit einer Prüfung aller wesentlichen Grundlagen des Shaolin-Kung-Fu. Eine solche Prüfung findet in der Regel einmal im Monat statt; diejenigen Schüler, die länger bleiben, werden auch hinsichtlich ihrer persönlichen Weiterentwicklung und des individuellen technischen Fortschritts begutachtet.

So können Sie sich diesen Traum erfüllen

Wer einmal an der Geburtsstätte des Kung-Fu seine Fähigkeiten verfeinern oder überhaupt erst einmal die Begeisterung für diesen Sport erwecken möchte, kann dies in der staatlich zugelassenen Shaolin Academy tun (www.shaolinacademy.net).
Der Shaolin Temple Europe hat seinen Sitz in Otterberg (www.shaolintemple.eu). Informationen zum Shaolin-Tempel in Österreich erhalten Sie unter www.shaolinkultur.at.

Als Komparse in Bollywood

Singen, Tanzen, Weinen

MUMBAI · INDIEN

Die indische Variante des Hollywood produziert weitaus mehr Filme im Jahr als ihr amerikanischer Bruder, an dessen Namen sie sich anlehnt. Und während man in beiden Traumfabriken nicht nur ungeheuer viel Talent, sondern noch mehr Glück und noch viel mehr astreine Beziehungen haben muss, um als Star oder Sternchen eine der begehrten Rollen zu ergattern, genügt es für eine Rolle als Komparse schon, zur rechten Zeit am rechten Ort zu sein.

Kosten	Erlebniswert	Aufwand
💳	★ ★ ★ ★	🔧 🔧 🔧

In den Straßen Mumbais sind häufig Headhunter unterwegs, die für die Produktion eines neuen Films oder der Folge einer Seifenoper Menschen suchen, die keinen oder nur einen sehr geringen Redeanteil haben und noch weniger zum eigentlichen Verlauf der Handlung beitragen. Sie sind quasi lebende Requisiten.

Da die Vergütung der Klein- und Kleinstdarsteller in der Regel eher zu wünschen übrig lässt, liegt der Reiz an einer Statisten- oder Komparsenrolle weniger im Erreichen schnellen Reichtums als vielmehr dem Erlebnis, an einer echten Film- oder Fernsehproduktion teilgenommen zu haben. Dies gilt umso mehr, wenn es sich um eine doch eher exotischere Produktion handelt wie etwa dem indischen Kino.

Einheimische Statisten zu finden, ist für die Filmemacher in der Regel ein eher untergeordnetes Problem – bei einer Einwohnerzahl von 18,41 Millionen Menschen allein in Mumbai, der Filmmetropole Indiens. Vor einem größeren Problem stehen jedoch die Produktionen, die für einen oder mehrere Takes einen helleren Hauttyp verlangen. Daher werden insbesondere Touristen an den Sehenswürdigkeiten Mumbais oder in Hotels sowie Backpacker-Hostels gezielt angesprochen. Ausgemacht wird meist ein Treffpunkt für den nächsten Tag, von dem aus dann alle Komparsen und Statisten mit einem Bus zu den Filmstudios gebracht werden. Vor Ort erhalten alle eine kurze Einführung in das, was sie erwartet, und insbesondere in die »Rolle«, die man verkörpert.

Ich musste bei meinem Bollywood-Erlebnis einfach nur sitzen und freundlich in die Speisekarte schauen. Und auf keinen Fall in die Kamera! Das war für mich als Nichtschauspieler keine wirkliche Überraschung.

Es wurden einige Szenen gedreht, aber alle mussten unzählige Male wiederholt werden. Einmal stimmte das Licht nicht, beim anderen Mal verhaspelte sich einer der Schauspieler mit seinem Text. Ein wenig kam ich mir vor wie bei Loriots *Erwin Lottemann*, bei dem zunächst auch nur eine Kleinigkeit nicht stimmt und die Szene dann immer und immer wieder gedreht werden muss, bis am Ende nur noch Quatsch mit Soße übrigbleibt. Und so verging eine Stunde nach der anderen, bis der Bus dann weit nach Einbruch der Dunkelheit sämtliche Komparsen und Statisten für den Tag an den morgendlichen Treffpunkt zurückbrachte. Einig waren sich alle, dass es eine schwitzige und anstrengende Erfahrung war. Aber auch ein unvergessliches Erlebnis.

So können Sie sich diesen Traum erfüllen

Um als Komparse oder Statist für einen Bollywood-Blockbuster ausgewählt zu werden, sollten Sie sich entweder an den Jugendhotels aufhalten, denn hier tummeln sich manchmal *Headhunter* oder hängen entsprechende Informationen aus. Es kann aber natürlich auch nicht schaden, Kontakt zu einem der großen Filmstudios aufzunehmen; vielleicht haben die einen Geheimtipp:

www.filmcitymumbai.org
www.yashrajfilms.com
www.famousstudios.com

Allein auf einer einsamen Insel

Wie Robinson am Freitag

ISLA MAS A TIERRA • JUAN-FERNÁNDEZ-INSELN • CHILE

Mit dem richtigen Menschen an seiner Seite, kann eine gewisse Zeit auf einer einsamen Insel ein unvergessliches, romantisches Erlebnis sein. Wenn man alles richtig gemacht hat, wird man neun Monate später sein ganzes Leben lang an die wundervolle Zeit auf einer einsamen Insel erinnert. Bleibt nur die Frage: Welche drei Dinge soll ich nun mitnehmen?

Kosten	Erlebniswert	Aufwand
💳	★★★★	🔧🔧🔧🔧

Sicherlich muss man sich auf einer einsamen Insel nicht nur der Arterhaltung widmen. Gänzlich ohne Netflix und Getränkeauswahl kann die Zeit hier draußen aber mächtig lang werden. Nachdem wir also geklärt haben, mit wem das Erlebnis auf einer einsamen Insel verbracht werden soll, können wir auch festlegen, in welcher Ausgestaltung dies vonstattengehen soll. Denn wie so oft im Leben erschließen sich auch hier mehrere Möglichkeiten, die sich einerseits am Budget des Reisenden orientieren und andererseits an dem, was man eigentlich auf der Insel anstellen will. Und für wie lange.

Beginnen wir am besten einfach mit der einfachsten und auch günstigsten Variante. Vor allem an den asiatischen Traumdestinationen gibt es immer mal wieder unbewohnte Inseln, auf die man sich von einem Bootsführer herüberschippern lassen kann und die man dann für einen Tag tatsächlich ganz für sich allein hat. Ein wenig Abenteuerluft lässt sich bereits hier schnuppern, denn zum einen weiß man ja nie so ganz genau, wer und was auf der Insel noch so kreucht und fleucht. Zum anderen legt man sein Schicksal in die Hände eines x-Beliebigen, dessen einziger Stich es war, ein altes Motorboot zu besitzen. Und es fahren zu können.

Spätestens, wenn langsam die Dämmerung eintritt, misst man gedanklich schon einmal aus, wie lange es dauern würde, zurück in die Zivilisation zu schwimmen.

Ein paar Nummern schärfer ist dann die Variante, auf einer einsamen Insel auszusteigen. Und zwar nicht nur aus dem Boot, das einen dahin bringt, sondern wirklich. Für immer. Oder zumindest für einen längeren Zeitraum. Eine solche Unternehmung bedarf natürlich einer gewissen Vorbereitung, denn wir reden hier nicht von einer Insel mit Resort, das man bei Expedia oder der TUI bequem über das Internet buchen kann.

Vielmehr wollen wir uns wie Robinson Crusoe fühlen, und solche völlig leeren Inseln findet man nicht unbedingt bei Google und Co. Hierzu bedarf es tatsächlich einer gründlichen Recherche vor Ort. Da die meisten Aussteiger ohnehin nicht während ihres Jahresurlaubs von zwei Wochen aussteigen, sind diese zeitlich auch nicht so eingeschränkt und können sich an ihrem Lieblings-Reiseziel in Ruhe umschauen und vor allem umhören. Unter den Inselstaaten im südlichen Pazifik findet man eine Vielzahl kleiner Inseln, die tatsächlich völlig unbewohnt sind.

Aber natürlich kann man sich nicht einfach ein Boot schnappen und sich dort niederlassen, denn entweder die Insel der Begierde gehört dem Staat, dann sollte man sich zuvor eine Erlaubnis einholen. Oder sie ist zwar unbewohnt, aber im Besitz eines Investors. Auch dieser muss natürlich zuvor um Erlaubnis gefragt werden. Im Idealfall haben die Eigentümer gar nichts dagegen,

wenn man sich während seines Aufenthaltes ein wenig um die gute Ordnung auf der Insel kümmert und den Boden von Kokosnussschalen und Palmblättern befreit.

Besteht Interesse an einem solchen halbzivilisierten Aussteigen auf Zeit, findet man im Internet entsprechende Angebote von Eigentümern, die für die Zeit ihrer Abwesenheit Haussitter suchen, also solche, die sich gegen zumeist freie Logis um das Anwesen kümmern.

Noch idealer ist es insbesondere für einen länger geplanten Aufenthalt, wenn zumindest eine rudimentäre Infrastruktur auf der Insel vorhanden wäre: vielleicht eine Hütte und die Möglichkeit, an sauberes Trinkwasser zu gelangen. Denn für ein Jahr auf Vorrat Sechserträger Bad Dortelweiler Mineralbrunnen mitzuschleppen, ist eher mühsam. Außerdem sollte man sich vor dem Aussteigen natürlich Gedanken über seine Ernährung machen, wenn man nicht als Erstes einen Supermarkt auf der Insel eröffnen möchte. Hier bieten sich zumindest für den Anfang Konserven an – auf lange Sicht sollte man aber schon ernsthaft autark leben können. Also den Koffer voller Stecklinge und Saatgut gepackt, und dann steht dem Abenteuer nichts mehr im Wege. Nächster Ausstieg: Ausstieg!

So können Sie sich diesen Traum erfüllen

Eine Webseite, über die sich eine einsame Insel bequem von zu Hause aus buchen lässt, ist www.vladi-private-islands.de/de/inseln-mieten. Und es ist nicht so teuer, wie es sich vielleicht anhört: Eine Nacht auf einer privaten Insel bekommt man schon für 300 Euro!

Ostern im Heiligen Land

Auferstehung live

JERUSALEM · ISRAEL

Eine Reise nach Israel lohnt sich eigentlich nicht nur zu Ostern, sondern auch unabhängig von den Feierlichkeiten. Allerdings ist es natürlich ein ganz besonderes Erlebnis, das höchste Fest der Christen dort zu verbringen, wo es einst seinen Anfang nahm. Dort nämlich, wo der Überlieferung nach der Erlöser gekreuzigt wurde und drei Tage später von den Toten auferstand.

Kosten	Erlebniswert	Aufwand
💳💳	★ ★ ★	🔧🔧

Der selbsternannte Nationalstaat des jüdischen Volkes – das einzige Land der Welt mit mehrheitlich jüdischer Bevölkerung – ist eigentlich ein traumhaftes

Reiseziel, mit der pulsierenden Metropole Tel Aviv am Mittelmeer, großen Kulturschätzen dreier Weltreligionen und dem Toten Meer als Heilkurort für Menschen mit Hauterkrankungen. Eigentlich. Denn überall im Land ist eine latente permanente Spannung zu spüren, und fast immer muss man damit rechnen, dass das kleine Pflänzchen mit Namen Frieden wieder im Keim erstickt wird.

Bei meinem ersten Besuch der biblischen Stätten – dies war bereits einige Jahre vor meinem längeren Aufenthalt in den Emiraten – war ich zugegebenermaßen überrascht vom sehr quirligen Leben dort auf den riesigen, verwinkelten Basaren, in deren Labyrinth sich so mancher Fremde wohl schon arg verlaufen haben muss. Oster- oder gar Weihnachtsstimmung wollte überhaupt nicht aufkommen. Dennoch ist es aber etwas ganz Besonderes, gerade diese Zeit im Heiligen Land zu verbringen, denn hier wird die Auferstehungsgeschichte erst richtig erlebbar gemacht.

Es lohnt sich, bereits den Palmsonntag in Jerusalem zu verbringen und dem Einzug Christi zu gedenken. Begonnen wird der Tag mit einer Frühmesse in der Grabeskirche, am Nachmittag ziehen tausende Menschen in einer Prozession vom Ölberg hinunter in die Altstadt.

Auf dem Berg Zion befindet sich heute die Dormitio-Basilika an der Stelle, an der sich einst der Saal befand, in dem Jesus am Tag vor seiner Kreuzigung beim letzten Abendmahl Brot und Wein mit seinen Jüngern teilte. Dieser Ort ist also insbesondere an Gründonnerstag einen Besuch wert. Noch heute gibt es den Garten Gethsemane, in den Jesus nach dem Abendmahl ging um zu beten, und in dem er am frühen Morgen von römischen Soldaten gefangen genommen wurde.

◄ An der Klagemauer

Abends an Gründonnerstag wachen, beten und meditieren Christen aus aller Welt und machen sich dann in einer Lichterprozession zur Kirche St. Peter in Gallicantu.

Den Weg durch die Altstadt zum Ort von Jesus' Kreuzigung auf dem Hügel Golgatha beschreiten in Jerusalem jeden Freitag viele Gläubige, die über diese Via Dolorosa die Leiden Christi zum Teil ebenfalls mit einem massiven Holzkreuz auf den Schultern nachempfinden wollen. Vor allem an Karfreitag gehen unzählbar viele diesen Kreuzweg und halten an den Stellen inne, an denen Jesus der Bibel nach gefoltert wurde oder sein Kreuz verlor. Schritt für Schritt folgen sie dem Leidensweg – für viele ist dieser Gang der Höhepunkt ihrer Pilgerreise ins Heilige Land.

Zusammen mit den ebenfalls zahllosen Zuschauern ist die enge Gasse dann derart überfüllt, dass man nicht unbedingt unter Klaustrophobie leiden muss, um ein Gefühl echter Enge und Ausweglosigkeit zu verspüren.

In der Erlöserkirche findet an Karfreitag nachmittags um 15 Uhr eine Andacht statt. Genau zu dieser Zeit soll die Kreuzigung stattgefunden haben. Anschließend geht es zur Grabeskirche. Während sich für einen Teil der Gläubigen das Grab Jesu, aus dem er drei Tage nach seiner Kreuzigung auferstanden sein soll, in einem Garten vor den Toren der Altstadt am Fuße eines Felsens befand, liegt es für andere hier in der Grabeskirche. Ein Priester sorgt dafür, dass man nicht allzu lange an dieser Stelle verweilt –dennoch ist die Wartezeit immens lang.

Am Abend des Karfreitags wird hier das Begräbnis Christi feierlich nachgestellt.

Am Ostersonntag, dem Tag der Auferstehung, findet auf dem Ölberg ein Ostergottesdienst statt, und zwar in Allerherrgottsfrühe. In der Dunkelheit versammeln sich die Menschen hier oben und bekommen eine Kerze, die Licht in das Dunkel bringt. So entsteht eine ganz besondere, eine spirituelle Stimmung, die diesen Tag perfekt beginnen lässt.

So können Sie sich diesen Traum erfüllen

Reisen nach Israel sind über die großen Veranstalter sowie über Spezialanbieter buchbar. Im Reisebüro sowie im Internet finden Sie unterschiedliche Angebote. Vor Ort sind keine Besonderheiten oder Anmeldeformalitäten zu beachten.

39

Arbeiten auf einer Farm

Work & Travel

ALICE SPRINGS · AUSTRALIEN
WELTWEIT

Ein Traum, den sich vor allem viele junge Menschen erfüllen, ist eine Auszeit in Australien, meist für ein Jahr zwischen Abitur und Studium. Da aber häufig das Geld für ein solches Unternehmen recht knapp bemessen ist, verbinden viele von ihnen das Reisen durch den roten Kontinent mit Arbeit auf einer der zahlreichen Farmen, die immer auf der Suche nach helfenden Händen sind. Zwar verdienen Sie sich dabei keinen goldenen Löffel – vielmehr ist der Lohn sogar sehr gering oder fällt ganz aus. Dafür erhalten Sie aber Kost und Logis und natürlich einen intensiveren Einblick in das Land als ein Pauschaltourist.

Kosten	Erlebniswert	Aufwand
💳	★ ★ ★	🔧 🔧 🔧

Es ist schon ein besonderes Abenteuer, eine längere Zeit in einem fremden und weit entfernten Land zu verbringen, und dabei aber nicht nur zu konsumieren, sondern aktiv etwas zu bewegen und neue Menschen aus allen Ecken der Welt kennenzulernen und somit seinen Horizont zu erweitern.

Es gibt eine Reihe von Organisationen, die helfen, die behördlichen Hürden zu überspringen. Denn schließlich bedarf ein solches Abenteuer einer Reihe von Genehmigungen und speziellen Visa, was wiederum das Ausfüllen eines Haufens Formulare nach sich zieht. Und solch bürokratische Akte sind nun mal nicht für jeden etwas, schon gar nicht für diejenigen, die den Duft der Freiheit schon um ihre Nase wehen spüren.

Zwar lassen sich die Unternehmen ihren Rundum-Sorglos-Service etwas kosten, aber neben der Übernahme des Schreibkrams vermitteln sie meist auch geeignete Jobs und die dazu gehörenden Unterkünfte.

Visum

Für das Arbeiten in Australien, wenn auch nur für einen kurzen Zeitraum und für sehr kleines Geld, ist ein spezielles Visum erforderlich. Für Menschen unter 30 Jahren gibt es hierfür das begehrte Working-Holiday-Visum. Allerdings muss bereits bei Beantragung desselben ersichtlich sein, dass der Schwerpunkt auf »Holiday« liegt; Australien möchte sich durch diese Hintertür eben keine billigen Arbeitskräfte ins Land holen. Daher muss auch nachgewiesen werden, dass durch die aufzunehmende Tätigkeit kein Australier das Nachsehen hat, also dadurch wegrationalisiert werden kann. Außerdem muss man bei Beantragung nachweisen, dass man über ausreichende finanzielle Mittel verfügt, um sich einen Aufenthalt Down Under überhaupt leisten zu können. Als Richtwert gilt hier ein Betrag in Höhe von 5.000 Australischen Dollar. Last but not least sollte man bereits über ein Rückflugticket verfügen oder weitere finanzielle Mittel nachweisen können, die den nachträglichen Erwerb eines solchen Fahrscheins in die Heimat ermöglichen.

brot und einem Dach über dem Kopf, muss man in der Regel dennoch ordentlich ranklotzen. Lange ausschlafen wird man jedenfalls nicht können, da früh morgens bereits die ersten Tiere darauf warten, gefüttert zu werden. Danach ist vielleicht Hilfe in der Küche angesagt, später müssen dann sicherlich noch die Pferdeställe ausgemistet werden. Der Nachmittag ist dann perfekt dafür geeignet, die Apfelbäume von ihren Früchten zu befreien ....

Trotz dieser zum Teil wirklich harten Arbeit hat man aber genügend Zeit für sich selbst. Der eine sitzt hier vielleicht zum ersten Mal selbst im Sattel und lernt das Reiten, der andere fährt zum ersten Mal mit dem Traktor und hilft beim Bestellen der Felder. Zwar kann man all dies auch auf dem Hof von Tante Erna in Harlingersiel erleben. Was die Arbeit in Australien aber wirklich besonders macht, neben den vielen Gleichgesinnten aus der ganzen Welt, denen man hier begegnet, ist die enorme Größe der Betriebe und die unbeschreibliche Weite des Landes. Der nächste Nachbar lebt oft in zehn Kilometern Entfernung; ein spontanes Grillen bedarf dann schon einer gewissen Vorbereitung. Die Post bringt der Bote per Flugzeug einmal die Woche, die Kinder werden per Walkie-Talkie unterrichtet – und die medizinische Versorgung erfolgt per Helikopter.

Es sind die Unterschiede, die eine Reise besonders machen. Und unvergesslich.

Hat man die behördlichen Hürden dann gemeistert, sollte man auch an seinen Versicherungsschutz denken. Insbesondere sollte vorab mit der Krankenversicherung geklärt werden, ob diese auch einen längeren Auslandsaufenthalt absichert. Ansonsten muss man sich unbedingt rechtzeitig um Alternativen kümmern.

Dann aber kann das Abenteuer endlich beginnen. Entweder, man hat sich selbst eine Farm organisiert, oder die bereits erwähnten Organisationen waren bei der Vermittlung behilflich. In jedem Fall wird man einerseits zu spüren bekommen – vielleicht das erste Mal im Leben – was es heißt, richtig zu malochen. Denn auch wenn man nichts oder nur sehr wenig für seine Arbeitskraft bekommt außer einem Butter-

So können Sie sich diesen Traum erfüllen

Informationen über das Working Holiday Visum erhalten Sie auf der Webseite https://immi.homeaffairs.gov.au. All-Inclusive-Programme mit Unterstützung bei der Jobsuche vor Ort bietet u.a. die Initiative Auslandszeit an (www.auslandszeit.de).

40

Zigarren herstellen

Churchill hätte seine Freude daran

HAVANNA · KUBA

Zu den drei Dingen, die untrennbar mit Kuba verbunden sind, zählen Castro, Cadillac und Cohiba. Kubanische Zigarren gelten noch immer als etwas ganz Besonderes und Kostbares. Selbst US-Amerikaner möchten – trotz eines strikten Importverbots – nicht auf den Genuss einer echten Montecristo, Romeo y Julieta oder Cohiba verzichten und gehen hierfür sogar das Risiko einer hohen Strafe ein.

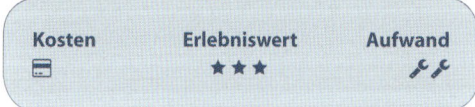

Kosten	Erlebniswert	Aufwand
💳	★★★	🔧🔧

Einige der vor allem kleineren Namen in Kuba lassen sich bei der Herstellung von Zigarren in ihre Karten schauen. Und so ist der Besuch einer Zigarrenproduktion während eines Kubaurlaubs für mich ein absolutes Pflichtprogramm. Im Rahmen einer Führung erhalten Sie einen spannenden Einblick in die Herstellung dieser edlen Rauchwaren – selbst für absolute Nichtraucher wie mich.

Das Erste, das einem beim Betreten der Zigarrenfabrik auffällt, ist der süßliche Geruch, der sich in den hohen Räumen verfängt. Viele Arbeiterinnen sitzen an ihren Tischen, einen kleinen Haufen Tabakblätter vor sich aufgebaut. Ein Blatt nach dem anderen legen sie vorsichtig aufeinander und rollen sie dann in die typische Form.

Handarbeit wird hier wirklich noch groß geschrieben; die meisten Fertigungsschritte kommen vielfach noch heute gänzlich ohne jegliche maschinelle Unterstützung aus.

Vor der Verarbeitung müssen die Blätter natürlich sorgfältig geerntet und anschließend mehrere Monate lang zum Trocknen übereinander ausgelegt oder in Büscheln aufgehängt werden. Dabei durchlaufen sie zusätzlich einen Gärungsprozess, der den Nikotinanteil verringert und das Aroma steigert.

Aber Tabak ist nicht gleich Tabak. Selbst für eine einzige Zigarre werden unterschiedliche Blätter benötigt. Für die Füllung werden getrocknete und fermentierte Tabakblätter verwendet. Welche Blätter und Tabaksorten eingewickelt werden, obliegt speziell hierfür ausgebildeten Beschäftigten, vergleichbar mit einem Braumeister bei der Bierherstellung. Die genaue Zusammenstellung und die Auswahl der Blätter ist für das individuelle Aroma der Zigarre verantwortlich und somit ein gut gehütetes Geheimnis des jeweiligen Unternehmens.

Die Füllung wird schließlich in ein sorgfältig zugeschnittenes Umblatt eingewickelt, und dieses wiederum von einem äußeren Deckblatt umwickelt, das ebenfalls akkurat zugeschnitten ist.

Während die Blätter für Füllung und das Umblatt ungeschützt unter der Sonne heranwachsen, werden die Pflanzen für die Deckblätter bei Bedarf abgedeckt, um sie vor zu intensiver Sonneneinstrahlung zu schützen. Schließlich sind die Deckblätter nicht nur für das Aroma einer Zigarre verantwortlich, sondern auch für deren Aussehen. Dafür müssen diese mit ganz besonderer Sorgfalt behandelt und stets ausreichend befeuchtet werden.

Madame raucht heute ohne Spitze. ▶
Die Auswahl der Blätter ist Chefsache. ◀

Zum Abschluss werden die Enden akkurat und einheitlich auf die richtige Länge der Zigarre zugeschnitten.

Nach der abschließenden Qualitätskontrolle werden die fertigen Zigarren mit einer Banderole versehen und in Kisten verpackt.

Das Verfahren klingt eigentlich sehr simpel. Wer sich aber selbst einmal an die Herstellung einer kubanischen Zigarre wagt, stellt schnell fest, dass hierzu nicht nur große Ausdauer vonnöten ist, sondern vor allem ordentlich Geschicklichkeit.

So sehr ich mich selbst auch bemühte, und so häufig ich die zig Arbeitsschritte wiederholte, die eine Zigarre benötigt bis sie wirklich fertig ist, sie wollte einfach nicht wie eine Zigarre aussehen. Erst fiel ständig die Füllung heraus, dann verabschiedete sich die Kappe. Hier ragte ein Blattzipfel aus der fertigen Zigarre und dort fehlte irgendwie ein Stück. Kurzum: So eine hohe Qualität könnte der Tabak gar nicht haben, als dass irgendjemand meinen krummen Egon überhaupt nur angeschaut hätte.

So können Sie sich diesen Traum erfüllen

Die Besichtigung einer Zigarrenfabrik buchen Sie am besten direkt vor Ort in Havanna. Meist ist ein derartiger Besuch bei einer Stadtrundfahrt bereits vorgesehen.
Sie können natürlich auch direkt mit dem Hersteller der wohl bekanntesten Marke Cohiba Kontakt aufnehmen: www.habanos.com.

Unterwegs mit dem Eisbärenspotter

Auf der Suche nach Knuts Familie

SVALBARD · NORWEGEN

Gletscher, schneebedeckte Gipfel, Robben, Wale und Eisbären. Das eisige Paradies auf Erden ist das letzte Abenteuer Europas und liegt doch am Ende der Welt: Svalbard, die »Kalte Küste«. Ein Archipel, 1.280 Kilometer südlich des Nordpols gelegen, das im Volksmund häufig nach seiner Hauptinsel Spitzbergen genannt wird. Viele Reisende hierher haben den Wunsch, einmal einen Eisbären in freier Wildbahn zu sehen. Der Beruf Åsmund Fjellbakks ist es, dies zu verhindern.

Eigentlich verirren sich hierher hauptsächlich Wissenschaftler aus allen Ländern der Erde, um geologische und biologische Untersuchungen vorzunehmen und die Auswirkungen der Klimaveränderung abzuschätzen. Die Touristen, die sich in den immer hellen Sommermonaten hierhin aufmachen, kommen zum Wandern und Bergsteigen. Oder sie sind Passagiere auf einem der stetig wachsenden Zahl von Kreuzfahrtschiffen, die die Küste des Landes entlangfahren.

Wohl die meisten der Passagiere möchten gerne einen Eisbären zu Gesicht bekommen. Die Aufgabe des Norwegers Åsmund Fjellbakk ist es, genau dies zu verhindern. Auf der MS Vistamar sprach ich mit dem Eisbärenspotter über seinen Beruf und seine Berufung.

Kosten	Erlebniswert	Aufwand
💳💳	★★★★	🔧🔧

Kohn   Was ist genau Ihre Aufgabe an Bord?

Fjellbakk   Eigentlich arbeite ich für das Wildlife Management Norwegens, südlich von Oslo. Kreuzfahrtgesellschaften, die auf dem Weg nach Svalbard sind, buchen mich als Ranger, um ihre Anlandungen möglichst sicher durchführen zu können. Eisbären sind nämlich in Wirklichkeit nicht so knuffig, wie sie aussehen. Aus diesem Grund ist auch das Mitführen einer Waffe außerhalb der Siedlungen Svalbards gesetzlich vorgeschrieben. Vor dem Anlaufen des Schiffes stehe ich an Deck und halte mit meinem Fernglas Ausschau, ob ich einen oder mehrere Eisbären an Land entdecken kann. Zusätzlich suche ich nach frischen Spuren, die sie im Schnee hinterlassen haben.

Kohn   Was passiert, wenn Sie einen Eisbären an Land sehen?

Fjellbakk   Wenn noch alle Passagiere und die Besatzung an Bord sind, wird die Anlandung gestoppt, und der Ausflug wird zur Sicherheit aller gestrichen.

Kohn   Und wenn sich schon Passagiere an Land befinden?

Fjellbakk   An Land halte ich, bewaffnet mit einem Gewehr, während des gesamten Landgangs weiterhin Ausschau nach Eisbären. Wenn ich einen oder mehrere in der Ferne ausmachen kann, tritt ein dreistufiger Notfallplan in Kraft:
1. Das Schiff wird über Funk gewarnt, alle Passagiere und die sich an Land aufhaltende Besatzung zurückzurufen.
2. Ich beobachte weiterhin, was der Bär unternimmt und wie er sich verhält.

3. Nähert er sich, versuche ich ihn mit Schüssen in die Luft zu erschrecken und zum Umkehren zu bringen.

Kohn   Ihr Gewehr ist also nur zur Abschreckung gedacht?

Fjellbakk   Ich versuche natürlich, weitestgehend das Leben des Bären zu retten. Auf ihn schießen werde ich daher nur, wenn er Menschen akut gefährdet und alle anderen Maßnahmen nicht greifen.

Kohn   Ihr Job klingt ja nach einem regelrechten Abenteuer ...

Fjellbakk   Das ist es auch, dafür opfere ich schließlich meinen Jahresurlaub. Mich fasziniert einfach das außergewöhnliche Tierleben der Arktis. Man sieht mich beinahe Tag und Nacht an Deck, wo ich nach Rentieren, Robben oder den zahlreichen Vogelarten in der Ferne Ausschau halte. Das ist so ein bewegendes Erlebnis für mich, das gibt mir wieder Kraft für meine eigentliche Aufgabe zuhause.

Kohn   Wie nehmen die Touristen Ihren für Mitteleuropäer ungewöhnlichen Beruf auf?

Fjellbakk   Sie sind natürlich höchst interessiert an meinen Aufgaben und teilen mir auch jede ihrer Entdeckungen an Land mit. Oft kommen sie ganz aufgeregt zu mir, weil sie einen Eisbären gesichtet haben wollen. Mein Blick durch das Fernglas offenbart die vermeintliche Bedrohung dann meist aber als harmlosen Schneehaufen oder ein grasendes Rentier.

Das ist Spitzbergen

Das zu Norwegen zählende, 63.000 Quadratkilometer große Archipel Svalbard liegt ziemlich genau in der Mitte zwischen dem Nordkap und den Eiswüsten am Nordpol, zwischen dem 74. und 81. Breitengrad, gerade einmal 1.280 Kilometer südlich vom Nordpol und rund 800 Kilometer vom norwegischen Festland entfernt.

Das Klima ist vergleichsweise mild mit Temperaturen im Juni von bis zu 13 Grad Celsius. Bedingt durch den Golfstrom ist es aber selten windstill, die gefühlte Temperatur kann also durchaus darunter liegen. Im Winter wird es hingegen bedrohlich kalt. Die bislang tiefste gemessene Temperatur betrug -46,3 Grad Celsius in der größten Stadt Longyearbyen. Auch in wirtschaftlicher Hinsicht stellt die Inselgruppe eine Besonderheit dar. Aufgrund des 1920 geschlossenen Svalbard-Vertrages hat Norwegen zwar die Souveränität, das wirtschaftliche Potenzial des Archipels (z. B. seine Kohlevorkommen) kann aber von allen 40 unterzeichnenden Staaten gleichberechtigt genutzt werden. Davon hat vor allem die Sowjetunion rege Gebrauch gemacht, weswegen zeitweise die Mehrheit der Einwohner Svalbards die russische oder ukrainische Staatsbürgerschaft hatte.

So können Sie sich diesen Traum erfüllen

Anreise Mehrmals wöchentlich ab Tromsø nach Longyearbyen
Unterkunft In den Siedlungen Longyearbyen, Barentsburg und Ny Alesund gibt es einfache Hotels.
Sehenswert Neben den zahlreichen Gletschern (zwei Drittel der Grundfläche des Landes sind von Gletschern bedeckt) und schneebedeckten Fjorden bietet Svalbard eine erstaunlich vielfältige Pflanzen- und Tierwelt. Über 140 verschiedene Pflanzenarten gibt es hier, dazu mehr als 30 Seevogelarten, Robben, Rentiere und Polarfüchse. Und natürlich Eisbären.

42

Mit der Harley auf der Route 66

Born to be wild

VON CHICAGO NACH SANTA MONICA • USA

Kaum eine Straße auf der Welt, um die sich derart viele Mythen ranken. Kaum eine Sehenswürdigkeit, die so viel besungen wurde. Und kaum ein Traum ist stärker verbunden mit dem unbesiegbaren Wunsch nach absoluter Freiheit. Einmal im Leben mit der Harley über die legendäre Route 66. Ein Gefühl wie die Vereinigung vom Marlboro-Mann und John Wayne.

Kosten	Erlebniswert	Aufwand
🗆🗆	★ ★ ★ ★	🔧🔧

Bevor das Abenteuer der ganz großen Freiheit losgeht, sollte man sich zunächst einmal überlegen, ob man die gesamte Strecke von Chicago nach Los Angeles zurücklegen möchte oder nur ein Teilstück. Und wenn Letzteres, dann welches?

Entscheidend für diese Überlegungen ist zum einen natürlich die zur Verfügung stehende Zeit. Eine Strecke von knapp 4.000 Kilometern reißt man nicht in zwei Wochen ab. Und schon gar nicht auf dem Rücken eines Feuerstuhls.

Allerdings ist es auch nicht zwingend erforderlich, die gesamt Strecke abzufahren. Denn zum einen wurde die ursprüngliche Route 66 stellenweise durch Highways ersetzt – oder der Highway verläuft unmittelbar neben der alten Strecke. Zum anderen sind einige Teilstücke der alten Route 66 heute überhaupt nicht mehr befahrbar. Und mit dem Bock über einen gewöhnlichen amerikanischen Highway zu brettern, ist nicht unbedingt das, was man sich unter Route-66-Traum vorstellt.

Im ersten Teil der Strecke fährt man durch gemütliche, nahezu verschlafen anmutende Ortschaften mit typischen, nostalgischen Tankstellen, die heute vornehmlich Touristenbedarf anbieten und in denen man nach seinen Erfahrungen mit der Rose 66 gefragt wird. Und natürlich, woher man kommt. »Ah, Germany. Great. My uncle used to live in Whatsitsname. Heidelberg.«

Ein schöner Abschnitt, der die Legende Route

◀ Mitten in Chicago fängt alles an

Auf einer Viehauktion ▼

66 vielleicht sogar noch mehr erleben – oder besser erfahren – lässt, verläuft durch Arizona und Kalifornien. Hier stehen alte Oldtimer vor noch älteren Häusern, hier kann man sich in einem traditionellen Diner bei einem Burger und einem Milchshake stärken.

Fans des erfolgreichen computeranimierten Films *Cars* aus dem Hause Pixar, in dem sprechende Autos eine Reihe von Abenteuern erleben, werden vornehmlich in Kansas und Texas eine Reihe von Orten und Sehenswürdigkeiten entlang der Straße ausmachen, die eindeutig Inspiration für die Filme gewesen sind.

Fastfood

Ein echter Burgerfan macht vermutlich gerne einen Zwischenstopp in San Bernardino, wo zwei Brüder mit Namen McDonald anno 1937 ein Drive-In-Restaurant eröffneten, in dem Hot Dogs und Milchshakes von Mitarbeitern auf Rollschuhen direkt am Auto serviert wurden.

Die Route

Die legendäre Route 66 führt auf einer Gesamtlänge von 2.451 Meilen, also 3.945 Kilometern, durch insgesamt acht Bundesstaaten. Sie war eine der ersten Straßenverbindungen von Illinois an die Westküste. Noch heute markiert ein Schild in Chicago den Anfang der Strecke und eines auf dem Santa Monica Pier am Pazifik den »End of Trail«.

Über diese Kreuzung sangen bereits die Eagles: »Standing on a corner in Winslow, Arizona«

Möchte man dennoch die gesamte Route 66 abfahren, stellt sich das Problem ein, dass es nur sehr wenige Anbieter gibt, die eine sogenannte Einwegmiete bei Motorrädern akzeptieren. Da man vermutlich nicht die gesamten 4.000 Kilometer wieder zurückfahren möchte, nur um den Ofen wieder abzugeben, wäre es doch schöner, wenn man ihn gleich am Ende der Strecke belassen könnte. Was bei Mietwagen in der Regel überhaupt kein Problem darstellt, ist bei Motorrädern eben doch eines.

So können Sie sich diesen Traum erfüllen

Eine Kontaktaufnahme mit einem Harley-Davidson-Händler kann Ihnen bei der Organi-sation dieser legendären Tour behilflich sein. Denn auch hier lassen sich die Öfen leihen und in der Regel auch durchaus in einem anderen Bundesstaat zurückgeben. Insbesondere bei einem längeren Aufenthalt könnte es sich aber auch lohnen, gleich eine Harley zu kaufen und dann am Ende der Reise wieder zu verkaufen. Ein etwaiger Verlust ist manchmal tatsächlich geringer als die Leihgebühr.

Eine Liste der Händler in den USA finden Sie auf www.harley-davidson.com/us/en/tools/find-a-dealer.html.

Lachsfischen mit Bären

Meister Petz beim Mittagessen

KNIGHT INLET · BRITISH COLUMBIA · KANADA

Bei einer Fahrt durch die kanadischen Rockies begegnet man ihnen beinahe zwangsläufig, diesen knuffig aussehenden Pelzwesen, die man ach so gerne knuddeln möchte. Wegen einer Bärensichtung gesperrte Wege und Glöckchen an den Rucksäcken der Wanderer, die uns begegnen, mahnen uns allerdings dazu, aufzupassen wie ein Lachs.

Kosten	Erlebniswert	Aufwand
💳💳	★ ★ ★ ★	🔧🔧

Bären entlang der Straßen durch die Rocky Mountains erkennt man immer an der langen Autoschlange, die sich auf beiden Seiten der Straße bildet. Kamerabehangen verlassen ganze Familien ihr schützendes Auto oder Wohnmobil, um vielleicht ein kleines Foto mit Meister Petz zu ergattern. Es ist aber auch wirklich sehr bewegend zu beobachten, wie Mama Bär mit ihrem Jungen auf Beerenjagd geht.

Erst, wenn sich alle sattgesehen haben oder die Bärenfamilie wieder im beschützenden Dickicht des Waldes verschwunden ist, löst sich der Stau allmählich auf und gibt die Straßen frei. Bis es in vier Meilen wieder etwas voller wird. Weil dort am Wegesrand Bären gesichtet wurden.

Aber nicht nur entlang der Straße, sondern sogar auf dem Golfplatz kann man die Schwarzbären beobachten, wenn sie ohne Furcht vor fliegenden Bällen das Fairway überqueren. Wer eine Bootstour entlang der Westküste von Vancouver Island unternimmt, kann Meister Petz am Ufer bei der Muschelsuche zuschauen. Da die Wildtiere vom Meer aus keine Gefahr wittern, kann sich das Boot langsam und vorsichtig nah an die Tiere heranwagen, ohne sie zu verscheuchen.

Auch in den Caribou Mountains in der Provinz Alberta lassen sich Grizzlies in ihrem natürlichen Lebensraum beobachten. Hier, wo in den 1860er-Jahren der Goldrausch ausbrach, bieten der Fjordsee Quesnel Lake, der Regenwald und die forellen- und lachsreichen Flüsse heute für die Bären reichlich Nahrung und Schutz zugleich.

Ein ganz bewegenderer Anblick ist es jedoch, Bären beim Lachsfischen zu beobachten. Am besten eignet sich hierfür der Spätsommer etwa im Knight Inlet, einem entlegenen Meeresarm an der Küste British Columbias. Dieses Fleckchen Erde ist nicht über die Straße zu erreichen, sondern lediglich per Wasserflugzeug. Schon allein die Anreise stellt also eigentlich ein Erlebnis für sich dar.

In sicherer Distanz wurden eigens für die Beobachtung der Bären Plattformen auf unterschiedlichen Ebenen eingerichtet. Dies deutet zwar darauf hin, dass man nicht der Erste und wohl auch nicht der Letzte ist, der hier nach Bären Ausschau hält, aber es minimiert das Erlebnis – wenn überhaupt – nur minimal. Spätes-tens, wenn der erste Grizzly die Bühne betritt, ist das Drumherum ohnehin längst vergessen.

Und tatsächlich lebt hier in der Bucht eine der größten Populationen von Grizzlybären, die sich im Herbst beinahe täglich hier zeigen, um sich an den Lachsen im Fluss rund und kugelig zu fressen.

Wen nicht nur das Leben der Jäger interessiert, sondern auch das Leben ihrer Opfer, sollte sich die größte Lachstreppe in Whitehorse nicht entgehen lassen. Auf dem Weg aus der Beringsee zurück an ihren Geburtsort im Yukon River, um dort für Nachwuchs zu sorgen, müssen die armen Fische allerhand auf sich nehmen und so manche Hürde – im wahrsten Sinne des Wortes – überspringen.

Um ihnen ein wenig zu helfen, den hier errichteten Staudamm zu überwinden, hat Menschenhand eine hölzerne Treppe gebaut, über die sie es dann tatsächlich schaffen, gegen die Strömung und bergauf eine verhältnismäßig große Höhendistanz zu überwinden. Durch eingelassene Fenster lassen sie sich dabei beobachten.

So können Sie sich diesen Traum erfüllen

Sie finden vor Ort eine Reihe von Anbietern, die ein- oder mehrtägige Pirschflüge zur Annäherung an Meister Petz anbieten. Informationen hierüber finden Sie auf der offiziellen Seite des Tourismusverbands Discover Canada (https://de-keepexploring.canada.travel).

44

Eine Schweizer Uhrenmanufaktur besuchen

Ein Einfamilienhaus am Handgelenk

LE LOCLE, NYON, GENF · SCHWEIZ

Drei Dinge sind es, die viele Menschen mit der Schweiz verbinden: Heidi, Nummernkonten, Luxusuhren. Wohl kaum irgendwo sonst ist die Dichte an Fabrikanten eleganter, hochwertiger und vor allem kostspieliger Zeitmesser so hoch wie am Genfer See. Nur die wenigsten Uhrenhäuser lassen sich aber in die Karten schauen.

Kosten	Erlebniswert	Aufwand
▢▢	★ ★	🔧🔧

Einer jahrhundertelangen Tradition ist der exzellente Ruf zu verdanken, den die Uhren der Eidgenossen auf der ganzen Welt genießen. In vielen Unternehmen werden das Wissen und die Expertise von Generation zu Generation weitergegeben, und so entstehen in mühevoller Handarbeit Uhrwerke mit einer hohen Ganggenauigkeit, vortrefflicher Qualität und Präzision.

Funfact am Rande

Die erste Armbanduhr überhaupt wurde von einem Schweizer erfunden, Abraham Louis Breguet. In Serie gingen die ersten Schweizer Uhren gegen Ende des 19. Jahrhunderts, als die Schweizer Manufaktur Girard-Perregaux eine Lieferung für das deutsche Militär produzierte.

Heute sind einige Fabrikate mancher Hersteller nicht nur ein Zeichen, dass sich der Träger eine teure Uhr erlauben kann, sondern auch eine Wertanlage, die bei besonders gefragten Modellen den ursprünglich gezahlten Verkaufspreis über die Jahre weit hinter sich lassen und somit eine wesentlich höhere Rendite erzielen als jeder Sparbrief. Und das, obwohl sie getragen und damit gebraucht sind.

Aber echten Uhrenliebhabern geht es weniger um Gewinnmaximierung. Die Werbung eines Herstellers verdeutlichte dies einst: Solche Uhren sind Meisterwerke, die – einmal in den Besitz gelangt – nur innerhalb der eigenen Familie weitergegeben werden.

Das Uhren-Alphabet kennt nicht nur den Buchstaben »R«

Neben der wohl bekanntesten und wohl auch begehrtesten Schweizer Uhr gibt es noch viele weitere Anbieter, von denen ich der Fairness halber an dieser Stelle einmal die wesentlichen Player nennen möchte: Alpina Union Horlogerie, Aerowatch, Audemars Piguet, Blancpain, Breitling, Certina, Chopard, Ebel, ETA, Eterna, Festina, Fortis-Uhren, Frederique Constant, Girard-Perregaux, Hublot, IWC, Jaeger-LeCoultre, Maurice Lacroix, Mido, Montres Breguet, Omega, Patek Philippe, Piaget, Rado, Rolex, Swatch,

TAG Heuer, Tissot, Vulcain, Zenith und Zodiac. Nicht alle Schweizer Uhren sind unerschwinglich teuer, und nicht alle Marken oder Fabrikate haben das Potenzial einer Wertsteigerung oder zumindest einer Werterhaltung. Selbst bei einem Selbstläufer wie der Rolex gibt es durchaus Ladenhüter, die man nur schwer wieder los wird – wenn man dies denn überhaupt möchte.

über die Schulter schauen lassen. Die Firma Zenith ist einer der wenigen großen Namen, bei denen man an einer Führung teilnehmen kann, auch wenn man keine ihrer Uhren besitzt (www.zenith-watches.com/de_de/brand/visit-the-manufacture).

Sich selbst einmal einen Überblick zu verschaffen, wie der Prozess der Uhrenherstellung abläuft und wie viel mühsame Handarbeit tatsächlich in einer einzigen Uhr steckt, ist leider gar nicht so einfach, wie es sich anhört. Vor allem die ganz großen Hersteller hüten ihre Produktion und die Geheimnisse der ganz individuellen Ausrichtung wie andere ihren Augapfel. Ihnen geht es dabei nicht nur um Industriespionage, sondern sie sorgen sich um einen reibungslosen Ablauf ihres höchst sensiblen Fertigungsprozesses. Denn die Fabrikräume sind keine riesigen Maschinenhallen. Vielmehr ähnelt eine Uhrenmanufaktur einem Großraumbüro, an deren Tischen die Mitarbeiter winzig kleine Bauteile, die mit einer Genauigkeit von nicht einmal einem Mikrometer präzise aus wertvollen Rohstoffen gefräst wurden, zu einem Uhrwerk zusammensetzen wie beim Ministeck. Nur eben kleiner. Besucher könnten die Mitarbeiter in ihrer Konzentration stören, unnötig Staub aufwirbeln oder zu viele Fragen stellen.

Einige Uhrenhäuser wie etwa Hublot bieten für gute Kunden private Führungen durch ihr Unternehmen und den Fertigungsprozess an. Das heißt: Besitzen Sie eine Uhr und haben diese auf Ihren Namen registriert, erhalten Sie Zutritt zu einem exklusiven Club, der über das Jahr verteilt weltweite Veranstaltungen organisiert, zu denen Sie dann eingeladen sind. Führungen durch das Werk können über den persönlichen Ansprechpartner des Clubs entsprechend der Werkszeiten flexibel und kurzfristig arrangiert werden.

So können Sie sich diesen Traum erfüllen

Nicht jeder kommt wohl in den Genuss einer solchen exklusiven Clubmitgliedschaft, und längst nicht alle Uhrenhäuser bieten ihren Kunden eine solche Gelegenheit an. Allerdings gibt es auch – vor allem kleinere – Werkstätten, die sich durchaus bei ihrer Produktion

Besuch der Autosammlung eines Scheichs

Manche sammeln Briefmarken, andere Luxusautos

ABU DHABI · VEREINIGTE ARABISCHE EMIRATE

Nicht kleckern, sondern klotzen. So möchte man meinen, wenn man über die Straßen der Emirate fährt. Wohl nirgendwo sonst auf der Welt gibt es eine höhere Dichte an Luxusschlitten. Zwar gibt es viele Nationen, die Wert auf Prunk und Gloria legen, aber nicht alle können sich das auch erlauben. Hier jedenfalls zeigt man gerne, was man hat. Und davon möglichst reichlich.

Kosten	Erlebniswert	Aufwand
–	★★	⚒⚒⚒

Es ist schon faszinierend. Während hier so mancher aufgemotzte Audi, Opel oder Ford für verbogene Nacken sorgt und durchaus den einen oder anderen bewundernden Blick nach sich zieht, kräht in den Golfstaaten kein Hahn danach, wenn ein normaler Ferrari, Chevi oder Lambo lautstark durch die Häuserschluchten donnert. Auch Luxus kann zur Gewohnheit werden. Oder, wie mir Gunter Gabriel anvertraute: »Auch im Bentley wird geweint.« Und wenn es einer wissen musste, dann der Gunter.

In einem Land, in dem Polizisten in einem Lamborghini auf Verbrecherjagd gehen und die Feuerwehr ihre alljährliche Parade durch die Innenstadtstraßen in einem Ferrari abhält, ist das Protzen schwer. Um zu zeigen, was man wirklich drauf hast, muss man sich also

schon etwas Besseres einfallen lassen. Also legt man sich – nur so als Idee – ausschließlich streng limitierte Wagen zu, die man dann aber besser nicht fährt, sondern in einer klimatisierten Einzelgarage auf weichem Boden bettet. Auf diese Weise kann man dann zeigen, dass man nicht nur die Kohle hat, sondern auch noch über angemessene Connections verfügt. Denn der Preis von mehreren Millionen Euro pro Wagen ist nicht das größte Hindernis. Um eine streng limitierte Edition eines Luxuswagens überhaupt erwerben zu dürfen, muss man hierzu vom Händler eingeladen werden. Und das wird man sicher nicht, wenn man alle zwei Jahre neue Wischerblätter kauft.

Eine andere Möglichkeit, in einem stinkreichen Land aufzufallen (oder besser: In einem Land, das so tut, als wäre es stinkreich) ist es, sich nicht nur einen oder zwei Luxusschlitten zuzulegen, sondern gleich eine ganze Armada. Noch besser natürlich, wenn man beide hier vorgestellten Möglichkeiten miteinander kombiniert. Also sagen wir: hundert streng limitierte Sportwagen.

Spitze wäre es dann natürlich, wenn man nicht nur Bilder darüber bei Facebook postet (denn die könnten ja eigentlich überall aufgenommen worden sein), sondern wenn man seine Karren in einem privaten Museum ausstellt. Aber auch hier gilt zu beachten: Je limitierter der Zugang, desto größer das Interesse.

Eine ganz besondere Ausstellung in dieser Art ist die Sammlung des Scheichs Al Nahyan in Abu Dhabi.

Das öffentliche Emirates National Auto Museum mit Monsterwagen wie einem 50 Tonnen schweren Riesen-Jeep, Klassikern und Oldtimern befindet sich mitten in der Wüste auf dem Weg von Abu Dhabi ins Landesinnere, zu erkennen an dem markanten Gebäude in Form einer Pyramide. Neben Luxusautos und außergewöhnlichen Sonderanfertigungen mit Reifen von drei Metern Durchmesser lassen sich auch ganz gewöhnliche Oldtimer bestaunen. Sogar einen Trabi findet man hier.

Etwas exklusiver wird die Sache allerdings, wenn man eine Einladung zur privaten Sammlung des Scheichs ergattert. Sehr unscheinbar an der Autobahn nach Dubai gelegen, hat man Mühen, die richtige Abfahrt zu finden. Eigentlich ist es auch gar keine richtige Abfahrt, sondern eher ein Schotterweg, der direkt auf das gut bewachte Grundstück einer Dattelfarm führt. Ein Wachtposten nimmt die Daten auf und vergleicht sie mit seiner Gästeliste. Danach folgt eine Fahrt über Stock und Stein, an ein paar Palmen vorbei (zwei Bäume gelten in den Emiraten bekanntlich bereits als eine Allee, mehr als drei ergeben einen Wald), und schon befindet man sich vor einem von außen eher unscheinbaren Gebäude.

Innen lassen sich dann aber die richtigen Schätze des Scheichs bestaunen. Nach Fabrikaten und Baureihen sortiert, steht hier ein Luxusschlitten neben dem anderen, dass dem Betrachter schwindelig wird. Da ein Besuch dieser privaten Sammlung nur auf Einladung des Gastgebers möglich ist und da Gäste im arabischen Raum sehr umsorgt werden, lädt der Scheich nach einer kurzen Begrüßungsansprache dann in den Speisesaal. Auf dem Weg dorthin erlauben geöffnete Türen einen Blick in die Freizeitgestaltung seiner Hoheit. In einem Raum befindet sich ein Swimmingpool, in einem weiteren mehrere Billardtische sowie zwei Bowlingbahnen. Wem das alles noch nicht ausreicht, der kann sich auch in einem kleinen Kinosaal entspannen und von den Eindrücken der Nobelkarossen erholen.

So können Sie sich diesen Traum erfüllen

Die ganz private Sammlung ist in der Tat ganz privat und wird nur auf besondere Empfehlung für geladene, persönliche Gäste des Scheichs geöffnet. Zu internationalen Veranstaltungen empfängt der Scheich aber auch gern Gruppen, denen man sich dann ggf. anschließen kann. Alle zwei Jahre organisiert

der Ferrari Owners Club beispielsweise einen Besuch anlässlich des Großen Preis von Abu Dhabi. Informationen und Anmeldung unter www.ferrariownersclubuae.com

Das erwähnte Automuseum des Scheichs ist hingegen öffentlich und lohnt allein aufgrund der Monsterautos sowie der zahlreichen Oldtimer ohnehin einen Besuch. Informationen unter www.enam.ae

Ein etwas ungewöhnlicher Anhänger ▶
im öffentlichen National Auto Museum

46

Koalas knuddeln

Eukalyptusduft liegt in der Luft

BLUE MOUNTAINS · NEW SOUTH WALES · AUSTRALIEN

Neben dem Panda und den Pinguinen gilt der Koala wohl als das niedlichste Geschöpf überhaupt. Da sie in freier Wildbahn nur in Australien vorkommen, gelten sie als das Symbol dieses Landes. Es gibt wohl kaum einen Touristen, der nicht einmal ein solch knuffiges Kerlchen in seinen Armen halten möchte.

Kosten	Erlebniswert	Aufwand
💳	★★★	🔧🔧

Die größte Chance, Koalas in freier Wildbahn beim Schlummern oder Naschen zu beobachten – die Lieblings- und nahezu einzigen Beschäftigungen dieser Pelzknuddel – hat man natürlich in einem Eukalyptuswald. In Queensland, New South Wales und Victoria ist der Bestand an Koalas am größten; man schätzt, dass es noch 80.000 Exemplare gibt. Zwar ist der Koala damit nicht vom Aussterben bedroht, aber die Population ist doch über die Jahre sehr zurückgegangen. Dies liegt einerseits an der einstigen Jagd von Pelzjägern, die das flauschige Fell gern verarbeitet haben. Andererseits ist der Koala nicht mit dem besten Immunsystem ausgestattet, was ihn besonders anfällig für durch die moderne Zivilisation eingebrachte Krankheiten macht. Darüber hinaus ist das Beuteltier sehr wählerisch in Bezug auf seine Ernährung. Nicht jede Eukalyptusart schmeckt ihm wirklich, und was ihm nicht schmeckt, das frisst er auch nicht. Basta. Mehr

als fünfhundert verschiedene Eukalyptusarten gibt es (ich kenne davon sogar nur zwei, nämlich Em-eukal und Tetesept), und nur rund 20 davon gehören zum Speiseplan unseres kleinen Lieblings.

Einen Katzensprung von Sydney entfernt liegen die Blue Mountains, die – je nach Wetterlage und Tageszeit – tatsächlich aufgrund des hohen Anteils an ätherischen Ölen in der Luft in blaue Nebelschwaden eingehüllt sind. Hält man bei der Fahrt durch diesen riesigen Eukalyptuswald die Nase aus dem Fenster, fühlt man sich wie in einer Hustenbonbonfabrik. Kein Wunder also, dass sich hier auch der kleine Eukalyptusexperte wohl fühlt. Somit hat man auf einer Koala-Safari durch die Blue Mountains nicht nur eine sehr gute Aussicht auf die Wälder, sondern auch eine hervorragende Aussicht, echte Koalas in den Bäumen ausfindig zu machen.

> **Funfact am Rande**
>
> Anstelle ihrer Blätter werfen Eukalyptusbäume ihre Rinde ab.

Trotzdem braucht es auch hier eine gehörige Portion Glück, Koalas auszumachen. Denn die Tiere bewegen sich zwar in der Geschwindigkeit eines Sachbearbeiters mit Burnout im Einwohnermeldeamt, aber sind nachtaktiv und schlummern hoch oben in den Bäumen, durch die Blätter geschützt vor den neugierigen

Blicken der Touristen. Nichts ist jedoch unmöglich, und hat man sich einer organisierten Tour angeschlossen, weiß der Fahrer von den Hotspots und kann die Augen gezielt auf die kleinen Teddys lenken.

Wer die Koalas gerne einmal auf dem Arm halten möchte, um sich von ihrem wirklich unsagbar flauschig-weichen Fell zu überzeugen oder zu erfahren, dass sie tatsächlich nach Eukalyptus duften, der hat auch diese Gelegenheit in den Blue Mountains. Im Wildlife-Park besteht die Möglichkeit, den Koalas und anderen in Australien einheimischen Tieren ganz nah zu kommen, sie zu füttern und ganz vorsichtig im Arm zu halten.

Zwar ist diese Form der Auseinandersetzung mit der Tierwelt auch nicht ganz artgerecht (Koalas wurden ja nicht dazu geboren, sich von Menschen in den Armen wiegen zu lassen), aber in den Gesprächen mit den Tierpflegern zeigt sich, dass es den Tieren hier gut geht, dass sie artgerecht untergebracht sind und dass sie jederzeit die Möglichkeit haben, sich zurückzuziehen.

Möchte man etwas mehr Zeit mit den niedlichen Geschöpfen verbringen und etwas wirklich Vernünftiges für sie unternehmen, bietet sich auch in Australien die Möglichkeit, eine Tierschutzorganisation als Freiwilliger aktiv zu unterstützen. Einige kümmern sich um verletzte oder häufig auftretenden, verheerenden Buschbränden zum Opfer gefallene Koalas, andere um die Erfassung des Bestands an Tieren – wieder andere stecken die Reviere der jeweiligen Koalapopulation ab und verfolgen ihren Aktionsradius mittels Tracking-Technologie. Alles in allem eine spannende Erfahrung, ganz nah bei den australischen Lieblingen.

So können Sie sich diesen Traum erfüllen

Der Wildlife-Park ist öffentlich zugänglich und ohne vorherige Anmeldung zu besuchen. Informationen erhalten Sie unter www.featherdale.com.au.
Informationen zur Freiwilligenarbeit einer Tierschutzorganisation in Australien erhalten Sie unter www.koalahospital.org.au. Hier kann nicht nur eine Tierpatenschaft übernommen, sondern auch vor Ort bei der Versorgung verletzter und erkrankter Tiere geholfen werden.

▲ Hat jemand Eukalyptusbonbons dabei?

47

Übernachten im Hotel aus Salz

Nichts für Menschen mit Bluthochdruck

SALAR DU UYUNI · BOLIVIEN

Walt Disney hat einmal gesagt: »Wenn du davon träumen kannst, dann kannst du es auch erreichen.« Vermutlich hat er dabei nicht an Bolivien gedacht, aber es ist schon erstaunlich, auf welche Ideen Gastwirte kommen, um Kundschaft anzulocken. Der eine baut ein Hotel aus Gold, der nächste eines aus Eis. Und der übernächste baut es aus Salz.

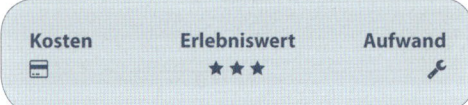

Kosten	Erlebniswert	Aufwand
💳	★★★	🔧

Es gab einmal eine Zeit, da war Salz sehr kostbar. Unvorstellbar kostbar sogar. So kostbar, dass wegen diesem Blutdruck-Aufputscher ganze Handelsstraßen entstanden und römische Soldaten mit Salz bezahlt wurden.

Funfact am Rande

Der noch heute für Entgelt oder Gehalt verwendete Begriff »Salär« leitet sich in der Tat vom lateinischen »salarius« = »zum Salz gehörig« ab und liegt in der Tradition begründet, dass die Soldaten im Römischen Reich zusätzlich zu ihrem Sold eine Portion Salz bekamen.

Heute leistet Salz noch immer große Dienste in der Küche, man verwendet es zum Reinigen und Haltbarmachen. Oder eben, um Häuser zu bauen.

Der Salzpalast in der Salztonebene Salar de Uyuni, dem mit einer Fläche von über 10.000 Quadratkilometern größten Salzsee der Erde, liegt im Südwesten Boliviens auf einer Höhe von 3.600 Metern.

Hier liegt also so viel Salz herum, dass Millionen Menschen Millionen Jahre Millionen Liter Suppe essen müssten, und es wäre immer noch etwas da. Es musste demnach eine andere Verwendung für das weiße Gold gefunden werden, die gleichzeitig vielleicht auch ein paar Touristen in diese gottverlassene Gegend bringt. Die Idee für den Salzpalast war geboren. Praktisch war die Verwendung des Würzmittels für den Bau nicht nur, weil der Baustoff ja sprichwörtlich direkt vor der Tür lag. Außerdem brauchte man herkömmliches Baumaterial wie Holz, Steine, Zement nicht mühsam hier hoch zu karren, wo im wahrsten Sinn des Wortes die Luft dünn wird.

Aus dem Salz in der riesigen Pfanne wurden unzählige Salzblöcke geformt, die Stein auf Stein zu einem Hotel mit 30 Betten verteilt auf 16 Zimmern aufgetürmt wurden. Doch damit nicht genug: Auch die Betten, einige Tische und Stühle, fast die gesamte Einrichtung sind aus Salz. Zwar können sich die Gäste mit einer Decke (nicht aus Salz!) zudecken, aber da die Region zu den kältesten des gesamten Kontinents zählt, stellen sich nachts eher Gefühle wie im Eishotel ein.

Allerdings ist das Salzhotel von etwas langlebiger Natur als seine skandinavischen Mitbewerber aus dem

Wie viele hier wohl schon an den Wänden geschleckt haben? ▶

gefrorenen Nass. Denn während die Eishotels dieser Welt naturgemäß in jedem Sommer dahinschmelzen und zu jeder Saison neu errichtet werden müssen, bleibt der Salzpalast beständig an Ort und Stelle – vorausgesetzt, nicht allzu viele Gäste lecken an den Wänden oder kratzen sich ein Stück des Tisches ab, um ihre Suppe damit zu würzen.

Neben der unvorstellbaren Kälte bietet das Hotel aber eine Reihe von Annehmlichkeiten, neben der Tatsache natürlich, dass es das weltweit erste und einzige Hotel aus Salz ist. So gibt es in diesem luxuriösen Schmuckstück eine Sauna sowie ein Dampfbad, Whirlpools und einen Swimmingpool – gefüllt mit Salzwasser, versteht sich.

Eine Nacht im Doppelzimmer ist im Salzpalast bereits für 150 Euro zu haben. Die Anreise hingegen wird etwas teurer ausfallen.

So können Sie sich diesen Traum erfüllen

Das Hotel aus Salz kann über die gängigen Buchungsplattformen im Internet reserviert werden. Weitere Informationen sowie die Möglichkeit der Direktbuchung erhalten Sie auf der Hotelseite www.palaciodesal.com.bo.

48

Tauchen in einer Tropfsteinhöhle

Untertauchen für Fortgeschrittene

YUCATAN · MEXIKO

Neben den von Menschenhand geschaffenen Kunstwerken unter Wasser, sei es durch Zufall, durch einen Unfall oder sei es Absicht, gibt es auch auf natürliche Weise geformte Kunstwerke, die einen Tauchgang zu einem unvergesslichen Erlebnis machen.

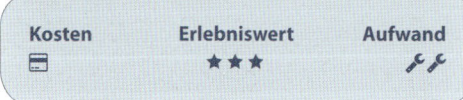

Kosten	Erlebniswert	Aufwand
💳	★ ★ ★	🔧🔧

Eines dieser wahrhaft natürlichen Kunstwerke befindet sich auf der mexikanischen Halbinsel Yucatan. Das Tauchen in den Cenotes, unterirdisch verlaufenden Flüssen, die zum größten zusammenhängenden Unterwasserhöhlensystem der Erde gehören, mutet an wie ein Schweben durch eine Tropfsteinhöhle – rings um den Taucher befinden sich zahlreiche Stalagmiten und Stalaktiten, entlang derer man durch die Höhle hindurchtaucht. Der Einstieg in dieses Höhlensystem erfolgt durch kleine Teiche, in denen das unterirdische Wasser zu Tage kommt. Geeignet ist dieses Erlebnis vorwiegend für bereits erfahrene Taucher, da die Sicht zum Teil sehr eingeschränkt und der direkte Weg an die Oberfläche durch die Höhlendecke versperrt ist. Im Falle eines Falles bleibt einem also nichts anderes übrig, als denselben Weg zurückzutauchen, den man gekommen ist – nicht gerade ein Paradies für Klaustrophoben.

Einen solchen Tauchgang sollte man selbstredend nur mit einem versierten Guide unternehmen, der sich in der Höhle auskennt wie in seiner Westentasche. Für Unkundige kann der Ausflug ansonsten schnell zu einem nassen Grab werden, und das trotz Kompass und Navigationserfahrung.

Außerdem weiß der Guide, ob vor dem Tauchgang in einer bestimmten Höhle oder Grotte eine spezielle Genehmigung eingeholt werden muss. Diese dient dann einerseits zum Schutz des Tauchers, da man gegebenenfalls einen Nachweis über seine Höhlentaucherfahrung beibringen muss. Außerdem sichern sie den Zustand und Erhalt der Höhle – wenn täglich ungebremst und unkontrolliert Menschenmassen in Neopren durch die unterirdischen Gänge tauchen, wäre dies aus ökologischer Sicht sicher kein Glücksfall.

Höhle ist nicht gleich Höhle

Für den Laien sehen sie alle gleich aus: Felsen oben und unten, Felsen links und rechts. Der Taucher unterscheidet aber zwischen folgenden Arten einer Höhle:

Eine **Grotte** ist eher klein, kann aber bereits im Bereich des Einstiegs mit Wasser gefüllt sein. In der Regel fällt natürliches Licht ein. Häufig finden sich in einer Grotte Tropfsteine, und noch häufiger wird der Begriff verwendet für einen künstlichen, von Menschenhand geschaffenen Hohlraum.

Eine **Höhle** kann ebenfalls im Bereich des Einstiegs mit Wasser gefüllt sein, aufgrund der Größe gibt es aber innerhalb Bereiche ohne Lichteinfall. Neben der Größe wird als Abgrenzung zur Grotte ein natürlich entstandener Hohlraum in einem Felsen als Höhle bezeichnet.

Ein **Höhlensystem** ist die ultimative Herausforderung für jeden Hobbyforscher und bezeichnet einen Zusammenschluss von Höhlen, der weit verzweigt sein und stark in die Tiefe abfallen kann.

Für alle drei Arten sehen die Internationalen Tauchverbände eine gesonderte Ausbildung mit anschließender Prüfung vor, um den Sporttaucher auf die besonderen Eigenschaften des Höhlentauchens und seine Gefahren vorzubereiten. Allerdings wird diese Zusatzqualifikation nicht von allen Tauchbasen vehement eingefordert, so dass oft auch völlig Ungeübte zu einem Höhlentauchgang zugelassen werden.

Neben dem erwähnten, überaus spektakulären unterirdischen Flusssystem in Mexiko gibt es weltweit eine Vielzahl weiterer Grotten, Höhlen und Höhlensysteme, die geübte Taucher zu einem besonderen Abenteuer einladen.

Allerdings ist im Unterschied zu den Cenotes häufig zwar der Einstieg auch unter Wasser, die Höhle an sich ist aber nicht vollständig mit Wasser gefüllt. Auch solche Höhlen sind spektakulär und eben auch nur für Taucher zugänglich, aber sobald man den Einstieg in die Höhle einmal hinter sich gebracht hat, befindet man sich in einer »normalen« Tropfsteinhöhle wie im Sauerland.

So können Sie sich diesen Traum erfüllen

Einen Tauchgang in einer der Cenotes bieten die meisten Tauchbasen auf Yucatan an. Weitere Informationen erhalten Sie auf der offiziellen Seite der Region www.mundomaya.travel/en/yucatan.html.

Spektakulär Silvester feiern

Happy New Year

BERLIN · DEUTSCHLAND
NEW YORK · USA
SYDNEY · AUSTRALIEN

Die Party des Jahres. Einige planen sie direkt nach Rückkehr aus dem Sommerurlaub. Andere überlegen am 31. Dezember, auf wessen Party sie sich noch selbst einladen könnten. Wieder andere stellen sich den Wecker auf den 2. Januar und versuchen, von dem ganzen Spektakel nichts mitzubekommen.

◄ Mächtig was los *front of house* ...
► ... *backstage* etwas weniger.

Kosten	Erlebniswert	Aufwand
💳	★★★	🔧🔧🔧

Natürlich gibt es an vielen Orten tolle Partys und ein ebenso tolles Feuerwerk um Mitternacht. Wer aber nicht immer in der Scheune von Bauer Jürgen feiern möchte, der findet ganz besondere Veranstaltungen für diesen ganz besonderen Abend im Jahr – je nach Lust und Laune nahebei oder etwas weiter entfernt. Es sind Klassiker der Silvesterfeierei, legendär – und das Beste: Völlig kostenfrei! Nur die Anreise kostet – mal mehr, mal weniger ...

Die größte Silvesterparty Deutschlands findet seit der legendären Milleniumsparty zum Übergang in ein neues Jahrtausend jedes Jahr am Brandenburger Tor in Berlin statt. Die eineinhalb Kilometer lange Straße des 17. Juni wird dann zu einer riesigen Partymeile mit Hunderttausenden von Feiernden. Auf einer Bühne vor dem Brandenburger Tor treten den ganzen Abend Stars und Sternchen der internationalen Musikbranche auf.

Aufgrund des hohen Besucheraufkommens sollte man sich recht früh aufmachen, denn wenn der Laden voll ist, wird niemand mehr hineingelassen. Nach 19 Uhr hat man in der Regel ganz schlechte Karten.

Etwas weniger Feuerwerk, dafür umso mehr Party können Feierlustige in New York erleben. Auf einer Bühne am Times Square treten den ganzen Abend Top-Acts der internationalen Musikszene auf und unterhalten die Besucher, die sich bei doch recht niedrigen Temperaturen warmtanzen. Da im Bundesstaat New York ein absolutes Alkoholverbot auf öffentlichen Plätzen gilt, muss das Aufwärmen allein durch äußerliche Anwendung erfolgen.

Bereits gegen Mittag versammeln sich die ersten Gäste an den Zugängen des weiträumig abgesperrten Platzes. Taschenkontrollen sollen verhindern, dass niemand etwas Unerlaubtes oder Gefährliches mitschleppt und dass sich außerdem nicht mehr Menschen einfinden, als der Platz eigentlich fassen kann. Wer schon einmal in Manhattan war, der weiß, dass der von Hochhäusern umringte Times Square nicht allzu viel Platz für Schaulustige bereitstellt. Und schon gar nicht, wenn eine riesige Bühne einen großen Teil des Platzes streitig macht.

Spätestens um 15 Uhr ist der Laden dann dicht, und die Feiernden weichen auf die Zufahrtsstraßen aus, die kurze Zeit später ebenfalls völlig überfüllt

◄ Der berühmte Time Square Ball

sind. Und das, obwohl man von hier weder etwas von der Party hört, geschweige denn sieht. In den Straßen verpassen die Menschen dann leider auch den eigentlichen Höhepunkt, wenn pünktlich um eine Minute vor Mitternacht eine riesige Kugel vom Gebäude One Times Square unter großem Getöse der jubelnden Anwesenden herabsinkt, um den Countdown zum Jahreswechsel einzuleiten. Ist das neue Jahr dann endlich erreicht, ergießt sich ein Konfettiregen auf die Feiernden, und ein bisschen Feuerwerk sprüht aus den oberen Etagen der anliegenden Gebäude.

Eine Viertelstunde später heißt es dann: »Finito della Musica«, Ende der Veranstaltung. Spätestens um ein Uhr ist der Platz wie leergefegt. Nur die Konfettischnitzel auf dem Boden zeugen dann noch davon, dass hier soeben eine der größten Partys der Welt stattgefunden hat.

Funfacts am Rande

Sowohl der Zustand der Kugel als auch die Beschaffenheit des Konfettis werden einen Tag vor Silvester medienwirksam der anwesenden Presse vorgeführt.
Toilettengänge müssen wohlüberlegt sein, denn die auf dem Times Square aufgestellten Dixieklos sind nur für Medienvertreter bestimmt. Zuschauer müssen hierfür das Gelände verlassen und riskieren, wegen Überfüllung nicht wieder hineingelassen zu werden.

Möchte man die letzte Nacht des Jahres hingegen nicht in Eis und Schnee verbringen, sondern lieber in kurzer Hose und T-Shirt, dann gibt es ja einige Länder, bei denen Silvester im Sommer stattfindet. Ein Land mit einem grandiosen Feuerwerk und höchstsommerlichen Temperaturen ist Australien. In Sydney werden alljährlich zwei aufwändige und höchstspektakuläre Feuerwerke an der berühmten Harbour Bridge abgefackelt – ein etwas kleineres Familienfeuerwerk um 21 Uhr und das richtige dann um Mitternacht. Hier steht aber wirklich das Feuerwerk im Vordergrund, eine richtige öffentliche Party ist eher Nebensache. Den besten Blick auf das Spektakel hat man vom Royal Botanic Garden aus, der nicht nur einen ausgezeichneten Blick auf die gesamte Harbour Bridge freigibt, sondern auch noch auf einen Teil des berühmten Opera House. Im Vordergrund tummeln sich kleine Boote und Jachten, von denen aus viele Menschen das Feuerwerk bewundern.

Der frühe Vogel

Wer von diesem einzigartigen Beobachtungspunkt das neue Jahr einläuten möchte, der muss noch früher aufstehen. Oder besser: gar nicht erst schlafen gehen! Der Park wird nämlich über Nacht abgeschlossen, was aber richtig Hartgesottene nicht daran hindert, direkt vor dem Eingangstor zu übernachten, um sich dann bereits am frühen Morgen den besten Platz für das nächtliche Spektakel zu sichern.

So können Sie sich diesen Traum erfüllen

Alle hier vorgestellten Silvesterfeiern sind öffentlich zugänglich und kostenlos. Weitere Informationen erhalten Sie unter

Berlin   www.berliner-silvester.de

New York   www.timessquarenyc.org/times-square-new-years-eve

Sydney   www.sydneynewyearseve.com

50

Einen Blockbuster vor Veröffentlichung sehen

In der Traumfabrik

LOS ANGELES · USA

Ein Traum für jeden Cineasten: Einen richtigen Blockbuster sehen, noch bevor er überhaupt zu einem Blockbuster geworden ist, bevor ihn überhaupt irgendjemand anderes jemals zu sehen bekommen hat. Außer vielleicht der Cutter. Im Land der unbegrenzten Möglichkeiten geht einfach alles.

Kosten	Erlebniswert	Aufwand
💳	★ ★ ★	🔧 🔧 🔧

Nun gut, wenn Sie Filmjournalist sind und für ein Onlineportal oder die Zeitung über neue Filme berichten, gehören Sie ohnehin zu den Ersten, die einen Film in Deutschland sehen dürfen. Und manchmal findet sogar die Weltpremiere eines Kinofilms in Deutschland statt, meist unter großer Aufmerksamkeit der Medien. Dann ist eine entsprechende Akkreditierung natürlich bares Gold wert.

Wenn es sich aber nicht gerade um einen Film von, mit und über Til Schweiger und seiner Familie handelt, findet die Uraufführung jedoch meist in einem anderen Land statt. Wenn der Film dann bei uns auf die Rolle kommt, haben ihn schon zig andere gesehen. Entweder im Kino oder auf quasi-originaler Mastercopy, bei der immer mal wieder irgendwelche Schatten durchs Bild huschen.

Um zu den wirklich Ersten zu gehören, die einen Kinofilm vor der Veröffentlichung sehen, muss man sich als *Movie Screener* betätigen. Die besten Voraussetzungen hat derjenige, der sich schon in den USA befindet. Dann ist der Weg nach Hollywood nicht mehr so weit. In der Traumfabrik, in der täglich neue Streifen wie am Fließband produziert werden, ist die Wahrscheinlichkeit einfach am größten, dass man in den Genuss dieser besonderen ehrenamtlichen Tätigkeit kommt.

Bevor ein Film nämlich für den kommerziellen Markt komplett fertiggestellt wird, möchten sich manche Produzenten zunächst einmal einen Überblick darüber verschaffen, ob er in der geplanten Fassung überhaupt beim Publikum ankommen wird. Damit man später echte Rückschlüsse auf die gesamten Kinozuschauer ziehen kann, versucht man, die Testzuschauer möglichst repräsentativ aufzustellen. Hätte man den Testsaal voll mit Maschinenbau-Studenten mit Vorliebe für Splatter-Movies, hätte Rosamunde Pilcher wohl nie eine Chance.

Wie so oft im Leben, genügt es manchmal bereits, am richtigen Ort zur richtigen Stelle zu sein. In der Regel verfügen die meisten Filmproduzenten über ein großes Repertoire an *Test Screenern,* die sie beispielsweise unter den Studenten der Filmhochschule rekrutieren. Aber manchmal fällt der eine oder andere auch aus, und dann wird schnell Nachschub benötigt. Außerdem ist es für die Filmhäuser durchaus von Vorteil, wenn unter den freiwilligen Gutachtern im Saal nicht nur Amis sitzen, sondern auch der eine oder andere Ausländer. Schließlich soll sich der Film ja auch im Ausland gut verkaufen.

Ein Anruf bei den Filmstudios in Hollywood kann Aufschluss darüber geben, ob und wann Testzuschauer benötigt werden. Manchmal wird man auch an besonders belebten und beliebten Plätzen direkt angesprochen, ob man sich einen Film vorab anschauen oder zu Gast bei einer neuen TV Show sein möchte.

Hat man es so oder so geschafft, kann man sich gemütlich in den Sessel fallen lassen. Aber umsonst ist ja bekanntlich nicht einmal der Tod, und daher wartet dann nach dem Film die eigentliche Arbeit als Wiedergutmachung. Jetzt gilt es, den Fragebogen auszufüllen und alles anzugeben, was der eigenen Meinung nach Schrott war. Oder eben der absolute Oberhammer.

So können Sie sich diesen Traum erfüllen

Eine gute Möglichkeit, von einem Agenten angesprochen zu werden, haben Sie direkt in Hollywood. Manchmal geschieht dies direkt am Walk of Fame bzw. vor dem TCL Chinese Theatre.

Bedeutsame Filmstudios sind u.a. Universal Studios (www.universalstudioslot.com), Sony (www.sonypicturesstudios.com), Warner Bros. (www.studiooperations.warnerbros.com) und Paramount (www.paramountstudios.com).

51

Freiwilligenarbeit in einer Tierpflegestation

Pandabären aufpäppeln

CHENGDU · CHINA

Wem Elefanten zu groß sind und Tiger zum Knuddeln zu gefährlich, der kann sich ja an eine Nummer kleiner wagen. Wie wäre es mit einem Erlebnis bei den knuffigen Fellmonstern in schwarz-weiß?

Kosten	Erlebniswert	Aufwand
▭▭	★ ★ ★	🔧🔧

Auf dem Zettel einer jeden Chinareise stehen wohl unangefochten auf Platz eins bis drei ein Spaziergang auf der Chinesischen Mauer, eine Fahrt auf dem Jangtse und ein Foto mit einem Pandabär.

Natürlich können diese drolligen Tiere auch in einem Zoo bewundert werden. Aber dafür muss man nicht um die halbe Welt jetten, diesen Wunsch allein würde eine Bahnfahrt nach Berlin auch erfüllen.

Viel besser ist es doch, Pandas in ihrer freien Wildbahn zu erleben – wenn man schon mal da ist. Die beste Gelegenheit hierzu hat der Reisende in den Provinzen Gansu, Shanxi und Sichuan. Letztere eignet sich für die Beobachtung von Pandabären besonders gut, nicht umsonst wird die Millionenstadt Chengdu als Heimatstadt der großen Pandas bezeichnet.

Da der gewöhnliche Tourist nicht durch ein zig hektargroßes, bambusbewaldetes Gebiet auf der Suche nach dem schwarz-weißen Fellträger streifen möchte – und dies alleine durch die »sehr beschützende« Rolle des chinesischen Staates auch gar nicht dürfte – bietet sich der Besuch eines Naturschutzgebietes

an, das eben diese Tiere beherbergt. Forschungsstationen beschäftigen sich hier mit der Aufzucht, der Fortpflanzung und dem Schutz der Pandabären, um die immer seltener werdenden Tiere letztendlich vor ihrem Aussterben zu bewahren.

Eine solche Aufzuchtstation können Sie an einem Tag oder für ein paar Stunden besuchen, um die Pandas in ihrer natürlichen Umgebung aktiv zu beobachten. In der Station in Chengdu können Sie hier neben den Riesenpandas auch die kleineren roten Pandas sehen. Die größte Aufzuchtstation des Landes namens Bifengxia befindet sich allerdings in Ya'an, ebenfalls in der Provinz Sichuan.

Generell sollten Sie für Ihren Besuch einer Aufzuchtstation die frühen Morgenstunden wählen, da die Pandas dann noch sehr aktiv sind und Sie beobachten können, wie die Tiere miteinander spielen und auf die Bäume klettern. Wer gern Pandababys entdecken möchte, sollte möglichst in den Monaten September und Oktober anreisen.

> **Was Sie schon immer über Pandabären wissen wollten ...**
>
> Pandabären gibt es bereits seit über zwei Millionen Jahren. Riesenpandas kommen in freier Wildbahn in China vor, allerdings ist ihre Art mit weniger als 2.000 Exemplaren durchaus bedroht. Erwachsene Tiere können

bis zu 150 Kilogramm wiegen und ein Alter von 20 Jahren erreichen. Ein in einem Zoo lebender Panda kann sogar fast doppelt so alt werden.

Die Leibspeise der Pandas ist natürlich der Bambus. Hiervon verputzen ausgewachsene Tiere bis zu 40 Kilogramm am Tag. Ihre Lieblingsbeschäftigung neben dem Essen ist das Schlummern und Klettern auf Bäume. Während die Babys noch rosafarben sind, entwickeln die Erwachsenen schnell ihr typisch schwarz-weißes Fell. Vielleicht werden sie auch deswegen so geliebt, denn schließlich sind im Taoismus die Farben Schwarz und Weiß das »Yin« und »Yang«, also das Wesen der Welt.

Wem ein Besuch auf einer Aufzuchtstation nicht ausreicht, und wer gerne etwas länger bei und mit den Pandas sein möchte, der kann sich für bis zu drei Tage als freiwilliger Helfer in einem Reservat betätigen. Auf diese Weise leistet man nicht nur Hilfe für die schützenswerten Geschöpfe, sondern erhält ein unvergessliches Erlebnis, diesen Tieren einmal ganz nah sein zu können.

Zu den Tätigkeiten eines Helfers bei einer Aufzuchtstation zählen neben dem Füttern der Tiere auch die Vorbereitung der Mahlzeiten und, unter Umständen, das Wiegen des Tierkots zur Überprüfung ihres Gesundheitszustands.

Vor der Aufnahme der Tätigkeit als Helfer bei den Pandabären wird in aller Regel ein ärztliches Attest benötigt.

So können Sie sich diesen Traum erfüllen

Nicht zuletzt aufgrund der örtlichen Vorschriften und Voraussetzungen für die Erteilung eines Visums sowie der Einschränkung der Bewegungsfreiheit im Land empfiehlt sich die Organisation einer solchen Freiwilligenarbeit über einen Veranstalter, der sich seine Arbeit aber natürlich bezahlen lässt. Zum Beispiel: www.volunteerworld.com

52

Die World Marathon Majors absolvieren

Grand Slam für Läufer

BERLIN · DEUTSCHLAND
LONDON · VEREINIGTES KÖNIGREICH
BOSTON, NEW YORK CITY, CHICAGO · USA
TOKIO · JAPAN

Was für Tennisspieler der Grand Slam, für Golfer der Ryder Cup, sind für Marathonläufer die World Marathon Majors – eine Serie der sechs größten und angesehensten Laufveranstaltungen der Welt: Berlin, London, Boston, New York City, Chicago und Tokio. Ein Traum, an allen Läufen aktiv teilzunehmen.

Kosten	Erlebniswert	Aufwand
▭ ▭ ▭	★ ★ ★ ★	⚚ ⚚ ⚚ ⚚ ⚚

Blut geleckt habe ich, als ich als Teil einer Staffel am Frankfurt Marathon teilnahm und – zusammen mit den »richtigen« Marathonläufern – in die mit Zuschauern gut besetzte Festhalle einlaufen durfte. Das Konfetti für die Superläufer regnete noch immer von der Decke, und ringsum warfen bunte Spots ein wirbelndes Licht auf die Einlaufenden, die unter großem Jubel begrüßt wurden.

Das war ein überwältigendes Gefühl, und zugleich schämte ich mich. Schließlich war ich ja nur einen bescheidenen Teil der Strecke gelaufen, und diesen ver-

mutlich nicht einmal besonders schnell. Wie erst musste es sich anfühlen, in die Festhalle einzulaufen, nachdem man die vollen 42,195 Kilometer gelaufen war?

Ich sollte es herausfinden. Gleich am nächsten Tag besorgte ich mir ein Trainingsbuch, vernünftige Laufschuhe und einen Schokoriegel – den, der die verbrauchte Energie sofort zurückbringt.

Ein Jahr später war es dann soweit, und – der Weg ist das Ziel, der Koffer die Reise – ich habe es sogar bis in die Festhalle geschafft. Über die Atmosphäre kann ich allerdings nichts berichten. Ich war viel zu geschafft, um überhaupt noch etwas mitzubekommen.

Aber ich war im Fieber. Mein Ehrgeiz war gepackt. Zwar wollte ich nicht unbedingt immer schneller werden (da ich mich mit den rasenflinken Kenianern und Äthiopiern auf den vorderen Plätzen ohnehin niemals werde messen können, sehe ich darin keinen gesteigerten Reiz). Was mich aber sehr wohl interessierte, waren Marathons in anderen Städten, die vielleicht noch größer, noch reizvoller und noch spannender waren als mein Jungfernlauf in der Bankenstadt.

Im nächsten Jahr sollte es dann Berlin werden. Der Einlauf kurz hinter dem geschichtsträchtigen Brandenburger Tor war traumhaft – diesmal hatte ich sogar noch etwas davon mitbekommen. Auch die Strecke hat es in sich und führt vorbei an vielen Sehenswürdigkeiten, die unsere Hauptstadt zu bieten hat. Wäre so ein Lauf nicht so verdammt anstrengend, hätte man ihn regelrecht genießen können.

Es war auch in Berlin, wo ich von den bereits erwähnten World Marathon Majors hörte, denn schließlich gehört der Lauf in Berlin ja ebenfalls dazu. Zwar würde ich niemals im Leben irgendeine Aussicht auf das Preisgeld haben, aber darum ging es mir ja auch nicht. Ich wollte andere Strecken, andere Marathonveranstaltungen kennenlernen. Und die Majors waren die ideale Gelegenheit hierzu.

Schnell musste ich allerdings feststellen, dass die Traditionsläufe vor allem in den Staaten nicht nur äußerst begehrt und daher sämtliche Startplätze rubbeldiekatz vergeben sind. In Boston und New York muss man sich für eine Teilnahme auch noch qualifizieren, indem man eine entsprechende Zeit bei zugelassenen Läufen nachweist.

Da hatte ich mir etwas eingebrockt. Nicht nur, dass ich mich über die 42,195 Kilometer quälen musste und in der Vorbereitung darauf jede Woche eine Strecke von zwei Marathons zu bewältigen hatte, jetzt musste ich noch zusätzlich an weiteren Läufen teilnehmen, um überhaupt erst einmal teilnehmen zu können.

Irgendwie habe ich es dann aber geschafft, und so durfte ich als Nächstes in Boston starten. Eigentlich der schönste Lauf von allen, mit einem Publikum, das jeden Läufer über die gesamte Strecke trägt. Nur leider hielten es just im Jahr meiner Teilnahme zwei Hirnverbrannte für unbedingt notwendig, an der Ziellinie einen Anschlag zu verüben, bei dem drei Zuschauer starben und 264 Zuschauer und Läufer zum Teil schwer verletzt wurden.

Dies sollte meinen Ehrgeiz nicht wesentlich schmälern, an allen Majors teilzunehmen. Zwei hatte ich ja jetzt bereits hinter mir. Bei der Veranstaltung

in New York habe ich die Brücken verflucht, die sich wie Kaugummis ziehen und immer länger werden, je näher man seinem Ziel gekommen ist. Aber der Lauf ist schon ein Traum, das muss man sagen.

Bereits in den Emiraten lebend, hatte ich noch die Gelegenheit, an den Majors Nummer vier und fünf teilzunehmen, in London und in Tokio. Das erste Mal in Japan, war dieser Lauf allein daher etwas ganz Besonderes für mich.

Leider habe ich es bis heute noch nicht geschafft, meine ganz persönlichen Majors vollständig zu absolvieren. Mein derzeitiger Trainigszustand bringt mir eher eine Medaille im Schokoladen-Wettessen ein als eine Teilnahme am noch ausstehenden Lauf in Chicago, der windigen Stadt. Aber man soll seine Träume ja nie aufgeben ...

So können Sie sich diesen Traum erfüllen

Einige der großen Marathons verlangen eine Qualifikation zur Teilnahme. Bei anderen muss man sich schnell nach Beginn der Meldefrist registrieren, da die Startplätze allesamt heiß begehrt und sehr fix vergeben sind. Ansonsten hilft nur noch die Buchung eines Pauschal-Arrangements über einen Sportreiseveranstalter wie z. B. Grosse-Coosmann

Sportreisen (www.groco.de) oder Interair Sport- und Incentive-Reisen (www.interair.de). Durch die Buchung eines solchen Pauschal-Paketes lässt sich sogar die Qualifikation für die begehrtesten Marathons in Boston und New York umgehen!
Die direkte Anmeldung für einen Marathon erfolgt über die jeweilige Webseite:

Berlin
www.bmw-berlin-marathon.com

London
www.virginmoneylondonmarathon.com

Chicago
www.chicagomarathon.com

Boston
www.baa.org

New York
www.nyrr.org

Tokio
www.marathon.tokyo/en

Einen Color Run bestreiten

Wettlauf mit Farben

WELTWEIT

Wem das Laufen einer Strecke von mehr als 40 Kilometern zu anstrengend ist, der kann sich ja an einem Spaßlauf beteiligen. Mittlerweile gibt es davon eine große Auswahl weltweit, und so kann man sich durch Schlammgruben wälzen, am Bier-Halbmarathon volllaufen oder sich unterwegs mit Farbbeuteln bewerfen lassen.

Kosten	Erlebniswert	Aufwand
💳	★ ★	🔧🔧

Spaß und Laufen? Für so manchen vielleicht ein Gegensatz in sich. Aber wer bei einem Lauf an den Verpflegungsstationen anstatt mit Bananen und Wasser mit einem eisgekühlten Bier versorgt wird, der wird spätestens nach dem zweiten Kilometer gar nicht mehr genug vom Laufen bekommen können. Oder man lässt sich beim Lauf durch den Zoo anstatt von begeisterten Zuschauern von Zebras, Elefanten und Tigern anfeuern. Oder wird beim Gourmetlauf in Fürth auf einer Distanz von 10 Kilometern an insgesamt acht Versorgungsstationen mit leckeren Häppchen versorgt – damit während der Stunde Sporttreibens auch ja niemand vom Fleisch fällt!

Eine ähnliche aber doch ganz andere Geschichte ist der Color Run. Inzwischen zu einem weltweiten Phänomen geworden, ist diese Veranstaltung eine doch ganz besondere, an die man allein wegen der hartnäckigen Farbe auf sämtlichen Körperteilen und in nahezu allen Körperöffnungen noch Tage danach zurückdenken wird.

Inspiriert ist der Lauf von nur fünf Kilometern Länge, bei dem es überhaupt nicht auf irgendwel-

che Zeiten ankommt (je länger man für die Strecke braucht, umso bunter wird die Angelegenheit), vom indischen Holi-Fest, dem Fest der Farben, bei dem sich die Gläubigen gegenseitig mit zuvor geweihter Farbe besprühen.

Geweiht ist die Farbe, die während des Laufes und auf der After-Party in großer Menge zum Einsatz kommt, natürlich nicht, dafür aber eben umso hartnäckiger an Kleidung und Haut. Bei der Anmeldung zum Lauf erhält jeder Läufer daher nicht nur eine Startnummer, die den Zugang zum Veranstaltungsgelände ermöglicht, sondern auch ein weißes T-Shirt und kleine Beutelchen mit Farbpulver.

Alles so schön bunt hier ▶

Da man hinterher in jedem Fall so aussieht wie ein bunter Hund, sollte man eine alte Hose und eben dieses T-Shirt nutzen und die gute Ballonseide von Gucci lieber erst dann wieder aus dem Schrank holen, wenn der Autoscooter im Dorf ist.

Mit den Farbbeutelchen kann man beim Laufen oder bei der Party danach entweder sich selbst oder andere bewerfen und deren Welt auf diese Weise bunter machen. Dasselbe werden die anderen Läufer aber auch mit der eigenen Welt tun.

Außerdem gibt es zwar keine Verpflegungsstationen, dafür aber sogenannte Farbzonen, in denen man von eigens dafür platzierten Helfern mit jeweils einer Farbe beworfen wird. Spätestens nach Durchlaufen der letzten Zone kann man dann als Regenbogen verkleidet direkt zur nächsten Karnevalsparty weiterziehen.

Auf die Wahnsinnsidee, das spektakuläre indische Fest zu einem regelrechten Happening zu kommerzialisieren, kam der Amerikaner Travis Snyder. Bei der ersten Veranstaltung in Arizona nahmen bereits rund 6.000 Menschen teil. Inzwischen bewerfen sich Millionen Menschen in zig Städten auf allen Kontinenten gegen Geld mit Farbe.

So können Sie sich diesen Traum erfüllen

Die aktuellen Termine und Anmeldungen für den Color Run in Deutschland erhalten Sie auf der Webseite www.thecolorrun.de.

54

Übernachten in einem Palast aus Tausendundeiner Nacht

Wo sich Ali Baba und die vierzig Räuber gute Nacht sagen

ABU DHABI · VEREINIGTE ARABISCHE EMIRATE

Mit seinen majestätischen Kuppeln wirkt das Wahrzeichen Abu Dhabis wie ein Palast aus Tausendundeiner Nacht. Nicht ohne Grund ist das Emirates Palace Hotel *die* Adresse für Prominente aus aller Welt, die sich in diesem Traum von Orient verwöhnen lassen möchten. Für Staatsoberhäupter und natürlich die Familie und Freunde des Scheichs gibt es einen separaten Trakt, sodass sie gar nicht erst mit dem gewöhnlichen Publikum in Berührung kommen.

Kosten	Erlebniswert	Aufwand
▭▭	★ ★ ★	—

Gäste des Emirates Palace können wählen zwischen insgesamt 302 Zimmern und 92 Suiten, die allesamt sehr edel und mit Bezug auf die Emirate eingerichtet sind. Schon beim Einchecken wird einem bewusst, dass dies kein gewöhnliches Hotel ist. Die Eingangshalle ist gänzlich in Gold getaucht, der Boden besteht aus edelstem Marmor, die Wände zieren Gemälde – natürlich inklusive des obligatorischen Porträts der Herrscherfamilie.

An einer Wand machen wir einen ebenfalls in Gold gehaltenen Automaten aus, der vor der goldenen Wand in etwa so auffällt wie ein Chamäleon. Hier kann man sich allerdings keine Erdnussriegel oder Zucker-

brause ziehen, sondern echtes Gold. Goldbarren in verschiedenen Größen und zum tagesaktuellen Kurs »to go«. Für jeden, der mal eben schnell noch einen Goldbarren braucht, eine super Idee.

Funfact am Rande

Wer hat's erfunden? Die Deutschen! Die Automaten wurden von einer deutschen Firma gebaut und an verschiedenen Stellen in den Emiraten aufgestellt. Mittlerweile sind die Geräte allerdings wieder verschwunden. Schade eigentlich.

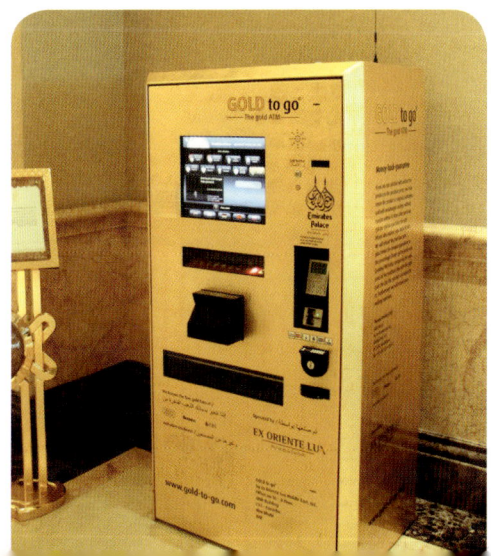

Entweder man braucht's oder man hat's: Goldbarren *to go.* ▶

Im Hintergrund hört man eine Klavierspielerin, die die Gäste unterhält, die gerade ihren Afternoon Tea einnehmen, jene britische Tradition aus dem 19. Jahrhundert, die hier ausgiebig zelebriert wird: mit Sandwiches, Scones und Kuchen. Und Tee natürlich – alles serviert auf einer silbernen Etagere. Außer der Tee, natürlich.

Um auf das Gelände des Hotels zu gelangen und das markante Gebäude überhaupt erst einmal zu Gesicht zu bekommen, müssen Sicherheitskräfte passiert werden, die drei Dinge überprüfen: 1. Ob man eine Berechtigung hat, hier vorzufahren, 2. ob man verbotene Dinge mit sich führt wie Waffen, Sprengstoff oder Schweinefleisch und 3. ob sämtliche Insassen des Wagens akkurat gekleidet sind. Dabei kann es draußen noch so heiß sein: Kurze Hosen sind ein No-Go und führen allerhöchstens dazu, dass der Schlagbaum unten bleibt.

Hat man die Wachtmeister dann aber doch überwinden können, überwältigt einen nach wenigen Metern der pompöse Anblick des majestätischen Palastes in Überlebensgröße. Nach dem Vorfahren wird man mit einem freundlichen »Welcome to the Emirates Palace« begrüßt und entledigt sich der Koffer und des Autoschlüssels. Selbstverständlich parken Gäste ihren Wagen hier nicht selbst. Dies allerdings ist keine ausschließliche Aufmerksamkeit dieses Hauses, sondern in den Emiraten durchaus üblich.

Nach dem Einchecken lernt man an der Rezeption seinen persönlichen Butler kennen, der einem in den Tagen des Aufenthaltes für die meisten Wünsche zur Verfügung steht. Auf dem Weg zur Suite lernt man das Hotel und seine Einrichtungen kennen und wird sich nicht entscheiden können, was man zuerst bestaunen soll: das edle Interieur oder die gepflegte Gartenanlage mit privatem Sandstrand.

Extra-Tipp für Sparfüchse

Wer sich das Emirates Palace Hotel einmal genauer anschauen möchte, muss nicht zwangsläufig ein Zimmer oder eine Suite gebucht haben. Eine Reservierung für eines der Restaurants oder zum Afternoon Tea überzeugt die Tür ebenfalls von einem Einlass. Allerdings nicht zur absoluten Hochsaison, nämlich während der Formel 1 in Abu Dhabi Ende November – und nur in langen Stoffhosen.

So können Sie sich diesen Traum erfüllen

Das Emirates Palace Hotel können Sie über die gängigen Buchungsplattformen im Internet reservieren. Weitere Informationen und die Möglichkeit einer direkten Buchung erhalten Sie auf der Webseite des Hotels www.emiratespalace.ae.

55

Gorillas in freier Wildbahn beobachten

Wie Dian Fossey durch den Dschungel

UGANDA

Auf dem Wunschzettel nicht nur vieler Tierliebhaber steht eine Begegnung mit dem größten Primaten in freier Wildbahn ganz oben – unmittelbar darunter steht, dass diese Begegnung aus sicherer Distanz erfolgen möge. Auf einer Trekkingtour durch Uganda kann man der Erfüllung beider Lebensträume ein gehöriges Stück auf die Sprünge helfen.

Kosten	Erlebniswert	Aufwand
💳💳	★ ★ ★ ★	🔧🔧

Auch die Population der Berggorillas nimmt leider immer weiter ab, der aktuelle Bestand wird derzeit auf etwa 800 Exemplare geschätzt, die sich auf die Länder Uganda, Ruanda und die Demokratische Republik Kongo verteilen. Die Wahrscheinlichkeit, während einer Tour tatsächlich einem Menschenaffen zu begegnen, ist in Uganda am größten, da hier mit Abstand die meisten Tiere vermutet werden.

Der Gorilla lebt für gewöhnlich in Gruppen mit bis zu 40 Tieren. Ihre hauptsächlich aus Blättern bestehende Nahrung finden die tagaktiven Primaten sowohl auf dem Boden als auch in den Bäumen, allerdings klettern die Berggorillas eher selten auf selbige. Ihr Fell ist gräulich bis schwarz, und sie können bis zu 1,75 Meter groß werden. Gorillas haben – mit Ausnahme des Menschen – keine natürlichen Feinde.

Wohl niemand würde auf die Idee kommen, sich allein und ohne professionellen Guide auf die Suche nach Gorillas zu begeben. Und allen anderen ist es offiziell verboten. Denn vor einem Besuch der Gorillas muss man zunächst einmal eine Genehmigung hierfür beantragen. Die sogenannte *Gorilla-Permit* ermöglicht den Eintritt in den Nationalpark, gibt einem aber auch einen Spurenleser an die Hand, der die Fährte einer Gorillafamilie aufnehmen kann und die Besucher an den bestmöglichen Beobachtungsposten führt, ohne die Tiere in Gefahr zu bringen.

Die *Gorilla-Permits* müssen in jedem Fall weit im Voraus beantragt werden. Zum Schutz der Tiere werden die Besichtigungstouren behördlich streng reglementiert und wird die Anzahl der Besucher pro Tag strikt begrenzt.

Auf der Suche nach den Tieren ging es für mich damals hinein in die Wildnis. Spätestens nach einer halben Stunde, die ich vorwiegend rutschend, kriechend und kletternd verbracht hatte, wünschte ich mir, dass ich vorhin beim Briefing das Angebot doch

angenommen hätte, den Rucksack von einem Träger transportieren zu lassen.

Einige weitere Strapazen später war aber all das vergessen, als ich meinen ersten Gorilla in freier Wildbahn erblickt hatte! Für ungeübte Augen war er noch etwas schwer zu erkennen, aber hinten in dem Dickicht blitzte sein grauer Rücken durch das Grün.

Da die Gorillas sich ja, wie wir wissen, in Gruppen aufhalten, dauerte es nicht lange, und wir sahen zwischen Ästen und Blättern zwei weitere Exemplare, die wir dann – ganz leise – für eine Weile beobachteten. Wichtig ist vor allem, nicht von den Gorillas entdeckt zu werden. Denn bestenfalls ergreifen sie die Flucht, schlimmstenfalls verteidigen sie ihr Revier. Und auch wenn sie noch so gutmütig aussehen: Sollten sich drei Zentner Lebendgewicht rennend auf den Weg machen, möchte man ihnen garantiert nicht im Wege stehen.

So können Sie sich diesen Traum erfüllen

Pauschale Arrangements mit Unterkünften, Rundreise und Gorilla-Trekking lassen sich über zahlreiche Reiseveranstalter buchen, entweder online oder im Reisebüro. Möchten Sie individuell eine *Gorilla-Permit* beantragen, erfolgt dies über die offizielle Seite Ruandas (www.rdb.rw) beziehungsweise über die Seite der Uganada Wildlife Authority (www.ugandawildlife.org).

56

Auf dem roten Teppich zu Filmfestspielen

Einmal eine Diva sein

BERLIN · DEUTSCHLAND
VENEDIG · ITALIEN
CANNES · FRANKREICH
DUBAI · VEREINIGTE ARABISCHE EMIRATE

Die Szene kennt wohl jeder: Eine schwarze Limousine fährt vor, aus dem Wagen steigt eine blonde Schönheit. Unmittelbar startet das Blitzlichtgewitter, als die Person des öffentlichen Lebens mit ihren langen Beinen grazil über den roten Teppich schreitet, um aufreizend lächelnd vor einer Pappwand stehen zu bleiben, auf der ganz viele Namen von Verkäufern von Oberbekleidung, Herstellern von Cremes für die Haut ab 40 und Waschmitteln aufgedruckt sind.
Aber wer ist die Schöne denn überhaupt? Kennen wir sie aus Hollywood, oder vielleicht doch nur aus dem australischen Dschungel? Oder war sie nicht doch die, die damals jemanden kannte, der mit der Tante der Nachbarin derjenigen befreundet war, die bei der zehnten Staffel von *Germany's Next Topmodel* beinahe in die Runde der letzten zehn gekommen wäre?

Kosten	Erlebniswert	Aufwand
💳	★★★	🔧🔧🔧

Sie sehen, man muss nicht unbedingt ein Superstar sein, um auf dem roten Teppich zu den Filmfestspielen, einer Operngala oder zur Oscarverleihung flanieren zu dürfen. Zugegeben, das Blitzlichtgewitter stellt sich vielleicht nicht bei jedem so ein als wäre man Arnold Schwarzenegger, Elton John oder einer von den Amigo-Zwillingen. Aber das Gefühl ist dennoch unbeschreiblich, und das Event sicher unvergessen.

Die erste Ernüchterung einmal vorneweg: Die Teppiche der ganz großen Nummern wie etwa der Opernball, die Berlinale oder die Filmfestspiele von Venedig sind in der Regel hermetisch abgeriegelt. Dort reicht es nicht, ein manchmal mehr, manchmal weniger hübsches Gesicht sein eigen zu nennen. Dieses muss auch noch bekannt und zuvor zur Veranstaltung explizit eingeladen worden sein.

In diesem Fall hilft es, bei einer namhaften Agentur registriert zu sein, die eine solche Einladung arrangieren kann. Solche Künstleragenturen nehmen aber leider auch nicht jeden, dessen schauspielerische Vita mit der Aufführung von Brechts Kreidekreis im Literaturkurs der zwölften Klasse endet.

Der Ausweg: Man sucht sich solche Veranstaltungen aus, die nicht zu den weltweiten Topereignissen zählen, die bei allen Superstars rot im Kalender eingetragen sind. Hier fällt es dann auch wesentlich leichter, überhaupt an Karten zu gelangen. Und außerdem ist die Wahrscheinlichkeit viel größer, jemanden zu kennen, der jemanden kennt, der bei der Organisation der Veranstaltung seine Finger im Spiel hat – sei es als Ausrichter, Jury-Mitglied oder Sponsor.

Uns erging es so bei den alljährlichen Internationalen Filmfestspielen in Dubai, neben den Veranstaltungen in Doha (Qatar) und Abu Dhabi das wichtigste Filmereignis im arabischen Raum. Hier werden mehr als 170 Filme aus 56 Ländern gezeigt, mit über Tausend geladenen Gästen aus der internationalen Filmbranche. Die Emirate treten wortwörtlich in zunehmendem Maße auf die Bildfläche, auch als Koproduzenten internationaler Blockbuster, sodass auch absolute

Superstars nicht nur den Weg nach Berlin und Venedig finden, sondern auch in den Wüstenstaat.

Also, ganz so klein war unsere Nummer dann doch nicht. Das war uns aber auch völlig egal, als wir in der Limousine vorgefahren wurden. Ein feiner Herr im Smoking öffnete die Tür zur rechten, ein ebenso feiner Herr im gleichen Smoking die Tür zur linken.

Und ehe wir es uns versahen, standen wir bereits auf dem roten Teppich, der uns an den Zuschauern zu eben jener Tafel führte, an denen die Großen des Gewerbes von Hunderten Kameras eingefangen werden. Uns schenkte hier allerdings niemand so richtig Beachtung. Ein Fotograf des Veranstaltungsteams machte seine Bilder für den offiziellen Bericht, und ein Medienvertreter aus Indien hielt ordentlich drauf, vermutlich weil man sich ja nie so richtig sicher sein kann, ob nicht doch ein Promi vor der Linse steht und man ihn nur nicht erkennt.

So können Sie sich diesen Traum erfüllen

Tickets bzw. die Akkreditierung für verschiedene die Filmfestspiele erhalten Sie auf der jeweiligen Webseite:

Berlin
www.berlinale.de

Venedig
www.labiennale.org/en/cinema/2020

Cannes
www.festival-cannes.com

Dubai
www.dubaifilmfest.com

Für das Schlendern über den roten Teppich müssten Sie entweder eine große Rolle in einem der vorgestellten Filme übernommen haben oder Regisseur sein. Oder jemanden kennen, der Sie einlässt.
Wenn die richtigen Stars aber allesamt eingekehrt sind, ebbt das Interesse vor den Toren des Filmpalastes in der Regel ab – vielleicht schaffen Sie es ja dann, selbst über die begehrte Auslegeware zu flanieren!

57

Das bekannteste Pferderennen der Welt besuchen

Mit der Queen in Ascot

ASCOT · VEREINIGTES KÖNIGREICH

Zwar ist das jährliche Pferderennen mit läppischen 8 Millionen Euro Preisgeld bei weitem nicht das höchstdotierte, aber nicht zuletzt aufgrund seiner besonderen Atmosphäre mit all den aufgebrezelten, zylinderbehuteten Gentlemen im höchst formellen Morgenanzug neben den umso auffälliger behuteten Ladies ein ganz besonderes Erlebnis, bei dem die Pferde eigentlich nur eine Randnotiz darstellen.

Kosten	Erlebniswert	Aufwand
💳💳	★★★★	⚒⚒⚒

Die Pferderennbahn in Ascot ist eine der ältesten des Landes, und vermutlich rührt aus ihrer traditions-reichen Geschichte der besondere Mythos, der die besondere Woche im Rennsportkalender umgibt. Bereits zu Beginn des 18. Jahrhunderts fanden hier Pferderennen statt, die von Königin Anne

höchstpersönlich veranstaltet wurden. Und noch heu-te gehört es zur guten Tradition, dass zum Renntag auch ihre Majestät Queen Elizabeth II und ihr Gemahl Prinz Philip in einer offenen Kutsche unter großem Jubel der Anwesenden einziehen und das Rennen in ihrer abgeschirmten, privaten Suite verfolgen. Oder nach ein paar Eierlikörchen ein Nickerchen machen, wer weiß das schon so genau.

Der Rennkalender in Ascot ist prallgefüllt, und so bietet sich die gesamte Saison über immer die Gelegenheit, ein Rennen auf dieser traditionellen Bahn zu bewundern und das eine oder Pfund auf irgendei-nen Zossen zu verwetten. Das ist dann aber nicht *das* Ascot, was wir in unseren Köpfen haben. Das ist dann ein Pferderennen wie im Hoppegarten, in Hamburg-Bahrenfeld oder Dortmund-Wambel.

So richtig elegant, pompös

und schick wird es einmal im Jahr im Juni zur »königlichen« Rennwoche Royal Ascot. Dann findet sich hier Otto Normal auf den Tribünenplätzen ein, während fast alles, was Rang und Namen hat, in einer der Suiten am gedeckten Tisch Platz nimmt und auf jedes Siegerpferd mit einem Gläschen anstößt. *The same procedure as every year.*

Funfact am Rande

Während der Rennwoche Royal Ascot werden durchschnittlich 150.000 Flaschen Champagner, knapp sieben Tonnen Lachs und fünf Tonnen Erdbeeren verköstigt.

Eine Teilnahme an diesem Spektakel lohnt sich bereits mit einer Karte für einen Sitzplatz auf der Tribüne. Die günstigsten Tickets garantieren einen Platz im Freien, zwar direkt an der Rennstrecke, aber dafür auch mit wenig Tamtam drum herum. Dafür braucht man sich hier aber auch keine großen Gedanken zu machen über das, was man denn anziehen sollte. Für die Herren ist die Marschrichtung *»smart casual«* – eine Stoffhose und ein Sakko vielleicht –, die Damen sollten sich respektvoll kleiden (das verblasste Geweih darf heute ruhig einmal hinter verschlossenen Türen bleiben). Und unbedingt an den Hut denken, der allerdings hier noch nicht allzu ausgefallen sein muss.

In der nächsthöheren Kategorie sind die Richtlinien in Bezug auf die Garderobenauswahl ebenfalls

noch relaxt und nicht allzu einschränkend. Für Herren genügt ein dunkler Anzug mit Krawatte, die Damen müssen sich lediglich »angemessen« kleiden – aber in jedem Fall auch hier einen Hut tragen.

So richtig zur Sache geht es aber erst in der berühmten, traditionsreichen *Royal Enclosure.* Hier sind nicht nur die Vorschriften in Bezug auf die Garderobe am strengsten, sondern auch die Einlasskriterien an sich. Dafür findet hier das eigentliche Erlebnis statt, das man mit Ascot verbindet – feine Damen und Herren der höheren Gesellschaft (oder solche, die sich zumindest dafür halten), leckeres Essen, teure Getränke und beste Sicht auf die Rennen.

Jetzt kommt das große Aber. Um einen Zugang zur *Royal Enclosure* zu erhalten, bedarf es einer Einladung. Man kann sich also nicht dafür anmelden und erst recht nicht irgendwo irgendwelche Tickets kaufen. Ein neues Mitglied der *Royal Enclosure* benötigt eine Empfehlung von zwei mehr oder weniger ehrenwerten Mitgliedern, bevor über eine Aufnahme überhaupt erst einmal nachgedacht wird.

Hier gilt dann auch die strengste Kleidungsordnung überhaupt. Herren müssen einen Morgenanzug in grau, schwarz oder dunkelblau tragen. Dazu gehört verbindlich eine entsprechende Weste sowie eine Krawatte und – ganz besonders wichtig – ein Zylinder in grau oder schwarz. Die Damen müssen selbstredend ebenfalls formell gekleidet sein, sind in ihrer Ausgestaltung dieses Begriffes

aber freier als die Herren. Das wichtigste Kleidungsstück ist der Hut – je ausgefallener und aufwändiger,
desto besser.

So können Sie sich diesen Traum erfüllen

Sowohl die Reservierung für die Gastronomie
in der *Royal Enclosure* als auch Tickets für die
Tribünenplätze erhalten Sie auf der offiziellen
Webseite: www.ascot.co.uk.

Extra-Tipp: *Royal Enclosure* für geringfügig Königliche

»*It takes two to tango*«, sagt der Engländer.
Keine Regel ohne Ausnahme. Und genau
hier liegt Ihre Chance, einen Platz in der
begehrten *Royal Enclosure* zu ergattern, auch
wenn Sie niemanden kennen, der Sie hierzu
einladen könnte.
Eine Reservierung in einem der innerhalb
des »königlichen Geheges« befindlichen
Gourmettempels ist auch für Nichtmitglieder
möglich, die auf diese Weise dann in den
Genuss der besonderen Atmosphäre dieses
Bereiches kommen. Zwar ist der Spaß nicht
ganz billig – spätestens nach der zweiten
Flasche Dom Pérignon denkt man aber gar
nicht mehr daran …

Stilvollen Karneval besuchen

Und jährlich grüßt der Rokoko

VENEDIG · ITALIEN

Nicht gar so teuer wie das Spektakel in Ascot, aber von den Kostümen sicherlich nicht weniger beeindruckend, ist der Karneval in Venedig, der in den Gassen der Lagunenstadt die Zeit des Rokoko wieder aufleben lässt.

Kosten	Erlebniswert	Aufwand
💳	★ ★ ★ ★	🔧

Erstmalig erwähnt wurde das bunte Treiben in Venedig bereits im 11. Jahrhundert, allerdings folgte es zu dieser Zeit noch strengen Regeln. Lockerer wurden die Sitten im 18. Jahrhundert, als der venezianische Karneval seine Blütezeit verbuchte.

Später wurde der Karneval dann eher privat gefeiert, zu einem öffentlichen Spektakel wie heute avancierte er erstmalig zum Ende der 1970er-Jahre und ist seitdem ein wahrer Magnet für Zuschauer aus aller Herren Länder, die das Treiben mit phantasievollen Masken und noch phantasievolleren Kostümen einmal selbst erleben möchten.

Anders als in der *Royal Enclosure* in Ascot gibt es hier beim Karneval in Venedig zwar keine Vorschriften hinsichtlich der Wahl der Kostümierung (bei den Bällen und Empfängen in den Palazzi der Stadt sieht das zwar anders aus, aber wir wollen uns an dieser Stelle mit dem Straßenkarneval begnügen), aber ein Batman, Spiderman oder Pseudoman wie beim Karneval am Rhein ist hier dennoch fehl am Platze. Da würde man

in der Tat weniger auffallen, wenn man überhaupt nicht maskiert wäre.

Häufig gesehen werden vor allem Masken, die nur einen Teil des Gesichtes verbergen, als Kopfbedeckung ein typisch venezianischer Dreispitz. Mal wirken die Masken geheimnisvoll, mal unheimlich – je nach Ursprung der gewählten Maske. So gibt es neben der Maske, die tatsächlich nur im Karneval getragen wurde, die Theatermaske, die den Schauspielern der Commedia dell'arte einst ein deutlicheres Sprechen ermöglichte als gänzlich geschlossene Masken.

Ebenfalls gern gesehen sind jene Masken mit langem Schnabel, die von Ärzten zur Zeit der Pest getragen wurde, in der Hoffnung, sich so bei ihren Patienten nicht anstecken zu können.

Funfact am Rande

Bereits Casanova wusste von den Vorzügen einer Maske, konnte er sich doch so gänzlich unerkannt seinen Gelüsten hingeben.

Die offizielle Eröffnung des närrischen Treibens findet zehn Tage vor Aschermittwoch statt, wenn beim traditionellen »Engelsflug« der Angelo vom Campanile aus über den Markusplatz schwebt.

Zehn Tage lang füllen sich dann die Gassen Venedigs mit unzähligen Kostümierten aus allen Ecken der Welt. Hinzu kommen noch unzähligere Zaungäste, die sich das Spektakel aus einer gewissen Distanz und mit Teleobjektiv bewaffnet anschauen.

Vor den altehrwürdigen Gebäuden, vor der Rialtobrücke, auf dem Markusplatz und natürlich in den traditionellen Cafés der Stadt tummeln sich dann die Kostüme, so weit das Auge reicht. Sie werden förmlich eins mit dieser Stadt, mit diesem Hintergrund, sodass man beinahe das Gefühl für die Zeit verliert und sich Hunderte Jahre in eine ganz andere Zeit zurückversetzt fühlt.

Die schönsten Kostüme und Masken eines Jahres werden prämiert und in den Paraden durch die Stadt zur Schau getragen. Dabei gilt es, eine Jury in verschiedenen Kategorien zu überzeugen. So gibt es zum Beispiel eine Auszeichnung für die traditionellste oder auch die originellste Maske.

An verschiedenen Terminen finden verschiedene Paraden statt, und zwar sowohl in den Gassen, lautstark begleitet von Trommlercorps, als auch auf den Wasserwegen. Am Samstag vor Rosenmontag findet sogar ein Umzug mit Karnevalswagen statt – für alle, die bereits jetzt Sehnsucht nach den Umzügen im Rheinland verspüren.

So können Sie sich diesen Traum erfüllen

Der Carnevale di Venezia und damit auch die zahllosen Fotomotive klassischer Kostüme vor den Sehenswürdigkeiten der Lagunenstadt sind frei zugänglich und absolut kostenlos. Alle Informationen zum Programm finden Sie auf der offiziellen Seite www.carnevale.venezia.it/en.

Burning Man Festival

Wenn in der Wüste der Mann brennt

BLOCK ROCK DESERT · NEVADA · USA

Einmal im Jahr treffen sich mitten im Spätsommer bei sengenden Temperaturen zigtausend Menschen in der Wüste Nevadas zu einem ganz besonderen Happening: The Burning Man, einst eine kleine Veranstaltung von Späthippies, Künstlern und Selbstdarstellern am Strand von San Francisco, heute ein Megaevent mit Späthippies, Künstlern und Selbstdarstellern.

Kosten	Erlebniswert	Aufwand
💳	★ ★ ★ ★	🔧🔧

Seinen Ursprung hat das alljährliche Spektakel im Jahr 1986, als Larry Harvey aus Kalifornien mit einer Handvoll Kumpels an einem Strand in San Francisco eine Figur aus Holz baute und diese später abbrannte. Im nächsten Jahr waren es mehr Teilnehmer, im Jahr darauf noch mehr – bis eines Tages die Veranstaltung zu groß wurde und die Behörden kurzerhand das Verbrennen der Statue am Strand untersagten.

Also zog man dahin, wo genügend Platz für alle Feierlustigen ist – in die Black Rock Desert im Bundesstaat Nevada. Allerdings reicht selbst hier das Platzangebot längst nicht mehr aus, und so sind die Tickets zur Veranstaltung nicht nur heiß begehrt, sondern bereits

wenige Minuten nach Verkaufsstart restlos ausverkauft. Jedes Jahr strömen mehr als 75.000 Menschen in diese ansonsten trostlose, gottverlassene Gegend.

Die Veranstalter selbst sprechen nicht gern von einem Festival. Denn hier gibt es keine Stände, an denen man Bier und Currywurst-Pommes kaufen könnte. Auch wird kein Unterhaltungsprogramm angeboten – für alles müssen und wollen die Teilnehmer selbst sorgen. Auf diese Weise sind sie auch keine Teilnehmer, sondern werden zu aktiven Gestaltern einer Stadt auf Zeit, in der alles möglich ist und in der sie ihren ganz persönlichen Lebensraum zumindest für einen Augenblick verwirklichen können.

Innerhalb von neun Tagen vor dem amerikanischen Labor Day am ersten Montag im September entsteht auf diese Weise hier in der Wüste die temporäre Black Rock City. Im Halbkreis um das Zentrum dieser Stadt reihen sich Wohnmobile aneinander, die eine gewisse Rückzugsmöglichkeit bieten. Vor allem, wenn der gefürchtete Sandsturm aufkommt, der die kleinen Körnchen in jede Pore weht, von der man zuvor noch gar nicht wusste, dass man sie überhaupt besitzt.

Bevor es aber dazu kommt, seinen Camper irgendwo abstellen zu können, muss man es überhaupt erstmal auf das Gelände geschafft haben. Hierzu werden benötigt: ein Ticket für jede Person, eines für den Wagen und ein Konzept, mit welchem man sich aktiv am Aufbau der Stadt beteiligen möchte. Hier sind im Übrigen der Phantasie keine Grenzen gesetzt, und alle Angebote sind willkommen: Der eine bietet einen Jonglage-Kurs an, der andere erzählt eine Stunde lang Witze auf Hebräisch, und wieder ein anderer kann richtig gut Leute erschrecken.

Außerdem benötigt man Zeit. Viel Zeit. Denn nicht nur die Straßen auf dem Weg in das Wüstencamp sind für mehr als 75.000 Teilnehmer in 20.000 fetten Caravans irgendwie nicht ausgelegt. Und selbst wenn man es bis vor die Tore geschafft hat, dauert es noch immer Stunden, bis Ticketkontrolle und Sicherheitschecks überstanden sind.

Zwar muss man nicht zwangsläufig zum ersten Tag anreisen, aber trotz des limitierten Ticketverkaufs bestraft hier manchmal der Sheriff den, der zu spät kommt. Wenn seine Jungs und Mädels nämlich finden, dass bereits zu viele Menschen da sind, dann sind zu viele Menschen da, und die Tore bleiben geschlossen. Geschlossen bleiben die auch, wenn wieder einmal der Sandsturm über die Wüste fegt. Und das passiert hier nicht gerade selten.

In Black Rock City lebt es sich wie in einer riesigen Kommune. Alles gehört jedem, jedem gehört alles. Hier gilt es, Haut zu zeigen. Und anders als am FKK-Strand in Mecklenburg-Vorpommern können sich die meisten das hier auch erlauben. Zur wahren Augenweide, zum wahren Fest der Sinne machen es aber erst die riesigen Kunstwerke, die entlang der Playa entstehen, über die eigens für den Burning Man konzipierte und in ihrer Form als Piratenschiff oder Krümelmonster an Karnevalswagen erinnernde Vehikel fahren.

An anderer Stelle haben Teilnehmer eine Open-Air-Disco errichtet, in der die Party-People von spät bis früh durchtanzen können.

Über allem thront der Burning Man, eine riesige Statue aus Holz, die am letzten Abend auf spektakuläre Weise abgebrannt wird.

In Black Rock City kann man sich nichts kaufen, mit Ausnahme von Eiswürfeln. Man darf aber auch nichts verkaufen – alles, was hier angeboten wird, ist kostenlos. Allerdings gehört es natürlich zur Etikette und zum guten Ton, dass man nicht nur konsumiert, sondern der Gemeinschaft auch etwas zurückgibt. Auf jeden Fall sollte man ausreichend Getränke und Verpflegung für die Zeit des Aufenthaltes mitnehmen.

Außerdem empfiehlt sich das Mitbringen eines alten Drahtesels, den man dann hübsch verziert und der auf dem doch sehr großen Gelände gute Dienste leistet. Zwar gibt es eine ganze Menge kostenloser Räder, allerdings gehören die der Allgemeinheit und sind bereits weg, wenn man seinen Hintern nur fünf Zentimeter vom Sattel angehoben hat.

So können Sie sich diesen Traum erfüllen

Die Plätze für das alljährliche Wüstenspektakel sind derart heiß begehrt, dass sie bereits wenige Minuten nach Verkaufsstart restlos vergriffen sind. Achten Sie darauf, ausschließlich über die offizielle Webseite zu buchen (www.burningman.org), da die Tickets personalisiert sind und eine unautorisierte Weitergabe die Karten ungültig macht. Denken Sie außerdem daran, dass Sie ebenfalls ein Ticket für Ihren Wagen benötigen.

60

Wellenreiten in der größten Sandwüste der Welt

Deine Spuren im Sand

MOREEB-DÜNE · RUB AL-KHALI · VEREINIGTE ARABISCHE EMIRATE

Rekorde, die die Natur aufstellt, stehen naturgemäß auf wackeligen Füßen. Das gilt insbesondere für das Prädikat »Größte Sanddüne der Welt«, denn meist genügen ein oder zwei Luftzüge, und schon war es das mit dem Rekord. Aber selbst wenn es nur noch die zweitgrößte Sanddüne der Welt ist, dieses Erlebnis ist dennoch etwas ganz Besonderes.

Kosten	Erlebniswert	Aufwand
💳	★★★	🔧🔧

Das Heizen mit allradgetriebenen Fahrzeugen durch die Wüste gehört zu den Hobbys vieler. Vor allem Ansässige der Golfstaaten, die ja mit der Rub al-Khali, dem »leeren Viertel«, die größte Sandwüste der Welt vor ihrer Tür haben, treffen sich gerne am Wochenende mit ihren Freunden, um gemeinsam über die Dünen zu fliegen.

In abgespeckter Form können dies auch Touristen erleben, die einen Ausflug beispielsweise von Dubai aus in die Wüste unternehmen möchten. Das Ziel ist dann meist ein »Wüstencamp« vor den Toren der Stadt, bei dem es ein Buffet mit arabischen Gerichten und zur Unterhaltung Kamelreiten, Henna-Tattoos und Bauchtanz gibt, der in diese Region noch weniger passt als eine Nilkreuzfahrt.

Aber wie so oft gilt auch bei diesem Ausflug: Der Weg ist das Ziel, denn um an das Camp zu gelangen, steigen die Gäste in ein SUV, der in wilder Fahrt querfeldein und spektakulär über jede Düne fliegt wie eine Achterbahn auf Ecstasy.

Dass der Weg vom Camp zurück ins Hotel über eine asphaltierte Straße führt, schmälert zwar das Gefühl der Wüstenromantik – das Camp ist aber sowieso nur das notwendige Übel. Das Surfen über die Dünen jedenfalls ist diesen Touristenulk wert.

Wer nach dieser kleinen Kostprobe Geschmack auf mehr bekommen hat – und die Gefahr besteht durchaus –, der sollte sich aufmachen in Richtung Liwa, gut zweieinhalb Stunden mit dem Auto von Dubai entfernt. In der Nähe der Oasenstadt Muzairi führt eine gut ausgebaute und auch für normale Fahrzeuge geeignete Straße durch eindrucksvolle Sanddünenfelder zur Moreeb-Düne, der höchsten Sanddüne der Rub-al-Khali-Wüste.

Schon von weitem lässt sich erahnen, was hier auf dem Programm steht: Spuren von breiten Reifen haben sich tief in den Sand der riesigen Düne gegraben, mit Zäunen sind auf dem 300 Meter hohen Sandhügel Spuren abgetrennt. Wer hier Einsamkeit sucht, ist verkehrt. Den (nicht ganz ungefährlichen) Spaß teilen sich in den Wintermonaten viele Abenteuerlustige. Im Sommer hingegen, bei Temperaturen von manchmal mehr als 50 Grad Celsius, ist die Gegend fast völlig verwaist.

Schaulustige aus aller Welt verfolgen das im Winter hier ausgetragene Dune Racing, bei dem es nicht nur um Schnelligkeit, sondern auch um präzise Fahrkünste und Reaktionsschnelligkeit geht. Die Teilnehmer heizen mit ihren Allradfahrzeugen und Buggies, aber auch mit Motorrädern die Düne rauf und runter, während es sich die Zuschauer an ihrem Fuße gemütlich machen, Zelte aufbauen und gemeinsam mit Freunden, Familie und anderen Zuschauern grillen.

Deutschland hat Wacken, die Wüste hat Liwa.

So können Sie sich diesen Traum erfüllen

Die Wüste selbst ist natürlich frei und kostenlos zugänglich. Sollten Sie sich abseits der Wege aufhalten und mit Ihrer Karre über die Dünen brettern wollen, tun Sie dies bitte ausschließlich mit einem weiteren Fahrzeug, dass Sie gegebenenfalls aus dem Sand ziehen kann.
Informationen zum Liwa Dune Racing erhalten Sie auf der offiziellen Tourismus-Webseite www.visitabudhabi.ae. Ebenfalls dort erhalten Sie Informationen zu organisierten Ausflügen in die Wüste, ohne selbst fahren zu müssen.

On tour mit dem Shinkansen

Es geht auch ohne Verspätung

TOKIO · JAPAN

Hier in Deutschland genießt man gern einmal das Leben in vollen Zügen. Dass diese dann auch noch oft verspätet ankommen, ist ein dankbarer Witz für jeden Stand-up-Comedian. In Japan läuft das Ganze etwas anders ...

Kosten	Erlebniswert	Aufwand
💳	★ ★ ★	—

Im Land der sprechenden Toilettensitze ist alles durchstrukturiert, und das gilt selbstverständlich erst recht für ihr Vorzeige-Verkehrsmittel Shinkansen. Der Shinkansen ist in etwa vergleichbar mit unserem ICE. Nur schneller. Und pünktlicher. Und organisierter.

Wer sich das Land außerhalb Tokios anschauen und dabei die anderen großen Städte bereisen möchte, wird in jedem Fall in den Genuss einer Fahrt mit dem Shinkansen kommen. Dabei sind sowohl der Ablauf der Vorbereitung der Zugfahrt als auch die

Fahrt an sich im wahrsten Sinne ein Erlebnis, sodass das Zugfahren in Japan als ein Highlight für sich ein eigenes Kapitel in diesem Buch erhalten durfte.

Die Höchstgeschwindigkeit der Shinkansen beträgt 320 km/h. Damit diese auch erreicht werden kann, fahren die Züge auf einem eigenen Schienennetz. Dass man wegen eines vorausfahrenden Bummelzugs seine Geschwindigkeit drosseln muss, ist also nahezu ausgeschlossen.

Allerdings gibt es unter den Shinkansen-Linien auch einige Zugverbindungen, die schneller unterwegs sind, und andere, die eher an jeder Milchkanne halten.

Beim Ticketkauf entscheidet man sich zunächst für die Strecke, dann für die Klasse, in der man reisen möchte. Die Bestuhlung der Standard-Klasse erfolgt in Reihen mit zwei mal drei Sitzen, die Green-Car-Klasse hat mit einer 2x2- Bestuhlung zwei Plätze je Reihe weniger. Insbesondere zu den Hauptverkehrszeiten ist hier zudem wesentlich weniger los als in der Standard-Klasse.

Auf einigen wenigen Linien gibt es dann noch die Erste Klasse mit ausschließlich Fenstersitzen sowie Mahlzeiten und Getränken, sodass man hier beinahe wie im Flugzeug über das Land hinwegfegt.

Wichtig zu wissen ist, dass es einige Linien gibt, in denen ausschließlich mit einer Sitzplatzreservierung gefahren werden darf. Unabhängig davon empfiehlt es sich grundsätzlich, eine solche vorzunehmen, insbesondere, da sie auch im Japan Rail Pass enthalten ist.

Japan Rail Pass

Der Japan Rail Pass ist eine Zeitkarte, mit der man für einen bestimmten Zeitraum beliebig viele Fahrten in den Shinkansen-Zügen unternehmen kann. Dieser Pass ist allerdings ausländischen Touristen vorbehalten und sollte bereits aus dem Ausland vorbestellt werden. Man druckt sich dann einen Voucher aus, den man am Tag seiner ersten Fahrt am Ausgangsbahnhof gegen den Rail Pass eintauscht. Meist lohnt sich der Pass bereits ab zwei Langstreckenfahrten.

An jedem Bahnhof gibt es einen speziellen Abschnitt für die Shinkansenzüge. Um hierhin zu gelangen, benötigt man bereits eine Fahrkarte für das Passieren der Schranken. Am Gleis angekommen, markieren Aufkleber auf dem Boden die exakte Position der Wagennummern. Da der Shinkansen aufgrund der erwähnten Vorliebe

der Japaner für Pünktlichkeit nicht lang wartet, empfiehlt es sich, bereits vor Eintreffen des Zuges den gewünschten Wagenabschnitt aufzusuchen und dort auf den Zug zu warten. Wenn der Zug dann eintrudelt, heißt es – ebenfalls anders als in Deutschland: »Hey, nur nicht drängeln, junger Mann!«

Allerdings hat jede Medaille zwei Seiten. Denn die akkurate Pünktlichkeit der Shinkansen, nach der man tatsächlich seine Uhren stellen kann, wirft manchmal auch seine Schattenseiten auf die Perfektion. Denn eine durchschnittliche Verspätung von schlappen sechs Sekunden kommt natürlich nicht von ungefähr, und so berichten Lokführer hinter vorgehaltener Hand von einem großen Druck, der auf ihnen lastet. Bereits ab einer Verspätung von eineinhalb Minuten drohen ihnen massive Strafen bis hin zum Verlust ihres Arbeitsplatzes. Zum Vergleich: In Deutschland gilt ein Zug als pünktlich, wenn er mit weniger als zehn Minuten Verspätung in den Bahnhof einfährt ...

Dieser Druck, dem die Lokführer in Japan ausgesetzt sind, resultiert dann schon mal in einem verheerenden Unglück, wie etwa im Jahr 2005, als ein mit 580 Passagieren besetzter Zug entgleiste und in ein achtstöckiges Wohnhaus »umgeleitet« wurde. 106 Menschen kamen dabei ums Leben, mehr als 450 wurden verletzt.

Nach diesem Schicksal wurden die Arbeitsbedingungen der Lokführer zwar verbessert, aber noch immer sind diese bestrebt, ihren Zug möglichst pünktlich ankommen zu lassen. Allein schon, um nicht ihr Gesicht zu verlieren.

So können Sie sich diesen Traum erfüllen

Den Japan Rail Pass erhalten Sie über die offizielle Webseite www.japanrailpass.net/de. Informationen zum Zugverkehr einschließlich der Shinkansen-Verbindungen finden Sie auf der Seite https://global.jr-central.co.jp/de.

62

Zu Gast auf einer indischen Hochzeit

Vermählung in groß und lang

NEU-DELHI · INDIEN

Indische Hochzeiten gelten als besonders far-benfrohe und opulente Ereignisse, die sich über mehrere Tage erstrecken und zu denen mehrere hundert Gäste eingeladen werden. Wenn Sie schon immer einmal Gast auf einer solch außerge-wöhnlichen Hochzeitsfeier sein wollten, ist dieses Angebot genau das richtige für Sie! Und wenn Sie Glück haben, ist die Braut oder einer der Gäste sogar ein richtiger Bollywood-Star.

Kosten	Erlebniswert	Aufwand
💳	★★★★	🔧🔧🔧

Eine indische Hochzeit gilt als äußerst farbenfroh, rau-schend und hysterisch. Und das, obwohl im Hinduis-mus die arrangierte Ehe üblich ist. Noch heute suchen oft die Eltern den für ihr Kind geeigneten Ehepartner aus, der derselben Bevölkerungsschicht und Kaste an-gehören muss. Nur selten widersetzen sich die Kinder dieser Tradition.

Stehen die Partner fest, entscheidet ein speziell für die beiden erstelltes Horoskop, ob sie wirklich zueinander passen. Fällt es günstig aus, sind auch die letzten Zweifel beseitigt und die umfangreichen Vorbereitungen in den beiden Familien beginnen. Der genaue Hochzeitstermin wird ebenfalls mit Hilfe eines Horoskops bestimmt.

Brauchtum und Ritual

Das festliche Ritual der traditionellen Trauung hat seine eigene Bedeutung und darf keines-falls abgewandelt werden. Die Feierlichkeiten finden in der Regel im Hause der Braut statt, in dessen Innenhof ein prächtig ausgestat-teter Pavillon aufgebaut ist, der durch einen Vorhang in zwei Bereiche geteilt ist. Braut und Bräutigam betreten den Pavillon von unter-schiedlichen Seiten und nehmen rechts und links vom Vorhang Platz. Während der Pandit heilige Verse rezitiert, wird der trennende Vorhang langsam zur Seite geschoben, und Braut und Bräutigam sehen sich oft erst jetzt zum allerersten Mal. Der Brautvater übergibt daraufhin seine Tochter dem Bräutigam, der ihm verspricht, sie als Frau zu ehren und treu zu ihr zu stehen. Als wichtigster Teil des Ritu-als schreiten beide mit zusammengeknoteten Kleidern sieben Mal um ein bereitstehendes heiliges Feuer, anschließend besprenkelt der Pandit das Paar nun mit Weihwasser.
Nun kann das häufig – je nach Vermögen der Brauteltern – mehrere Tage dauernde, rauschende Fest, während dem das Paar meh-rere Stunden auf einem Podest sitzt, endlich beginnen.

Auch Sie können an einer solchen indischen Hochzeit teilnehmen – bei Privatleuten reicht es bereits, wenn Sie ein Gastgeschenk zwischen 1.001 und 10.001 Rupien (entspricht etwa 20 bis 200 Euro) mitbringen, bei Bollywood-Stars müssten Sie etwas tiefer in die Tasche greifen.

Eine gute Vorbereitung auf die zu erwartenden Ereignisse, die Dos & Don'ts auf einer indischen Familienfeier und eine intensive Einführung in den Hinduismus empfehlen sich genauso wie ein Einkaufsbummel über die Hochzeitsgasse in Old Delhi, wo Sie alle Utensilien für die Feier kaufen können.

Um abgesehen von der Hautfarbe nicht besonders auf der Hochzeit aufzufallen, gehören ein Sari mit pompösem Leihschmuck für die westliche Dame und ein *Punjabi Suit* mit Turban für den Herrn zur Grundausstattung. Als Gastgeschenk reichen oft bereits zwei bis drei Kilogramm indischer Süßigkeiten und ein dezenter Umschlag mit einer dem Gastfamilienstand angemessenen Geldsumme, die am Ende immer auf 1 Rupie gerundet werden sollte (RS 1.001, RS 5.001 oder auch mal RS 10.001 bei Upper-Class-Familien).

Wenn die großen Stars und Sternchen aus Bollywood heiraten, darf es schon mal etwas teurer werden. Solche exklusiven Einladungen sind heiß begehrt und nur schwer zu ergattern, aber nicht ausgeschlossen.

Mit Kosten für eine siebentägige Reise inklusive Flug, Unterkunft, Hochzeitsausstattung für eine Promihochzeit und individueller Betreuung muss mit bis zu 10.000 Euro pro Person gerechnet werden. Die Teilnahme an einer indischen Hochzeit einer Durchschnittsfamilie ist wesentlich günstiger und bereits ab 3.000 Euro inklusive aller Reisekosten zu haben.

Die Wahrscheinlichkeit, beim Schlendern durch die Straßen Mumbais auf eine Hochzeitseskorte zu stoßen, an die man sich gleich und spontan anschließen kann, ist erwartungsgemäß eher gering. Es gibt aber mittlerweile einige Reiseveranstalter, die sich auf die Vermittlung solch besonderer Events spezialisiert haben.

So können Sie sich diesen Traum erfüllen

Informationen über anstehende Hochzeiten sowie die Registrierung als offizieller Gast erfolgt über die Plattform Join My Wedding (www.joinmywedding.com).

Funfact am Rande

Vermutlich liegt die Tradition, die Geldbeträge auf eine 1 enden zu lassen, darin begründet, dass die Zahl 1 für das Unteilbare steht und somit natürlich genau das richtige Symbol für die Ehe des Hochzeitspaares darstellt.

Besuch einer Schmiede von Luxuswagen

Zu Gast bei Enzo Ferraris Erben

MARANELLO · ITALIEN

Der Besuch bei einem Autokonstrukteur ist immer ein besonders Erlebnis, wenn man nicht gerade selbst bei VW, Audi oder Mercedes arbeitet. Aber selbst für Menschen, die in die Produktionsabläufe eingeweiht sind, ist der Besuch einer Schmiede von Luxuswagen ein ganz besonderer Traum.

Kosten	Erlebniswert	Aufwand
🎫🎫🎫🎫🎫	★★★	🔧🔧🔧

Komplett in die Karten lässt sich natürlich kein Automobilhersteller schauen. Viel zu groß ist die Angst, dass das allerneueste Modell in Fernost für weniger als die Hälfte des Preises angeboten wird. Und so folgt auch der Besuch einer Nobelschmiede strikten Regeln, vermittelt aber dennoch einen allumfassenden Einblick in die Produktion.

Maranello ist ein beschauliches Örtchen in der Emilia-Romagna mit knapp 18.000 Einwohnern, von denen die meisten beim größten Arbeitgeber der Stadt zu arbeiten scheinen. Zumindest hat man diesen Eindruck, wenn man zur Mittagszeit durch den Ort schlendert, der sich ohnehin gänzlich der Marke Ferrari verschrieben hat. Unzählige Männer mit roten Overalls laufen durch die Straßen und verbringen ihre Pause in einem der Cafés. Dafür, dass sie eigentlich an Autos herumwerkeln, sieht ihre Arbeitskleidung erstaunlich sauber und gepflegt aus.

Und dieser Eindruck bestätigt sich auch innerhalb des Werkes. Die riesige Halle in strahlendem Weiß wird von großen Kübeln mit noch größeren Grünpflanzen in verschiedene Abteilungen getrennt. Dies vermittelt eine angenehme und irgendwie entspannende Atmosphäre. Der weiße Boden ist picobello – blitzblank und fast schon steril wie in einem Krankenhaus.

Die kleine Gruppe Auserwählter schlängelt sich von Abteilung zu Abteilung und erfährt auf diese Weise alles über die jeweiligen Schritte von der Idee über die Planung bis hin zur Fertigstellung des Wagens. Angefangen von der Karosserie bis hin zur Lackierung und dem letzten Feinschliff im Innenraum. Zwar übernehmen auch hier Roboter gefährliche oder zeitfressende Arbeitsschritte, aber ein großer Teil der Produktion erfolgt in Handarbeit.

Außerhalb der Produktionshalle führt die Tour dann zum Windkanal, und hin und wieder dreht auf dem Firmengelände ein soeben fertig gestellter Wagen seine ersten Proberunden.

Funfact am Rande

Maranello hat zwei Ehrenbürger. Den Firmengründer und Grund dafür, dass außerhalb Norditaliens überhaupt jemand von Maranello gehört hat: Enzo Ferrari. Und Michael Schumacher, der bislang erfolgreichste Fahrer für den Rennstall Scuderia Ferrari.

Nicht nur der Name transportiert einen gewissen Hauch von Exklusivität, auch die Führung durch das Werk ist durchaus exklusiv. So ist die Buchung einer solchen beispielsweise nur über einen Ferrari-Händler möglich.

Neben akkreditierten Fachjournalisten ist sie ansonsten Mitgliedern internationaler Ferrari-Clubs vorbehalten, die hin und wieder eine Reise nach Maranello für ihre Mitglieder anbieten. Um in einen solchen Club aufgenommen zu werden, muss man allerdings bereits einen Ferrari besitzen. Oder jemanden kennen, der einen besitzt und noch eine Begleitung sucht.

Extra-Tipp für Sparfüchse

Auch ohne einen italienischen Sportwagen in der Garage können Sie es trotzdem auf das Fabrikgelände schaffen: Das Ferrari Museum in Maranello bietet eine Bustour zum berühmten Fiorano Track und über das Fabrikgelände.

So können Sie sich diesen Traum erfüllen

Informationen zum Museum unter www.ferrari.com/en-EN/museums/ ferrari-maranello sowie zur buchbaren Factory Tour unter www.ferrari.com/en-EN/ museums/factory-tour.

64

Auf einem Hausboot durch Indiens Backwaters

Spreewald in groß

KERALA · INDIEN

Ein Erlebnis der ganz besonderen Art nicht nur für die Kelly Family findet der Reisende, der sich nach Indiens Bundesstaat Kerala aufmacht. Der Name dieses im Südwesten des Landes gelegenen Staates bedeutet »Land der Kokospalme«. Auf einer Fahrt über die legendären Backwaters lässt sich erahnen, warum.

Kosten	Erlebniswert	Aufwand
🔲🔲	★ ★ ★	🔧🔧

Die Backwaters sind ein für Kerala typisches, weit verzweigtes Netz aus Seen, Flüssen und Kanälen, die auf einer Fläche von 1.900 Quadratkilometern einen Großteil des Staates durchziehen. Noch heute werden die Flüsse und Kanäle wie bereits seit Hunderten von Jahren als Handels- und Verkehrswege genutzt. Seit einiger Zeit allerdings hat man den Reiz dieser Landschaft auch für den Tourismus erkannt und bietet Bootsfahrten an, die von einigen Stunden bis hin zu mehreren Tagen dauern können.

Um einen tieferen Eindruck dieses Flusssystems und den Menschen, deren Lebensgrundlage es ist, zu gewinnen, empfiehlt sich eine mehrtägige Fahrt auf einem der für die Region typischen Hausboote, die den traditionellen Handelsbooten Kettuvallams nachempfunden sind. Ursprünglich wurden hiermit Reis oder Gewürze von A nach B transportiert. Und heute Touristen, meistens im Rahmen einer Rundfahrt durch einen Teil des Gewässersystems, also von A nach A.

Heute ausschließlich für den äußerst lukrativen Tourismus gebaut, werden die Boote immer noch auf traditionelle Weise aus Holz und Bambus gefertigt, und zwar ohne einen einzigen Nagel zu verwenden.

Um auf Nummer sicher zu gehen, vor allem in der touristischen Hauptsaison, sollte man die Fahrt auf einem Hausboot bereits vorab reservieren. Allerdings muss man sich dann auf die Bilder im Hochglanzprospekt oder im Hochglanzinternet und die zahlreichen Bewertungen dort verlassen, von denen man aber nie so wirklich weiß, ob sie nicht vom Schwager des Bootsbesitzers geschrieben wurden.

Oder man riskiert es und schaut sich beispielsweise in Kollam das Angebot an. Hier liegen die Hausboote in den frühen Morgenstunden dicht an dicht und werden für die Touristen aufgefrischt. So ein Risiko lohnt sich aber freilich nur für den, der genügend Zeit mitgebracht hat, denn es ist trotz des großen Angebots nicht garantiert, dass das auserkorene Lieblingsboot ad hoc zur Verfügung steht.

Hat man sich dann aber für eines entschieden, kann der eigentliche Urlaub beginnen. Auf dem Boot selbst muss man sich um nichts mehr kümmern – das Steuern übernimmt der Kapitän, in der Kombüse schwingt der Smutje bereits den Kochlöffel, und das Zimmermädchen hat die Kabine schon für die Nacht hergerichtet.

Nichts Neues, sagt der Aida-Fan, hatten wir bei unserer Tour durch die Karibik auch. Sicher, nur hat man hier das ganze Boot und die gesamte Crew für sich allein! Dafür beschränkt sich allerdings das Abendprogramm auch auf den Sonnenuntergang im Schaukelstuhl.

In der Regel erfolgt das Boarding gegen Mittag, und nach ein paar Stunden Schippern und diversen Mahlzeiten ankert das Boot dann an einem See, wo man in aller Ruhe die Nacht verbringt. Nur hier und da durchbricht das Geräusch eines Eisvogels die nächtliche Stille. Oder war es ein Ceylon-Froschmaul?

So können Sie sich diesen Traum erfüllen

Ein Hausboot reservieren können Sie über die gängigen Buchungsplattformen im Internet (Stichwort »Kerala Backwaters House Boat«) sowie in jedem guten Reisebüro.

65

Wüstengolf

Sand und Schweiß und Hole-in-One

VEREINIGTE ARABISCHE EMIRATE
BAHRAIN
OMAN

Wem Golfen zu wenig schweißtreibend ist und wem das ganze Grün schon in den Augen schmerzt, der sollte einmal auf einem Wüstenplatz spielen. Der Abschlag, das Fairway, das Grün – alles aus Sand. Das einzige bisschen Grün bei einer Runde Wüstengolf ist eine kleine, grüne Fußmatte, von der der Spieler den Ball schlagen darf.

Kosten	Erlebniswert	Aufwand
💳	★★★	🔧🔧

Die Idee ist ebenso außergewöhnlich wie naheliegend: Warum sollte man mitten in der Wüste Tausende von Euro ausgeben, um einen Golfplatz zu pflegen? In einem Land, in dem das Wasser ohnehin knapp ist und als Luxusgut teurer gehandelt wird als der Sprit für das Auto? Warum sollten hektargroße Teile der Wüste mühsam rekultiviert und zu sattgrünen Parks umgestaltet werden?

Die meisten Golfplätze sind allerdings auch in den Staaten, in denen Wüste eigentlich die vorherrschende Landschaftsform ist, trotzdem grün und nett und ordentlich angelegt, wie wir sie gewohnt sind. Wer aber einmal bei 40 Grad im Schatten ohne Schatten in der Wüste eine Runde über einen Sandplatz gedreht hat, der weiß auch, warum das so ist.

Einige der Golfplätze, vor allem in den Golfstaaten, rühmen sich, ein Championship-Platz zu sein. Also ein solcher, der den Regularien genügt, ein internationales Turnier austragen zu können. Und einige sind sogar Austragungsorte eines oder mehrerer solcher Turniere. Das geht aber nur, wenn tatsächlich auf Gras gespielt wird und nicht auf Sand.

Außerdem ziehen schöne Plätze natürlich auch zusätzliche Touristen an und spülen damit weitere Devisen ins Land. Auch hier können Wüstenplätze zugegebenermaßen nicht mithalten. Dennoch ist es aber gerade das Außergewöhnliche, das das Spielen auf Sandbahnen zu etwas Besonderem macht und das ein Golfer durchaus einmal erlebt haben sollte.

Aus eigener Erfahrung möchte ich aber dringend davon abraten, die Sommermonate hierfür zu nutzen. Zwar hat man dann die Anlage tatsächlich komplett für sich allein. Aber bei den dann vorherrschenden Temperaturen ohne jedweden Schatten achtzehn Bahnen zu ziehen, lässt das Herz im wahrsten Sinne höher schlagen.

Wenn man vom Abschlag nicht unmittelbar auf das Braun (das heißt hier wirklich so) gelangt (was zwangsläufig der Fall sein dürfte, wenn man nicht gerade Langer, Kaymer oder Woods heißt), landet der Ball zwangsläufig im Bunker. Denn, noch einmal zur Erinnerung: Der ganze Platz ist ein einziger riesiger Bunker. Bis auf die paar Stellen mit zusätzlichem Hindernis: Die eine Bahn durchzieht ein in der Sommerhitze ausgetrockneter Bach, und zwei weitere teilen sich einen kleinen Teich, sicherlich das Grab so manchen Golfballs. Zwei aus meiner Tasche ruhen dort ebenfalls in Frieden.

Wenn der ganze Platz ein riesiger Bunker ist ... ▶

Hat man es dann irgendwie geschafft, seinen Ball in Sichtweite des Brauns zu bekommen, steht die nächste Herausforderung ins Haus. Das Braun ist nämlich, warum auch immer, ein kreisrunder Teller mit einem Durchmesser von, sagen wir, etwa sechs Metern, der um etwa einen Meter erhöht ist. Schlägt man den Ball nun zu fest, kullert er auf der anderen Seite wieder herunter. Schlägt man ihn zu sanft, kullert er auf dieser Seite wieder herunter.

So oder so, am Ende der Runde hat man sich die Dusche wirklich verdient, dafür hat das Bier am 19. Loch nie besser geschmeckt.

So können Sie sich diesen Traum erfüllen

Echte Wüstengolfplätze, wie hier beschrieben, gibt es unter anderem in Sharjah, Abu Dhabi, Bahrain und im Oman. Informationen und Reservierung der Tee-Time unter

Sharjah
www.sharjahwanderersssc.com/about/golf
Abu Dhabi
www.alghazalgolfclub.ae
Bahrain
www.awaligolfclub.com
Oman
www.dunesbyalnahda.com
(Golfplatz ist einem Hotelresort angeschlossen)

Auf Ballonsafari gehen

Den Zebras beim Frühstück zuschauen

MASAI MARA · KENIA

Eine Fahrt in einem Ballon ist unabhängig vom Ort ein unvergessliches Erlebnis. Aus dem Korb betrachtet, der scheinbar schwerelos und lautlos durch die Lüfte schwebt, wirkt selbst das Ruhrgebiet wie das Paradies auf Erden. Ein absoluter Hammer wird die Ballonfahrt aber, wenn man sie mit der Beobachtung von Tieren verbindet.

Kosten	Erlebniswert	Aufwand
💳💳	★★★	🔧🔧

Völlig geräuschlos gleitet er dahin. Hin und wieder durchbricht die Stille das kurze Zischen des Propangas-Brenners, der dem Ballon wieder etwas mehr Auftrieb verschafft.

Der Korb ist offen, und das Geländer reicht mir in etwa bis zur Brust. Hier oben über der Masai Mara bei meiner ersten Ballonfahrt stellt sich zum ersten Mal das Gefühl ein, wirklich zu fliegen – obwohl man ja streng genommen fährt. Frei wie ein Vogel spüre ich den frischen Morgenwind, und langsam traue ich mich, meinen Blick nach unten zu richten, wo eine Herde Zebras gemütlich ihr Frühstück einnimmt, als wären wir gar nicht da.

Und das ist ja auch gerade das Schöne an dieser Form der Safari – neben dem reinen Flugerlebnis an sich. Die Tiere hören den Ballon nicht, die Tiere sehen den Ballon nicht. Also ist der Ballon für die Tiere auch gar nicht da.

Anders bei einer gewöhnlichen Safari in einem knatternden Jeep, der sich den Tieren bereits aus einer Entfernung von mehreren Kilometern ankündigt und viele Tiere bis zum Eintreffen der Safarigänger restlos verscheucht.

Die Ballonsafari beginnt in den frühen Morgenstunden, und noch früher wird man hierzu von seiner Lodge oder seinem Hotel abgeholt. Im Jeep geht es dann zum Startplatz, wo bereits ein großer Haufen Stoff ausgebreitet zurechtgelegt wurde. Während der Stoff langsam mit heißer Luft gefüllt wird, steigt die Vorfreude ins Unermessliche.

Beim näheren Betrachten ist der Korb größer als man ihn sich vorgestellt hat, und beim Hineinklettern wird deutlich, dass auch das Geländer höher ist, als zunächst angenommen. Bevor es losgeht, gibt es eine Sicherheitseinweisung – gefolgt von dem Hinweis, dass nicht immer eine wirklich sanfte Landung garantiert werden kann.

Und schon geht sie los, die wilde Fahrt. Die Seile, die den Korb bislang noch an seiner Position hielten, werden gelöst, und nach einemm leichtem Hin-und-her steigt man langsam und gemütlich in die Lüfte. In einer Höhe, aus der man einen guten Überblick über die Steppe hat und trotzdem die Tiere noch gut erkennen kann, startet die Fahrt über die Masai Mara.

**So können Sie sich
diesen Traum erfüllen**

Viele mehrtägige Safaris beinhalten eine Ballonsafari als einen Baustein. Anderenfalls lässt
sich ein solches Event bei den meisten Safari-
Veranstaltern auch vor Ort dazu buchen. Oder
Sie buchen dieses Erlebnis als Halbtagesaus-
flug mit Abholung von Ihrem Hotel aus.

Sich im Polospielen probieren

Ballsport de luxe

DÜSSELDORF, FRANKFURT AM MAIN, SULZBACH AM MAIN, HAMBURG · DEUTSCHLAND

Noch vor einigen Jahren galt Golf als elitär, und wer zeigen wollte, dass er irgendwie dazugehörte, brauchte eine Mitgliedschaft in einem angesagten Club. Auch heute noch werden mancherorts bei einer Runde über dem Platz so manche Geschäfte besiegelt und neue geschäftliche Kontakte geknüpft. Trotzdem erging es dem Golf inzwischen wie einst dem Tennis: Die Sportart von Wenigen ist zu einem Breitensport geworden. Wer heutzutage noch in seinem elitären Business-Club auffallen möchte, muss sich da schon eine andere Sportart einfallen lassen.

Kosten	Erlebniswert	Aufwand
▬▬▬▬	★★★	⚒⚒⚒⚒

Das Exklusivste am Polosport ist vermutlich die Tatsache, dass man hierfür ein Pferd benötigt, dessen Anschaffung allein, und wir reden gar nicht erst von den laufenden Kosten für Unterkunft, Verpflegung, medizinische Versorgung und so weiter, das Budget für die Ausrüstung eines Fußballers leicht übersteigen dürfte. Aufgrund des Wettkampfcharakters kann man für den Polosport auch nicht irgendeinen ausgemusterten Zirkuszossen oder altes Brauereipferd nehmen. Für den Einsatz als Polopferd kommen in der Regel nur speziell hierfür gezüchtete, muskulöse Tiere in Betracht, die über eine Ausdauer, Schnelligkeit und Wendigkeit verfügen.

Funfact am Rande

Das Pferd an sich ist ein scheues Fluchttier, das seinen Reiter spätestens dann von seinem Rücken schmeißen und in die Walachei losrennen würde, wenn er ständig mit seinem Schläger um den Kopf des Pferdes herumwirbelt. Polopferde allerdings müssen das ganz gelassen mit sich machen lassen.

Zur Ausrüstung des Spielers gehören ein spezieller Helm, der breiter ist als ein gewöhnlicher Reithelm und eher an einen Tropenhelm erinnert, Knieschoner aus Leder und Polostiefel aus demselben Material. Und natürlich ein Schläger aus gewöhnlichem Holz und Bambus.

Das Pferd trägt gerne einen speziellen Sattel mit Sicherheitsgurt, Gamaschen als Beinschutz und einen zu einem Pferdeschwanz gebundenen Pferdeschwanz.

Das Spiel bestreiten zwei Mannschaften mit jeweils vier Spielern, die hoch zu Ross versuchen, einen kleinen Kunststoffball mit dem Schläger in das gegnerische Tor zu befördern.

Aufzeichnungen belegen, dass Polo bereits um 600 vor Christus gespielt wurde. Seinen Ursprung fand das Spiel in einer Region, in der heute der Iran, Afghanistan und Pakistan liegen.

Eine wesentliche Voraussetzung für Polo ist also das Reiten. Da ich in meinem Leben ja schon genau einmal auf einem Pferd gesessen hatte, nämlich als Fünfjähriger auf der Kirmes, war ich also bestens vorgebildet, um mich an dieses Abenteuer zu wagen.

Tatsächlich gibt es Poloclubs, die eine Schnupperstunde anbieten, ohne dass man dafür selbst ein Pferd oder zumindest eine Reitbeteiligung besitzen muss. Todesmutig habe ich mich genau zu so einer Probestunde durchgerungen. Und da ich die erste Stunde bereits damit verbracht habe, überhaupt erst einmal auf das Pferd zu kommen – das doch höher war, als zunächst angenommen – wurde aus der Probestunde ein ganzer Probenachmittag.

Bis zu diesem Zeitpunkt war ich überzeugt davon, dass ich keine Höhenangst habe. Achterbahnen machten mir noch nie etwas aus, sechs Jahre in 500 Metern Höhe über der Stadt zu leben noch weniger. Aber hier, auf dem Rücken meines Vollblüters, sah die Geschichte mit einem Mal ganz anders aus. Eine richtige Entspannung wollte sich bei mir auch nach der dritten Runde Trab über den Acker nicht einstellen. Als ich dann auch noch eine Hand vom Zügel loslassen sollte, um den Schläger in die Hand zu nehmen, verkrampfte ich vollends.

Ob der Muskelkater, der mich noch eine Woche an mein außergewöhnliches Erlebnis und für mich sicherlich wahrhaftiges »Once in a Lifetime«-Event erinnern sollte, aus meiner reinen Anspannung herrührte oder aus dem intensiven Sporterlebnis, vermag ich heute nicht mehr zu entscheiden.

So können Sie sich diesen Traum erfüllen

Informationen über Polo-Clubs in Ihrer Nähe erhalten Sie auf der Webseite des Deutschen Polo-Verbands: www.dpv-poloverband.de. Dort werden Sie sicherlich einen Club in erreichbarer Nähe finden, bei dem auch Sie eine Probestunde absolvieren dürfen.

In echt war es viel schneller und gefährlicher. ▶

68

Mit Orang-Utans frühstücken

Nichts ist unmöglich

SINGAPUR

Orang-Utans kommen in den Regenwäldern Borneos und Sumatras vor. Während man sie dort auf einer Safari mit Glück in ihrem Lebensraum beobachten kann, werden sie sich nicht zum Frühstück dazu gesellen. In Singapur und auf Bali aber schon ...

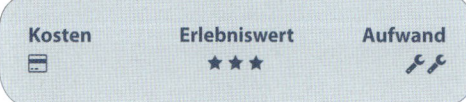

Kosten	Erlebniswert	Aufwand
💳	★ ★ ★	🔧🔧

Sicherlich ist die Beobachtung von Tieren in deren natürlicher Umgebung jederzeit vorzuziehen und ein ganz besonderes Erlebnis ohne menschliches Zutun. Dennoch kann auch das gemeinsame Frühstücken mit Orang-Utans ein besonderes Erlebnis werden, wenn dies auch nicht in freier Wildbahn, sondern in einem Zoo stattfindet. Genauer dem Singapore Zoo.

Orang-Utans gehören zu den Primaten und erreichen eine Größe von bis zu eineinhalb Metern. Ihr Fell ist rotbraun und wirkt meist etwas zottelig, was ihr knuffiges Erscheinungsbild unterstreicht. Ihre Nachkommen verbleiben bei der Mutter für sieben Jahre, in denen sie spielerisch lernen, im Regenwald zu überleben und eine eigene Familie zu gründen. Orang-Utans können in Freiheit bis zu 40 Jahre alt werden, in Gefangenschaft sogar bis zu 60 Jahre. Sie ernähren sich vorwiegend vegetarisch durch Früchte, Blätter, Baumrinde – und manchmal das eine oder andere Insekt als Leckerchen.

Bei Aktivitäten, die wilde Tiere beinhalten, ist es immer angebracht, auf das Wohl der Tiere zu achten, ob sie artgerecht untergebracht sind und jederzeit eine Rückzugsmöglichkeit haben, wenn sie einmal die Schnauze voll von ihren Besuchern haben. Zwar werden die Orang-Utans vom Zoowärter nicht zuvor gefragt worden sein, ob sie Lust auf ein Leben hinter Gittern hätten. Allerdings bietet ihre Unterbringung in einem Zoologischen Garten die Möglichkeit, diese vom Aussterben bedrohte Spezies vor weiteren Eingriffen in ihren Lebensraum wie etwa durch illegale Jagd zu beschützen und sie vor dem tatsächlichen Aussterben zu bewahren.

Die Gehege im Singapore Zoo sind groß genug und ermöglichen eine artgerechte Haltung. Außerdem werden die Primaten gepflegt und gut versorgt, sodass es ihnen an nichts fehlt. Außer der Freiheit natürlich.

Eine besondere Art der Fütterung der Orang-Utans haben sich einige Zoologische Gärten ausgedacht. Da die Tiere wie die meisten Menschen tagaktiv sind, könnten beide Säugetiere doch zumindest eine Mahlzeit am Tag gemeinsam einnehmen. Während die sprechenden Säugetiere in einem offenen Restaurant am Orang-Utan-Gehege Platz nehmen und sich an einem Frühstücksbuffet bedienen, erhalten die Orang-Utans direkt nebenan ebenfalls ihr Frühstück und beobachten, auf einem Ast sitzend, die menschlichen Wesen. Und umgekehrt.

Aufgrund der begrenzten Sitzplatzkapazität und des großen Interesses muss dieses Erlebnis auf jeden Fall reserviert werden. Bereits bei der Anmeldung empfiehlt es sich, den bevorzugten Tisch anzugeben. Zwar sieht man die Primaten gut von allen Tischen des Restaurants, aber das echte Gefühl, tatsächlich gemeinsam mit ihnen gefrühstückt zu haben, stellt sich nur von jenen Tischen ein, die in erster Reihe zum Gehege aufgestellt sind.

So können Sie sich diesen Traum erfüllen

Alle wichtigen Details zu den Orang-Utans sowie zu diesem Event erhalten Sie auf der Seite des Singapore Zoo (www.wrs.com.sg/en/singapore-zoo/animals-and-zones/orangutan.html). Hier können Sie sich gleich Ihren Platz am Frühstückstisch reservieren.

69

Übernachten im luxuriösesten Hotel der Welt

Hier wird die Seele aufgepimpt

DUBAI · VEREINIGTE ARABISCHE EMIRATE

Das andere Traumhotel der Welt, das mit dem Emirat Dubai verbunden ist wie sonst kein anderes Bauwerk und das dafür gesorgt hat, dass man Dubai als Reiseziel ernst nehmen muss, ist das vermeintlich luxuriöseste Hotel der Welt und das legendärste Dubais. Herzlich willkommen im Burj Al Arab.

Kosten	Erlebniswert	Aufwand
▦▦▦	★ ★ ★	—

Schon von weitem sichtbar wirkt das einst höchste Gebäude Dubais heute eher beschaulich klein, verglichen mit den Hochhäusern der Superlative in der Marina oder in Downtown. Aber noch heute thront seine dem Segel einer traditionellen emiratischen Dhau nachempfundene Silhouette als eines ihrer Wahrzeichen über der Stadt.

Das Gebäude befindet sich auf einer eigens dafür angelegten, künstlichen Halbinsel etwa hundert Meter vor der Küste Dubais, verbunden mit dem Festland durch eine Brücke, deren Zugang – Sie ahnen es schon – strengstens kontrolliert und nur nachweislichen Gästen des Hotels ermöglicht wird. Und den Bediensteten.

Selbstredend werden nach dem Vorfahren (»Welcome to Burj Al Arab«) wieder Koffer und Autoschlüssel abgenommen, und kurz nach Betreten des Etablissements fällt einem glatt die Kinnlade runter.

Aufgepasst: Es gibt nur einen ersten Moment für alles im Leben, also jetzt unbedingt alle Sinne auf Empfang stellen und die interne Festplatte einschalten. Eine pompöse Lobby in Gold, Blau und Rot verschlägt wohl jedem die Sprache. Die einen, weil sie es zu kitschig finden, die anderen, weil sie total begeistert sind von dieser totalen Demonstration des reinsten Luxus. Ich für meinen Teil würde den Eingangsbereich meiner Wohnung nicht so gestalten – so ich denn jemals in die Verlegenheit kommen könnte.

Auch hier wurden wir beim Einchecken wieder unserem ganz persönlichen Butler vorgestellt, der sich – Sie wissen es schon – für unser ganz persönliches Wohl während der Tage unseres Aufenthaltes verantwortlich zeichnet. Dass wir eine Suite bekommen, ist kein Zufall, im Burj Al Arab gibt es ausschließlich Suiten, die sich jeweils auf zwei Etagen erstrecken. Unten ist das Arbeitszimmer (falls jemand während seines Urlaubs noch mal eben schnell den Börsengang seines Unternehmens vorbereiten möchte) und das Wohnzimmer, oben das elegant eingerichtete Schlafzimmer. Allesamt mit einem unvergleichlichen Blick – entweder Richtung Marina und Palme oder nach Downtown mit »dem anderen Burj« in der Mitte.

Zu den Annehmlichkeiten gehören verschiedene Restaurants, unter anderem eines, das geschickt simuliert, es sei Unterwasser, mehrere Bars, fünf Swimmingpools und ein Privatstrand. Eigentlich möchte man das Hotel während seines Aufenthaltes gar nicht verlassen, viel zu viel gibt es alleine hier zu entdecken. Zu den Vorzügen eines Aufenthaltes zählt aber auch der freie

Eintritt in den benachbarten Wild Wadi Wasserpark mit wilden und ruhigen Flusslandschaften, auf denen man sich in einem Gummireifen treiben lassen kann, Wellenbad und zahlreichen Riesenrutschen. Nicht nur für Kinder eine tolle Abwechslung ...

Eine ganz besondere Form der Anreise lässt einen Aufenthalt im Burj al Arab wohl noch luxuriöser werden, als er ohnehin schon ist. Hoch oben ist nämlich eine Landeplattform für Hubschrauber eingerichtet. Nicht nur Superstars nutzen diese außergewöhnliche Form der Anreise.

Extra-Tipp für Sparfüchse

Wer einmal in den Genuss kommen möchte, dieses atemberaubende Hotel von innen zu sehen und sich auch von Glanz, Gloria und Prunk umhauen zu lassen, der muss nicht zwangsläufig eine der Duplex-Suiten für weit mehr als 1.000 Euro die Nacht mieten. Auch die Einrichtungen dieses Hotels empfangen Tagesgäste von auswärts, und so ermöglicht eine verbindliche Reservierung für eines der Restaurants oder eine Bar den ungehinderten Zugang. Allerdings wird hierbei ein Mindestverzehr fällig – zu zehnt kommen und sich ein stilles Wasser teilen, funktioniert hier leider nicht.

So können Sie sich diesen Traum erfüllen

Einen Aufenthalt im legendären Burj Al Arab buchen Sie entweder über die gängigen Buchungsplattformen, im Reisebüro oder direkt auf der Hotelwebseite www.jumeirah.com/de/hotels-resorts/dubai/burj-al-arab. Hier können Sie auch einen Tisch für den Nachmittagstee reservieren, um ganz ohne Übernachtung Zugang zum Hotel zu erhalten. Die stilvolle Anreise mit dem Helikopter arrangiert der Concierge für Sie, erreichbar per E-Mail unter baaconcierge@jumeirah.com.

70

Volkslauf auf einer Formel-1-Piste

Grand Prix mit einer PS

ABU DHABI · VEREINIGTE ARABISCHE EMIRATE
SPA · BELGIEN
NÜRBURGRING · DEUTSCHLAND

Permanente Rennstrecken öffnen unterjährig außerhalb des Rennwochenendes die Türen für andere Veranstaltungen, von denen die meisten in irgendeiner Form etwas mit Motorsport zu tun haben. Manche Rennstrecken bieten aber auch vollkommen unmotorisierte Erlebnisse an.

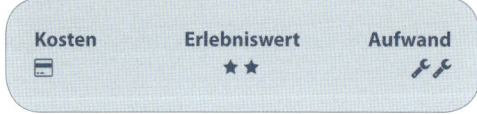

Kosten	Erlebniswert	Aufwand
	★ ★	🔧🔧

Ein solches Erlebnis ist beispielsweise die Öffnung der Rennpiste für Fußgänger. Während die Strecke von manchen Straßenpisten wie etwa dem Großen Preis von Aserbaidschan in Baku unmittelbar nach dem freien Training am Freitag für das Publikum geöffnet wird, das sich dann zu Fuß oder auf dem Fahrrad einen ganz konkreten Eindruck von den zum Teil recht engen Kurven verschaffen kann, bleiben die permanenten Rennstrecken in der Regel für die Dauer des Rennwochenendes gesperrt.

Zu anderen Zeiten sind hier Fußgänger manchmal aber sehr wohl willkommen. Auf der Rennstrecke in Abu Dhabi beispielsweise kommen jährlich tausende Spaziergänger zusammen, um gemeinsam Spendengelder für die Diabetesforschung zu sammeln und auf die Gefahren dieser Krankheit hinzuweisen. Und durch die Bewegung an frischer Luft durchaus aktiv ein Zeichen zu setzen, wie man dieser Volkskrankheit vorbeugen kann.

Da es sich tatsächlich um einen Spaziergang handelt und um keinen Lauf, findet natürlich keine zeitliche Wertung statt, und man trifft zum Teil auf ganze Familien, die den frühen Abend hier gemeinsam verbringen.

Die Rennstrecke in Abu Dhabi lädt Läufer, Radler und Walker gleichermaßen darüber hinaus regelmäßig zu einem freien Training und der Nutzung der Piste ein, und zwar jeden Sonntag- und jeden Dienstagabend.

Einmal im Jahr öffnet auch die Rennstrecke im belgischen Spa ihre Tore für Läufer. Bereits seit einiger Zeit findet hier im Frühjahr der Spa-Francorchamps Run statt. Die Teilnehmer haben hierbei die Wahl, ob sie eine Runde bewältigen möchten oder sich gar zwei, drei oder vier Runden auf der legendären Rennstrecke zutrauen. Zwischen rund 7 Kilometern bis hin zu einer Marathondistanz ist bei diesem Lauf alles möglich.

Spätestens nach der dritten Runde spürt man die Strecke dann in seinen Beinen. Während eines Autorennens sieht sie so beschaulich aus; ihre fiesen kleinen Steigungen, die sich umso mehr ziehen, je länger man schon gelaufen ist, bemerkt man hingegen erst jetzt.

Auch der legendäre Nürburgring, einst weltberühmter Austragungsort des Großen Preis von Deutschland, öffnete bis ins Jahr 2015 seine Tore für den ebenfalls legendären Nürburgringlauf. Jedes Jahr im Spätsommer konnten hier die Teilnehmer die berüchtigte »grüne Hölle« aus eigener Kraft und nur mit Muskelantrieb am eigenen Leibe spüren. Dabei hatten sie die Wahl zwischen dem Hauptlauf in etwas längerer als Halbmarathondistanz oder Teilstrecken von einer oder zwei Runden. Für die ganz Kleinen gab es einen eigenen Bambini-Lauf.

Allerdings hatte es auch dieser Lauf durchaus in sich, denn insgesamt mussten die Läufer rund 500 Höhenmeter überwinden. Die Erfahrung jedoch, die legendäre Nordschleife einmal selbst erlaufen zu haben, rechtfertigte diese Strapazen allemal.

Extra-Tipp

Wer heute einmal in den Genuss des autofreien Nürburgrings kommen möchte, der kann dies beim alljährlichen Jedermann-Rennen auf dem Fahrrad erleben – auf Distanzen von 25 Kilometern, 75 Kilometern oder 150 Kilometern.

So können Sie sich diesen Traum erfüllen

Anmeldungen und Informationen über die nächsten Laufveranstaltungen erhalten Sie auf den Webseiten

Abu Dhabi
www.yasmarinacircuit.com
Spa
www.spa-francorchamps.be/de
Nürburgring
www.radamring.de/disziplinen/
jedermann-rennen

71

Ein Alpaka ausführen

Können diese Augen lügen?

SPESSART · DEUTSCHLAND

Die eigentlich wegen ihrer Wolle gezüchteten Mini-Kamele mit dem drolligen Blick sind inzwischen zu einem hippen Trend geworden. Immer mehr Höfe halten und züchten diese lieben Tiere – allerdings steht dabei die Wolle nicht an erster Stelle. Vielmehr werden Wanderungen und Streicheleinheiten angeboten. Man sagt, wenn man einem Alpaka einmal in die Augen geschaut hat, ist man für immer verloren ...

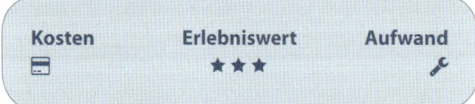

Kosten	Erlebniswert	Aufwand
💳	★ ★ ★	🔧

Alpakas haben einen ruhigen und friedlichen Charakter. Nicht zuletzt aus diesem Grund werden sie häufig eingesetzt, um Menschen mit psychischen Problemen zu therapieren. Dabei können die Menschen zum Tier eine ansonsten ihnen nicht oder nur erschwert mögliche emotionale Nähe aufbauen und erleben eine bedingungslose Anerkennung durch das Alpaka. Im Vergleich zu anderen Tiertherapeuten wie etwa dem Hund oder dem Delfin bieten die Alpakas den Vorteil, dass sie nicht nur zurückhaltend und neugierig gleichermaßen sind, sondern dass sie sich vergleichsweise langsam bewegen und wohl kaum jemand mit ihnen negative Erfahrungen verbinden kann. Das kann bei Hunden ganz anders aussehen. Fragen Sie mal Ihren Briefträger.

Jedoch nicht nur kranke oder psychisch labile Menschen mögen die Nähe zu den Alpakas. Diese überaus liebenswerten Geschöpfe ziehen immer mehr Menschen in ihren Bann, und mittlerweile braucht man auch nicht allzu weit zu fahren, um auf eine Herde Mini-Kamele zu treffen. In ganz Deutschland gibt es zahlreiche Alpakahöfe, die vornehmlich Alpakawanderungen und Trekkingtouren unternehmen, aber auch Fotosafaris, Tierpatenschaften und allerlei Alpaka-Produkte anbieten.

Die Wanderungen mit vielen Knuddel-Einlagen finden in der Regel in kleinen Gruppen statt. Nach einer kurzen Kennenlernrunde und einer ebenso kurzen Einführung in das Wesen und die Bedienung der Geschöpfe bekommt jeder Teilnehmer ein Alpaka zugeteilt.

Als sich unsere Truppe langsam vom Hof machen wollte, zweifelte ich das erste Mal daran, ob die Alpakas wirklich so friedvolle Wesen sind. Kampflos zwar, aber dennoch bestimmt, vermittelte mir mein Tier, dass es momentan ganz andere Dinge in seinem süßen Köpfchen hatte, als mit mir Gassi zu gehen.

Glücklicherweise sind Alpakas aber scheinbar bestechlich, und nach ein, zwei Leckerlies waren wir uns dann einig. Die Wanderung konnte beginnen. Sie führte durch den nahen Wald, eine Stunde lang ging es in Pärchen aus Mensch und Tier auf einem Wanderweg, auf dem uns niemand begegnete. Schade eigentlich, denn mittlerweile war ich richtig stolz auf meinen kuscheligen Freund, und allzu gerne hätte ich die beneidenden Blicke anderer tierloser Wanderer genossen.

Dann herrschte absolute Stille. Ich ließ mich vollends auf meinen tierischen Begleiter ein und atmete

ganz bewusst die würzige Luft des spätsommerlichen Waldes. Wie von Zauberhand konnte ich endlich loslassen, ich spürte ein Gefühl der völligen Entspannung. Der Alltag und seine Sorgen waren plötzlich Lichtjahre entfernt – verscharrt in einem Land außerhalb dieses Zauberwaldes.

So können Sie sich diesen Traum erfüllen

Zum Beispiel vor den Toren des Spessart bietet Kunznickel-Alpakas verschiedene Alpaka-Wanderungen mit einer Länge von drei oder fünf Kilometern an. Preis pro Alpaka: ab 20 Euro. Informationen und Buchung unter www.kunznickel-alpakas.de.

Weitere Anbieter finden sich über die gesamte Republik verteilt.

72

Die wahrscheinlich größte Geburtstagsparty der Welt besuchen

Wenn ein Auto Jubiläum feiert

MARANELLO, SANT'AGATA, MODENA · ITALIEN
CREWE, LONDON · VEREINIGTES KÖNIGREICH
STUTTGART, INGOLSTADT, MÜNCHEN · DEUTSCHLAND

»Wenn die Mama Geburtstag hat, dann soll'n wir auch dran denken«, sang die unvergessene Lotti Krekel einst in ihrem unvergessenen Evergreen. Und wenn Wolfang Rademann Geburtstag hatte, gab es Sondersendungen im Fernsehen mit allen, die sich für eine Rolle auf seinem Traumschiff gerne mal einen braunen Hals holen. Und wenn ein Auto 70 wird, dann sendet die ganze Welt Grüße nach Italien.

Kosten	Erlebniswert	Aufwand
🔳🔳	★★	✧✧✧✧

Runde Geburtstage feiern viele Hersteller von Kraftfahrzeugen in letzter Zeit. Und sicherlich lassen sich einige auch nicht lumpen und schmeißen eine mächtige Party. Für gute Kunden und Freunde des Hauses eines Sportwagenherstellers organisierten etwa die Verantwortlichen für den Mittleren Osten ein internationales Golfturnier in Abu Dhabi, bei dem sie natürlich gleichzeitig die Gelegenheit nutzten, die allerneusten Modelle des Unternehmens zu präsentieren.

Anlässlich des 70. Geburtstages von Porsche machte der Duisburger Star-Fotograf Peter Lindbergh dem Stuttgarter Autohersteller ein Geschenk der besonderen Art. An der rauen Küste der Normandie verewigte der eigentlich zeitlebens auf menschliche Models fokussierte Künstler zwei Klassiker aus dem Hause Zuffenhausen: den 911er und den ersten rein elektrischen Sportwagen Mission E.

Das italienische Autohaus mit Pferdchen drauf kam anlässlich seines 70. Geburtstages zu den Menschen in aller Welt. Zum Teil auf legendären Rennstrecken wie etwa dem Circuit Paul Ricard im südfranzösischen Le Castellet fanden von Australien bis Europa Jubiläumsveranstaltungen statt, die zwar in erster Linie vornehmlich Ferraristi anlockten, aber zum Teil auch – nach vorheriger Anmeldung – öffentlich zugänglich waren.

Hier konnten die Zuschauer dann nicht nur eine kleine Ausstellung von verschiedenen Ferrari-Modellen bewundern, sondern der alljährlich ausgetragenen Ferrari Challenge beiwohnen. Anders als bei großen Autorennen ist man hier ganz nah bei den Fahrern und ihren Teams und kann ihnen förmlich bei der Taktikbesprechung über die Schulter schauen.

So können Sie sich diesen Traum erfüllen

Die hier beschriebenen Aktionen beziehen sich auf vergangene Geburtstage. Um beim nächsten Jubiläum dabei zu sein, halten Sie regelmäßig Ausschau nach bevorstehenden Aktionen und Erlebnissen auf den Seiten der Automobilhersteller – das nächste Jubiläum kommt schon bald!

Aufstellen zur Geburtstagsparade ▶

Ferrari *(75. Jubiläum im Jahr 2022)*
www.ferrari.com
Porsche *(90. Jubiläum im Jahr 2021)*
www.porsche.de
Mercedes/AMG *(95. Jubiläum im Jahr 2021)*
www.mercedes-benz.de
Lamborghini *(60. Jubiläum im Jahr 2023)*
www.lamborghini.com
Maserati *(110. Jubiläum im Jahr 2024)*
www.maserati.com
Bentley *(105. Jubiläum im Jahr 2024)*
www.bentleymotors.com
Audi *(115. Jubiläum im Jahr 2025)*
www.audi.de
BMW *(105. Jubiläum im Jahr 2021)*
www.bmw.de
Rolls Royce *(115. Jubiläum im Jahr 2021)*
www.rolls-roycemotorcars.com

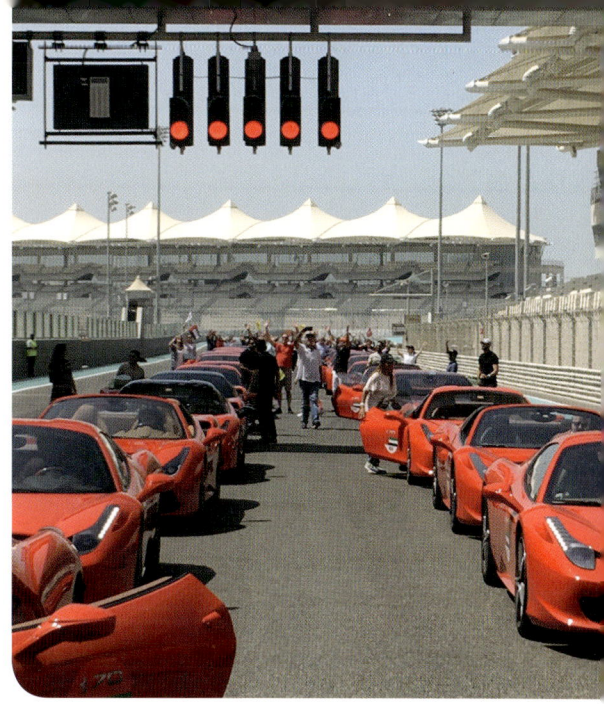

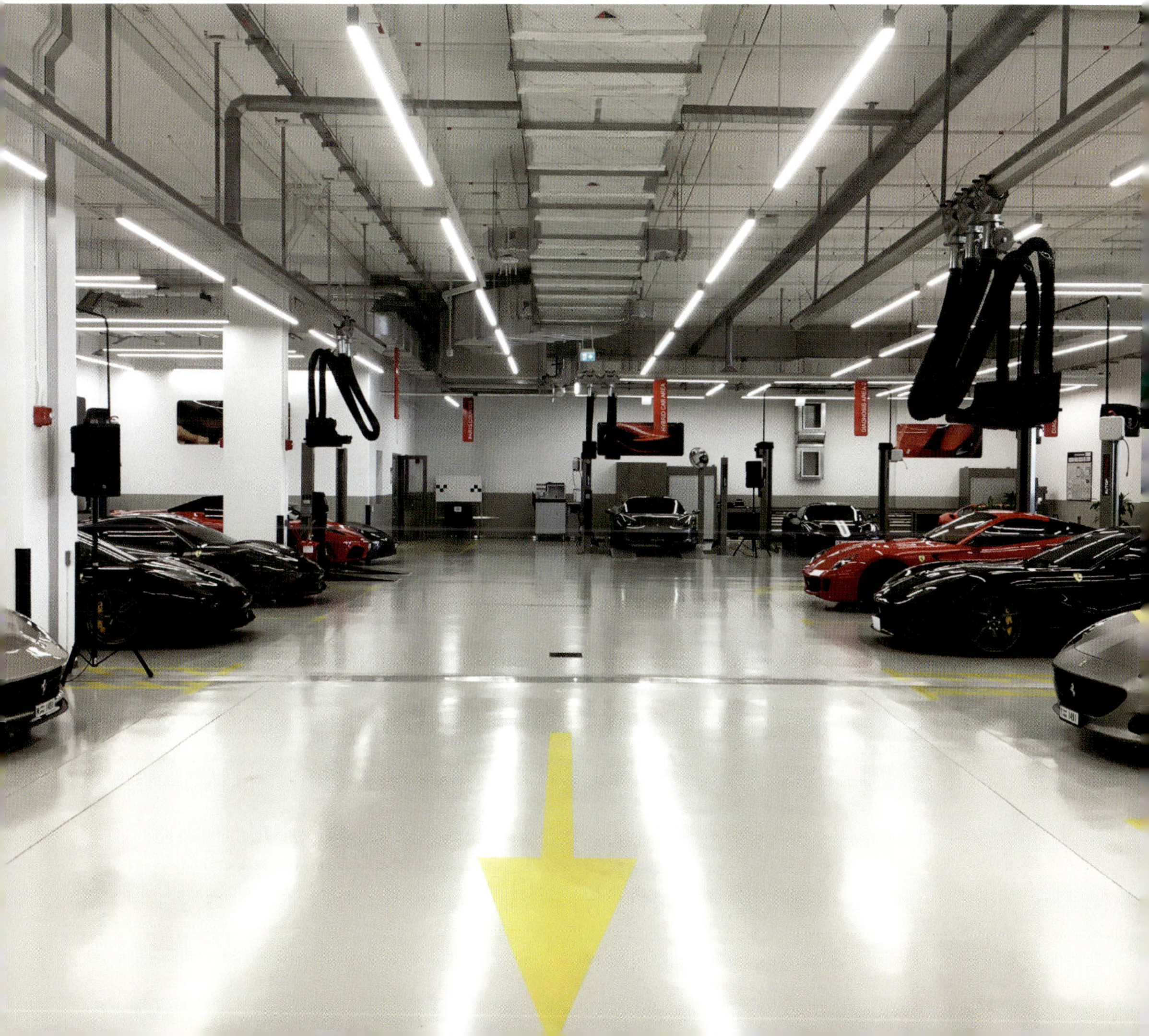

73

Eine Reise nach Königsmund

Das Lied aus Eis und Feuer

CÁCERES · EXTRAMADURA · SPANIEN

Häufig liegen die Drehorte eines Kinofilms oder einer Fernsehserie nicht dort, wo es uns die Handlung suggeriert. Manchmal passt die Atmosphäre am eigentlichen Ort nicht, manchmal erhalten die Produzenten keine Drehgenehmigung. Und manchmal handelt es sich – wie bei Game of Thrones – um eine fiktive Welt. Also muss ein Ort her, der stimmungsvoll zum Handlungsstrang passt und den Betrachter Glauben schenkt, er sei in dieser fremden Welt.

Kosten	Erlebniswert	Aufwand
▭▭	★★★	⚒⚒⚒

Für die Darstellung der an das Mittelalter angelehnten Handlung in den fiktiven Kontinenten Westeros und Essos fanden die Produzenten im beschaulichen Cáceres einen geeigneten Drehort, der den Betrachter tatsächlich in eine völlig andere Welt zu einer völlig anderen Zeit zu versetzen vermag.

Königsmund heißt der Ort im Film, und er sieht hier so groß, so mächtig aus, dass man sich vor Ort doch fragen muss, mit welcher geschickten Perspektive der Kameramann das hinbekommen hat. In Wirklichkeit ist Cáceres nämlich alles andere als mächtig und gewaltig. Vielmehr erwecken die kleinen, engen Gassen einen sehr beschaulichen Eindruck, der aber durchaus etwas Mystisches innezuhaben scheint.

In Königsmund sind die Gassen voller Menschen, als Euron Graufreud hierhin kommt. In Cáceres hingegen hat man Mühe, überhaupt nur eine einzige Seele auszumachen. Wie ausgestorben wirkt das Nest; die Stille ist beinahe gespenstisch.

Auf dem zentralen Platz vor der Kathedrale Santa Maria wird es dann doch etwas lebhafter. Einheimische mischen sich mit Touristen, die sich das sakrale Bauwerk anschauen möchten oder hierin etwas verweilen.

Vielleicht haben sich die Produzenten das Städtchen aber nicht nur wegen der pittoresken Altstadt ausgesucht, sondern weil sich durchaus Parallelen zur Fiktion aufzeigen. Bereits 79 v. Chr. siedelten hier die Römer. Im Laufe ihrer Geschichte wurde aus der Festungsanlage eine Stadt, die immer wieder zerstört und wieder aufgebaut wurde. Im 15. Jahrhundert dann kam es zum »Spiel der Throne«, als sich Isabella I. von Kastilien mit Johanna von Kastilien um die Thronfolge stritt und letztlich gewann. Für die Stadt war dies aber leider kein Gewinn, denn ohne lang zu fackeln, ordnete sie an, alle Türme jener Häuser abzureißen, deren Bewohner sie im Kampf um den Thron nicht unterstützt hatten. Ganz nach dem Motto: »Wer nicht für mich ist, ist eben gegen mich.« Fortan galt Cáceres als die enthauptete Hauptstadt.

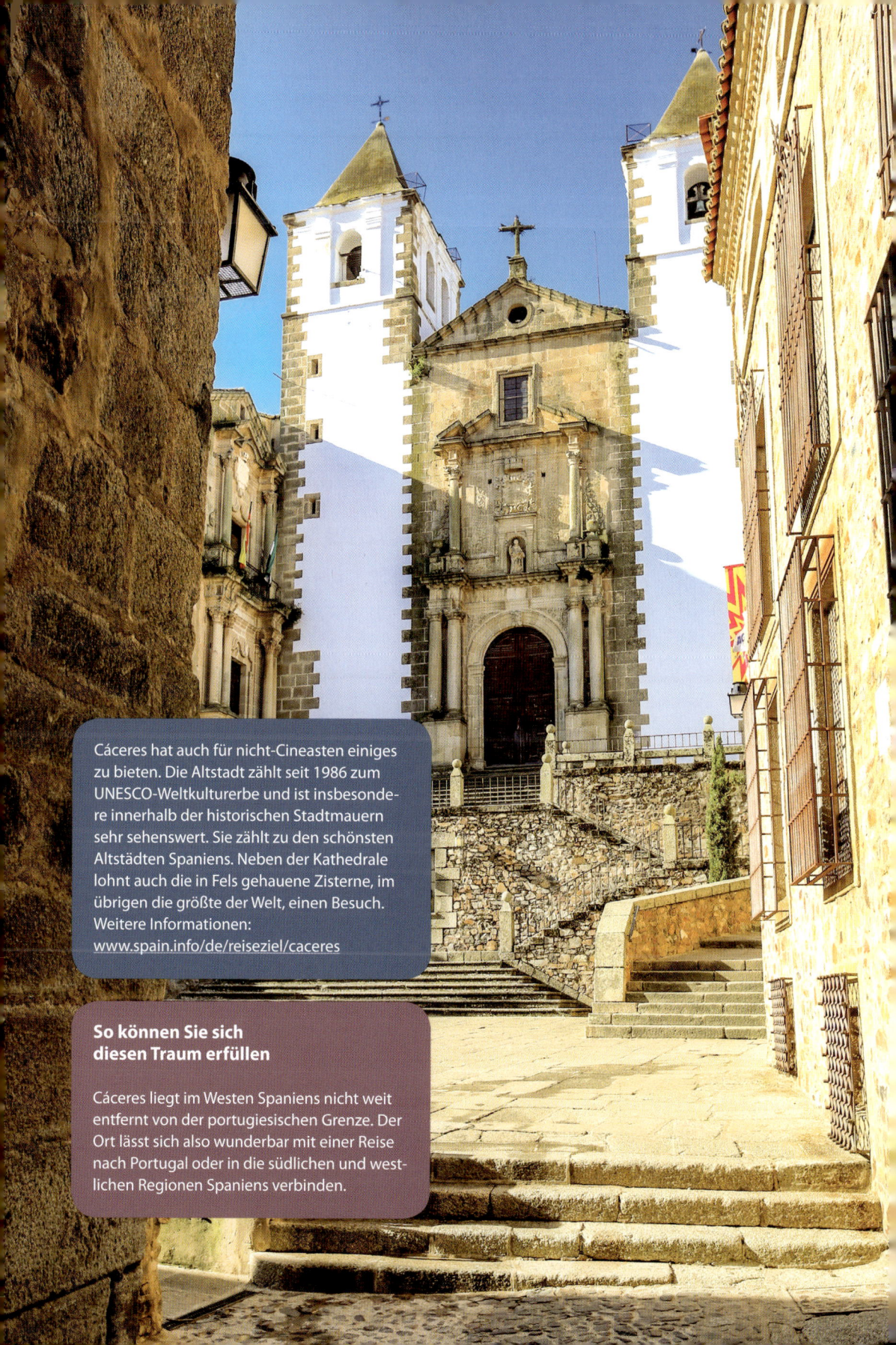

Cáceres hat auch für nicht-Cineasten einiges zu bieten. Die Altstadt zählt seit 1986 zum UNESCO-Weltkulturerbe und ist insbesondere innerhalb der historischen Stadtmauern sehr sehenswert. Sie zählt zu den schönsten Altstädten Spaniens. Neben der Kathedrale lohnt auch die in Fels gehauene Zisterne, im übrigen die größte der Welt, einen Besuch. Weitere Informationen: www.spain.info/de/reiseziel/caceres

So können Sie sich diesen Traum erfüllen

Cáceres liegt im Westen Spaniens nicht weit entfernt von der portugiesischen Grenze. Der Ort lässt sich also wunderbar mit einer Reise nach Portugal oder in die südlichen und westlichen Regionen Spaniens verbinden.

74

Einen Drachenflug unternehmen

Drachenzähmen leicht gemacht

GARMISCH-PARTENKIRCHEN · DEUTSCHLAND

An lauen Sommertagen kann man sie sehen, wie sie aus den Bergen kommend hoch über Garmisch – lautlos und majestätisch wie Adler – ihre Runde ziehen. Das idyllische Städtchen im Allgäu ist zum regelrechten Eldorado für Drachenflieger geworden. Aber auch absolute Neulinge kommen hier auf ihre Kosten.

Kosten	Erlebniswert	Aufwand
💳	★★★★	🔧🔧

Die meisten Gäste in meinem Hotel sitzen beim Frühstück oder haben noch die Bettkarte gestochen, als ich mich frühmorgens zum Treffpunkt aufmache. Heute werde ich das erste Mal Gleitschirm fliegen! Beobachten konnte ich die tollkühnen Vögel auf Zeit bereits die letzten Tage vom Pool aus – jetzt muss ich es unbedingt einmal selbst probieren.

Der Morgennebel lichtet sich allmählich, als ich die Seilbahn betrete, die mich zum Startplatz transportiert. In 1.250 Metern Höhe treffe ich meinen Piloten und kann auf einer Grasfläche unser Flugobjekt ausmachen. Ich merke, wie sich in mir eine Melange aus Anspannung, Vorfreude und Aufregung breitmacht. Dankbarerweise verwickelt mich mein Pilot schnell in ein Gespräch aus Belanglosigkeiten, bevor er dann zum Briefing des bevorstehenden Fluges kommt. Zusammengefasst: Du kannst mir vertrauen, ich habe das schon öfter gemacht, runter kommen sie alle.

Letzteres war mir klar, dass der Absprung hier über Garmisch der höchste in ganz Deutschland ist, trägt allerdings nicht gerade zu meiner Beruhigung bei. Aber Jo macht einen sehr erfahreneren Eindruck, und so lasse ich mich auf das Abenteuer ein. Allein der Blick von hier oben über das gesamte Allgäu bis hin nach München ist atemberaubend und die frühe Anreise wert.

Dann werden Jo, ich und der Drachen eins. Mehrere Sicherungen sorgen dafür, dass wir garantiert gemeinsam unten ankommen werden. Ein wenig Anlauf genügt, und unsere Flügel auf Zeit lassen uns lautlos durch die Lüfte gleiten. Jo versucht, mir einige der Sehenswürdigkeiten seiner Heimat zu zeigen. Aber das kann ich gar nicht mehr aufnehmen. Ich bin einfach geflasht von den Eindrücken und dem Gefühl, tatsächlich fliegen zu können.

So können Sie sich diesen Traum erfüllen

Der Tandemflug mit dem Gleitschirm kostet 260 Euro und dauert etwa 20 Minuten, abhängig von der Thermik. Mitzubringen sind eine durchschnittliche Fitness, knöchelhohe Schuhe, eine lange Hose und eine Windjacke. Helm und Gurte werden gestellt. Passagiere müssen zwischen 155 cm und 185 cm groß sein und sollten nicht mehr als 80 kg wiegen. Gut, dass er bei mir nicht so genau auf die Waage geschaut hat ... Infos und Buchung unter www.zodn-air.com.

75

Einen eigenen Legobausatz entwerfen

Stein für Stein

BILLUND · DÄNEMARK

Drei Dinge sind es, mit denen wächst wohl jedes Kind auf: Pampers, Playmobil, Lego. Aber nur letztgenannte Marke hat es zu weitaus mehr gebracht, als lediglich Spielzeug für Kinder zu sein. Lego ist heute ein Kultprodukt und Sammlerobjekt, dessen limitierte Bausätze so manchem Erwachsenen feuchte Träume bereiten und für vierstellige Summen gehandelt werden. Wem das schier grenzenlose Angebot vom Disneyschloss über das Taj Mahal bis hin zum Star Wars Millennium Falcon – dem mit mehr als 7500 Bauteilen derzeit größten und teuersten Lego-Bausatz überhaupt – nicht ausreicht, der kann sein eigenes Lego-Werk erschaffen und – mit etwas Glück – sogar von Lego produzieren lassen.

Kosten	Erlebniswert	Aufwand
💳	★ ★ ★ ★	✏ ✏ ✏ ✏ ✏

Dass Lego heute mehr denn je Kult ist, steht wohl außer Frage. Es gibt Freizeitparks, die sich ausschließlich mit den Bauklötzen beschäftigen, mehrere animierte Kinofilme mit und über die gelben Plastikmännchen mit dem drolligen Gesichtsausdruck, eine Fernsehshow, einen Turnschuh von Adidas und sogar einen Lego-Song.

Vielleicht gehen den dänischen Tüftlern allmählich die Ideen für immer neue Konstruktionsmöglichkeiten aus, vielleicht handelt es sich aber auch um einen raffinierten Marketing-Schachzug. Die Sparte Lego Ideas jedenfalls ist der Treffpunkt für alle Hobby-Steinchensetzer und Kreativen, die ihren eigenen Entwurf ihrer ganz persönlichen Steinchenwelt realisieren möchten.

Und der Gedanke daran ist doch verlockend: Irgendwo auf der Welt sitzt gerade jetzt ein Kind im Spielzimmer oder ein Junggebliebener im Keller und baut gerade meinen Lego-Bausatz. Irre!

Eigens hierzu hat Lego eine offizielle Webseite erstellt, auf der alle Fans ihre kreativen Ideen vorstellen und verwirklichen können. Sollte der Vorschlag bei mehr als 10.000 Nutzern Gefallen finden, kommt er in eine Machbarkeitsstudie des Unternehmens. Erhält er auch von dieser Seite einen Daumen nach oben, wird der Vorschlag als Bausatz konzipiert und kommt dann in den Handel.

So können Sie sich diesen Traum erfüllen

1. Besuchen Sie die Seite https://ideas.lego.com. Hier können Sie sich einen Überblick über die Projektideen anderer Lego-Fans weltweit verschaffen. Außerdem erhalten Sie hier weitere Informationen über das Prozedere, wenn Sie eigene Entwürfe hochladen möchten. Beachten Sie insbesondere die Einschränkungen, bevor Sie sich an die Arbeit machen. So darf das Werk nicht zu komplex sein. Werden mehr als 3.000 Legosteine benötigt, wird das Projekt entweder sofort verworfen, oder Sie werden gebeten, Ihre Idee etwas kleiner zu schrauben. Außerdem darf Ihre Idee – selbstredend – keine anstößigen, gewaltverherrlichenden,

religiösen, politischen oder verbotenen Anspielungen beinhalten.

2. Jetzt geht es daran, Fans für Ihr Projekt zu gewinnen! Bereits nach zwei Monaten müssen Sie 100 Likes generiert haben. Nach einem Jahr müssen es 1.000 sein, nach eineinhalb Jahren 5.000 und nach zwei Jahren 10.000.

3. Wurde die Marke von 10.000 Stimmen für Ihre Idee erreicht, entscheidet Lego, ob daraus tatsächlich ein Bausatz werden kann.

Schafft man es in die Reviewphase des Unternehmens, erhält man zumindest einmal einen Gutschein in Höhe von 500 US-Dollar. Wird das Projekt dann tatsächlich realisiert, ist der Ideengeber mit 1 % am Umsatz dieses Bausatzes beteiligt. Mehr als diese Aufwandsentschädigung wiegt aber wohl der Stolz, seine eigene Idee im Spielwarenladen kaufen zu können.

Übernachten unter Wasser

Gute Nacht, Nemo

TANSANIA
DUBAI · VEREINIGTE ARABISCHE EMIRATE
KARIBIK

Wer nicht genug von den Meeresbewohnern bekommen kann und wem Schnorcheln oder Tauchen allein nicht ausreicht, der hat die Möglichkeit, den Fischen beim Schlummern zuzusehen und unter Wasser zu übernachten.

Kosten	Erlebniswert	Aufwand
▭▭▭▭	★★★★	⚒⚒⚒

Inzwischen gibt es einige Hotels, die vermeintliche Unterwasserzimmer oder -suiten anbieten. Bei näherem Hinschauen entpuppen sich diese allerdings als »Fake«, denn sie befinden sich keineswegs unterhalb der Wasseroberfläche. Anstelle der Fenster hat man lediglich ein riesiges Aquarium eingesetzt, das durchaus den Anschein erweckt, als befinde man sich in Neptuns Schoß. Das Hotel Atlantis the Palm in Dubai bietet beispielsweise eine solche Unterwasser-Suite mit Blick auf das riesige, von 65.000 Meerestieren bewohnte Aquarium durch raumhohe Fenster an. Preis pro Nacht inklusive Flughafentransfer: 3.200 Euro. Informationen und Buchung unter www.atlantis.com.

Wer es ein wenig authentischer mag und rund 1.500 Euro für eine Nacht (bei einem Mindestaufenthalt von drei Nächten) auszugeben bereit ist, der kann im Manta Resort auf Pemba Island in Tansania einchecken. Die Unterwassersuite hier verdient tatsächlich ihren Namen, denn sie befindet sich inmitten eines Riffs, mehrere Hundert Meter von der Küste Pembas entfernt und ist

nur per hoteleigenem Boot zu erreichen. Der Transfer vom Resort hierhin sowie gekühlte Getränke sind übrigens im Übernachtungspreis inbegriffen. Überprüfen Sie aber vorher noch einmal, ob sie wirklich alles dabei haben – den nächsten Supermarkt erreichen Sie nämlich erst nach dem Auschecken! Sämtliche Mahlzeiten werden Ihnen aber natürlich ebenfalls per Boot direkt in die Suite gebracht, und Sie können jederzeit mit dem Resort über das Telefon in Kontakt treten.

Ihre kleine private hölzerne Insel besteht aus drei Etagen. Ganz oben finden Sie das Sonnendeck, im Erdgeschoss das Bad und das Wohnzimmer. Der eigentliche *clue* aber ist der »Keller«. Dieser befindet sich unterhalb der Wasseroberfläche und beherbergt Ihr Schlafzimmer. Große Panoramafenster erlauben Ihnen einen Rundumblick auf das Riff und seine Bewohner. Damit Sie auch bei Dunkelheit alles gut erkennen können, sind von außen LED-Lichter angebracht, die außerdem noch den einen oder anderen Neugierigen vor Ihr Fenster locken dürften. Informationen und Buchung unter www.themantaresort.de.

Sollten Sie Gefallen am Leben unter Wasser gefunden und ein paar Mille locker haben, können Sie sich vor der künstlich angelegten Inselgruppe The World Islands in den Vereinigten Arabischen Emiraten eine Unterwasservilla kaufen. Unter dem Namen Floating Seahorse verkauft der österreichische Investor Josef Kleindienst für rund 5 Millionen Euro ein Stück vom Paradies. Von innen eingerichtet von keinem geringeren als Bentley, bieten die schwimmenden Häuser jeden erdenklichen Luxus und ebenfalls ein Sonnendeck, ein gemütliches

Wohnzimmer sowie ein Schlafzimmer unterhalb der Wasseroberfläche mit Panoramafenstern. Das Wegerecht wird Ihnen mit dem Kauf dieser Immobilie garantiert; Sie brauchen nur noch ein adäquates Beförderungsmittel, um an Ihr Hausboot zu gelangen. Aber wer sich eine Ferienvilla für mehrere Millionen erlauben kann, der dürfte bereits die eine oder andere Jacht sein eigen nennen. Informationen unter www.kleindienst.ae.

Funfact am Rande

Josef Kleindienst war Polizist in Wien, der sich in Österreich im Zusammenhang mit der sogenannten »Spitzelaffäre« u. a. um Jörg Haider und Michael Kreißl einen unehrenhaften Namen machte, bevor er zu Zeiten des Immobilienbooms in Dubai zu großem Geld kam. Die Realisierung seiner Projekte und Bauvorhaben verläuft nicht immer reibungslos. Das von ihm konzipierte Resort auf The World Islands, in dem es draußen auf Knopfdruck schneien soll – bei Außentemperaturen von 50 Grad und mehr, wohlgemerkt –, konnte bis heute nicht realisiert werden.

Wer schon immer einmal in einem echten U-Boot übernachten wollte, hat in der Lovers Deep Submarine die Möglichkeit. Ausgerichtet auf die Zielgruppe der –

betuchten – Flitterwöchler, bietet das schwimmende Unterwasserhotel nicht nur absolute Extravaganz, sondern auch die nötige Abgeschiedenheit für ein romantisches Erlebnis. Ausgestattet ist die Suite vom Allerfeinsten, und auch das Glas Champagner zur Begrüßung sowie die Anreise per Speedboat oder Helikopter sind im Preis enthalten. Das Beste: Wo Sie genau nächtigen wollen, bestimmen Sie! Es muss nur in der Karibik sein …

Im Vergleich zum Floating Seahorse ist der Übernachtungspreis von 175.000 Britischen Pfund (umgerechnet derzeit etwa 190.000 Euro) übrigens ein richtiges Schnäppchen! Informationen und Buchung unter www.oliverstravels.com.

So können Sie sich diesen Traum erfüllen

Eine Nacht in der Unterwasser-Suite des Hotels Atlantis – The Palm buchen Sie für 3.200 Euro unter www.atlantis.com.
Für 1.500 Euro pro Nacht sind Sie auf Pemba Island in der Unterwasser-Suite. Reservierungen unter www.themantaresort.de.
Und wenn es dann doch einmal etwas außergewöhnlicher sein darf: Eine Nacht im U-Boot buchen Sie für rund 190.000 Euro unter www.oliverstravels.com.

▼ Unverbaubarer Blick aus dem Schlafzimmer

Festival der 3D-Straßenmalerei

Die Kunst liegt auf dem Boden

DUBAI · VEREINIGTE ARABISCHE EMIRATE
BRISTOL · VEREINIGTES KÖNIGREICH
MONTREAL · KANADA

Sehr gut kann ich mich noch daran erinnern, als ich als Kind durch die Fußgängerzone lief und alle paar Meter auf einen Straßenkünstler traf, der mit Kreide ein umwerfendes Bild auf den Asphalt malte. Irgendwann war es damit vorbei, zeitgleich übernahmen peruanische Panflöten-spieler das Feld.
Heute gibt es richtige Festivals der Straßenmale-rei, und die haben es wirklich in sich!

Kosten	Erlebniswert	Aufwand
–	★ ★ ★	🔧

Schon immer war die Straßenmalerei eine Kunst für sich, wenn auch oft »nur« Gemälde großer Künstler von Fotos abgemalt wurden. Die Maßstäbe jedoch, die die Straßenkünstler von heute setzen, sind mehr als spektakulär und wahrhaftig eine Reise wert.

Allzu weit verreisen braucht man dafür auch gar nicht, denn mittlerweile findet die Street Art immer größere Anhänger, und so finden Festivals in vielen Ländern der Erde statt. Und auch in einigen Ländern Europas. Und seit einiger Zeit sogar in Deutschland.

Künstler aus aller Welt treffen sich bei diesen Festivals und stellen ihr Können unter Beweis. Mal in verschiedenen Kategorien, mal völlig frei. Einige Festi-vals sind eine riesige Vernissage mit vielen Kunstwer-ken auf Zeit, die von bezahlten Künstlern erschaffen

werden. Andere Festivals sind eher als Wettbewerb ausgelegt und vergeben nach einer Ausstellungszeit von häufig einer oder zwei Wochen ein Preisgeld an die bei der Jury oder dem Publikum beliebtesten Künstler.

Was die Straßenkunst von heute allerdings so besonders macht, ist ihre dreidimensionale Perspek-tive. Der Betrachter dringt so in das Kunstwerk ein oder erlebt ein völlig anderes, plastisches und nahezu greifbares Kunsterlebnis. Man muss kein Arte-Abon-nent sein, um sich von solchen Meisterwerken in den Bann ziehen zu lassen und mit ihnen auf eine Reise zu gehen.

In der Regel finden während eines Straßenkunst-Festivals neben der Ausstellung der Kunstwerke und einer Preisverleihung zum Ende eine Reihe weiterer Aktionen statt. So gibt es mitunter ein musikalisches Unterhaltungsprogramm, Angebote für Kinder und Einführungen in die (dreidimensionale) Straßen-malerei.

Im absoluten Vordergrund stehen aber natür-lich die Kunstwerke selbst. Hier steht ein riesiger Schiffscontainer, aus dem sich ein ausgewachsenes Kamel auf den Betrachter zu bewegt. Dort ein übergroßer Greifarmautomat, gefüllt mit Stofftieren und anderen Gewinnen. Man muss schon zweimal hinschauen, um zu erkennen, dass dort eben keine realen Körper aufgebaut sind. Alles ist nur auf den Straßenboden gemalt. Genau wie früher also. Nur moderner.

So können Sie sich diesen Traum erfüllen

Informieren Sie sich über anstehende Street Art Festivals in Ihrer Region, entweder über die regionale Presse oder über die Plattform www.streetart-festival.com.

Die besten Street-Art Festivals der Welt sind das Dubai Canvas 3D Art Festival (www.visitdubai.com), das Upfest in Bristol (www.upfest.co.uk) und das Mural Festival in Montreal (www.mtl.org).

Die längste Zipline der Welt erleben

Und ich flieg, flieg, flieg wie ein Flieger

RAS AL-KHAIMAH • VEREINIGTE ARABISCHE EMIRATE

In jedem Klettergarten zählt sie zu den Highlights. Zumindest für mich ist die Zipline, mit der man sich nach dem Bewältigen des Parcours wieder zu Boden abseilen kann, die eigentliche Motivation, die Strapazen im Hochseilgarten über mich ergehen zu lassen. Wenn es da draußen also irgendwo die längste Zipline der Welt gibt, musste ich sie unbedingt ausprobieren.

> **Funfact am Rande**
>
> Während eine Zipline früher vor allem in ärmeren Ländern zur Überquerung von Flüssen oder Schluchten diente, ist sie heute zu einem Trendsport in wohlhabenderen Länder geworden.

Kosten	Erlebniswert	Aufwand
💳	★ ★ ★	🔧🔧

Vermutlich denken noch andere Menschen wie ich, und so gibt es mittlerweile unzählige Seilbahnen zum Dranhängen in aller Welt und in allen Variationen. Da gibt es eine, die wie eine Achterbahn gebaut ist und mit der man in luftiger Höhe einige Kurven, Berge und Täler überstehen muss.

Eine andere verläuft mitten durch einen Regenwald, und wieder eine andere verläuft durch Häuserschluchten vom Dach eines Hochhauses auf die mittlere Ebene eines weiteren Hochhauses. In Las Vegas kann man mit einer Zipline sogar hoch über die Spielcasinos hinwegfliegen.

Die mit einer Länge von 2,8 Kilometern längste Zipline der Welt verläuft über einem Canyon in Ras al-Khaimah. Wer sich auf dieses Abenteuer einlässt, darf weder gegen zu große Höhen noch gegen zu hohe Geschwindigkeiten allergisch sein. Denn auf diesem Wahnsinnsgerät erreicht man eine Spitzengeschwindigkeit von 150 km/h. Das ist mehr als doppelt so schnell wie der alte Nissan, der uns hierher gebracht hatte, bei Rückenwind überhaupt noch auf den Tacho bringt.

Der Boden des Canyon, über den man überschallartig hinwegdonnert, liegt ganze zwei Kilometer unter dem Bauch des Fliegenden.

Der Check-in zu diesem Abenteuer des reinen Wahnsinns befindet sich auf dem Gipfel des Jebel Jais, dem höchsten Berg der Emirate, etwas unterhalb von der Plattform, die uns in wenigen Augenblicken wie Engel fliegen lässt. Nur schneller. Nach Erledigung der Formalitäten und der bereits bekannten Bekundung, dass wir alles auf eigene Gefahr unternehmen, bringt uns ein Bus zusammen mit den anderen Fliegern auf Zeit zum Sprungbrett.

Zwar hatte ich mich zuvor schon bereits aus wesentlich größerer Höhe aus einem Flugzeug geschmissen, aber je näher ich der Plattform kam, je mehr sich die Zeit meines Fluges hier näherte, umso mehr konnte ich mein Herz schlagen hören. Es pochte mittlerweile so laut, dass ich das Briefing, unsere Einweisung in den Flug unseres Lebens, wenn überhaupt nur halb mitbekam.

Dann ging alles ganz schnell. Unser Overall wurde an der Seilwinde befestigt, und plötzlich hingen unsere Körper parallel zum Boden in der Luft. Unsere Köpfe ragten bereits über die Plattform heraus und blickten unmittelbar in den Abgrund.

Nicht ganz auf drei, eher auf zweieinviertel, ging sie dann los, die rasante Fahrt. Nach den ersten Schrecksekunden stellte das Gehirn das Schreien ein, vermutlich auch, um die Stimmbänder zu schonen. Oder weil es inzwischen mitbekommen hatte, dass Schreien überhaupt nicht half. Hier oben hört dich sowieso keiner.

Jetzt traute ich mich auch, meine Augen wieder zu öffnen. Die Landschaft zog an mir vorbei, ich sauste über die Serpentinen der Straße hinweg, über die wir vor wenigen Stunden noch gefahren waren. Vor mir näherte sich die erste Zwischenstation, wo man in eine weitere Seilbahn umsteigt, in der man allerdings wie gewohnt sitzend eingehängt wird – und die längst nicht so schnell ist wie die erste. Aber nach diesem Flug und mit dem ganzen Adrenalin in meinem Körper konnte mich jetzt eh nichts mehr erschüttern.

Nicht nur die Drahtseile, an denen man während des Flugs hängt, sollten aus Stahl sein. Auch die Nerven.

So können Sie sich diesen Traum erfüllen

Buchung und weitere Informationen zur längsten Zipline der Welt unter www.toroverdeuae.com.

79

Segeln in der Karibik

Ick heff mol en Hamborger Veermaster sehn

KARIBIK

Eine besondere Art, die Weltmeere zu bereisen, ist ein Törn auf einem Segelschiff. Natürlich braucht man dann mehr Zeit als auf einem riesigen modernen Kreuzfahrtschiff. Aber den Passagieren geht es hier auch nicht um das Prinzip »höher, schneller, weiter«, sondern vielmehr um wahren Genuss und die Freude am Reisen.

Kosten	Erlebniswert	Aufwand
🗎🗎🗎	★ ★ ★ ★	🔧🔧

Auf einem Viermaster fühlt man sich schnell wie einst die ersten Eroberer, allerdings ohne Pest an Bord. Und mit dezenter Piano-Begleitung statt Meuterei. An Deck hört man nichts als das Rauschen des Meeres und den Wind, der durch die gesetzten Segel streicht. Kein Motorengeräusch unterbricht die beruhigende Stille.

Auf einigen Schiffen können die Passagiere sogar selbst Hand anlegen und beim Segelsetzen mithelfen – wenn sie dies denn möchten. Aber selbst das Zuschauen, wie die Matrosen das Schiff für das geräuschlose Gleiten über das Meer vorbereiten, ist bereits beeindruckend und ein wahrer Genuss an sich, der einen eigenständigen Animationspunkt im Tagesprogramm darstellt.

Der Schwerpunkt des Unterhaltungsprogramms liegt bewusst auf der Erholung der Passagiere, und so finden Sie keine Eisrevuen oder sonstige spektakuläre Attraktionen im Angebot – die Hauptattraktion ist das Schiff selbst, im Mittelpunkt steht der Passagier und sein Wohlbefinden.

Es gibt mittlerweile eine Reihe von Angeboten von Segelschiffen unterschiedlichen Anspruchs und unterschiedlicher Größe auf dem internationalen Kreuzfahrtmarkt. Die Sea Cloud beispielsweise kann insgesamt maximal 64 Passagiere aufnehmen, die hier den Charme und den Charakter der alten Zeit erleben können. Das Schiff wurde im Jahr 1931 im Auftrag der New Yorker Millionenerbin Marjorie Merriweather Post und ihrem an der Wallstreet höchst erfolgreichen Ehemann Edward Hutton von der Kieler Germaniawerft vom Stapel gelassen – sie hatten sich keinen schlichten Großsegler gewünscht, sondern ein Zuhause auf See mit allem erdenklichen Luxus, bis ins kleinste Detail ihrem kostspieligen Geschmack entsprechend. Ihre Wünsche wurden allesamt erfüllt und die Sea Cloud wurde berühmt – als Bühne der High Society.

An Bord werden die vorwiegend aus Deutschland, dem Vereinigten Königreich und den USA stammenden Passagiere zu einer großen Familie, die mit der Crew zusammenlebt. Es gibt keine festgelegte Tischordnung und keine Rezeption. Auch werden die Kabinen nicht verschlossen; für Wertsachen steht ein Safe zur Verfügung.

Dieser »Rolls Royce of the Sea« durfte bereits die größten der Großen aus Politik, Showbiz und Zeitgeschehen als Passagiere begrüßen. Sabine Christiansen soll an Bord sogar ihre Flitterwochen verbracht haben.

Die meisten Passagiere sind Stammgäste – sie interessiert nicht so sehr das Reiseziel, sondern die Atmosphäre auf dem Schiff. Diese ist eine einzigartige Mischung aus dem nostalgischen, luxuriösen Stil von Lady Marjories liebevoll restauriertem Erbe und der harten Arbeit der Crew auf und hoch über den Decksplanken.

Denn wie vor mehr als 75 Jahren wird die Sea Cloud von Hand gesegelt – hoch oben in der Takelage balancieren die Matrosen, um die Segelkommandos des Kapitäns auszuführen. Knatternd entfaltet sich dann das weiße Segeltuch im Wind, vier Masten stolz in den Himmel gestreckt. Unter 22 vollen Segeln fährt das Schiff immer dem Horizont entgegen. Das Rauschen des Meeres, der Fahrtwind, die Ruhe und die Zeit, die hier stillzustehen scheint, streichelt die Seele der Passagiere und lässt ein völlig unbekanntes Urlaubsgefühl aufkommen.

So können Sie sich diesen Traum erfüllen

Buchen Sie Ihre Traumreise im Reisebüro, auf den einschlägigen Buchungsplattformen für Kreuzfahrten im Internet oder direkt unter www.seacloud.com.

80

Trekking am Mount Everest

In Reinhold Messners Schuhen

MOUNT EVEREST · TIBET

Man muss nicht Luis Trenker heißen oder Reinhold Messner – einmal den legendären Mount Everest zu besteigen, steht auf der Bucket-List vieler Abenteuerhungriger.

Kosten	Erlebniswert	Aufwand
💳💳	★ ★ ★ ★	🔧 🔧 🔧 🔧

Der höchste Berg der Erde ist ein Mythos, nicht nur für Bergsteiger. Mit seinen 8.848 Metern gehört er zu nur vierzehn Bergen der Welt, die die Achttausendermarke geknackt haben. Allerdings zollt die Höhe auch ihren Tribut – ohne technische Hilfsmittel haben den Berg bislang nur wenige Bergsteiger bezwungen; der besagte Reinhold Messner war am 8. Mai 1978 der erste.

Funfact am Rande

Je nachdem, wie man die Höhe eines Berges misst, wollen dem Everest zwei weitere Erhebungen den Titel »Höchster Berg der Erde« madig machen. Misst man den Höhenunterschied des Gipfels zum Meeresspiegel, ist unser Mythos die unangefochtene Nummer eins. Misst man allerdings vom Fuße des Berges ausgehend, siegt ein Vulkan auf Hawaii. Und vom Erdmittelpunkt aus gemessen ein Berg in Ecuador.

Die Besteigung des Gipfels erfordert also sowohl Equipment als auch eine intensive Vorbereitung. Mehr als 8.000 abenteuerlustige Gipfelstürmer haben dies bereits geschafft, mehr als 300 kamen aber auch bei ihrem Versuch ums Leben.

Eine auch für Flachlandtiroler geeignete Route führt entweder bis zum Basislager auf einer Höhe von 5.170 Metern oder bis zu einer der weiter unten liegenden Ortschaften.

Wie hoch hinaus es von dort aus auch immer gehen mag, das Trekking im Himalaya ist wirklich ein Erlebnis, das sich ganz tief auf der eigenen Festplatte einbrennt. Eine Expedition auf den Mount Everest – gleichgültig ob individuell oder in einer Gruppe – wird in der Regel von einem erfahrenen Bergführer geleitet, während sich Sherpa um die Rücksäcke der Bergbezwinger kümmern. Auf schmalen Wegen geht es immer weiter bergauf, hin und wieder gelangt man an eine Siedlung aus einem oder mehreren Häusern oder in das nächste Bergdorf.

Auf meiner Tour wurden wir immer wieder von Sherpas überholt, die über Stock und Stein fliegen als wäre es ein Hundertmeterlauf. Mir lief das Wasser aus sämtlichen Poren, und ich konnte gar nicht so schnell trinken wie ich die Flüssigkeit wieder ausschwitzte. Wer bedenkt, dass die Sherpas und auch unser Guide jede Woche mindestens dreimal den Weg, auf dem sich die Touristen mühsam hochquälen, auf- und wieder absteigen, weiß wohl seinen Bürojob in der Heimat erst richtig zu schätzen.

Nachdem wir uns langsam aber sicher der 3.000er-Marke näherten und noch immer hinter jeder zweiten Ecke ein Büdchen vorfanden, das uns eine größere Auswahl an eisgekühlten Getränken und Snacks für Zwischendurch anbot als der Münchner Hauptbahnhof, fragte ich mich, wie und vor allem wer die ganzen Brocken über die schmalen und teilweise steilen Pfade hier hinauf beförderte. Meine Verwunderung galt vor allem den dutzenden Postkarten, Motivtellern und allerlei anderem Touri-Schnickschnack. Eine weitere Frage drängte sich auf: Wer zum Henker ist bei diesem schweißtreibenden Aufstieg derart wenig ausgelastet, sich jenseits der Baumgrenze zentnerweise mit Porzellan einzudecken, das jemand anderes zuvor von ganz unten zu Fuß hier hoch transportiert hat?

Die Fragen noch im Kopf, wurde mein Blick wieder auf die idyllischen Dörfer mit ihren fähnchenbehangenen Tempeln und die grandiose Aussicht auf Reisfelder und das Himalaya-Gebirge gelenkt. Allerdings müssen wir jetzt vorsichtig sein. Wir haben die Richthöhe von 3.000 Metern längst überschritten. Wenn wir jetzt zu rasch an Höhe gewinnen, erwischt uns vielleicht die Höhenkrankheit. Und die braucht hier oben wirklich kein Mensch.

Wem das Abenteuer Mount-Everest-Besteigung noch nicht abenteuerlich genug ist, der sollte mit dem Flugzeug anreisen. Der Flughafen Lukla im Himalaya gilt als der gefährlichste der Welt. Mit einer nur 530 Meter langen Landebahn, die bei der Landung von der massiven Gebirgswand und beim Start von einem Abgrund in die Hölle begrenzt wird.

So können Sie sich diesen Traum erfüllen

Sie haben zwei Möglichkeiten, an einem Trekking im Himalaya teilzunehmen. Dabei stehen Ihnen unterschiedliche Schwierigkeitsgrade zur Auswahl. Mit entsprechender Ausbildung, Ausrüstung und dem nötigen Mumm können Sie sich natürlich bis ganz nach oben wagen. Für geübte Bergsteiger aber keinesfalls nur für Profis ist der Weg bis ins Basislager auf 5.364 Metern Höhe geeignet. Die Orte unterhalb sind allesamt für Menschen mit gewöhnlicher Kondition erreichbar.

Entweder Sie reisen individuell nach Nepal und suchen dort – zum Beispiel über die Touristeninformation – einen geeigneten individuellen Führer plus Sherpa. Oder Sie buchen bereits in Deutschland ein pauschales Arrangement, sodass Sie sich vor Ort um nichts mehr kümmern müssen. Zahlreiche Spezial- und Trekkingreiseveranstalter stehen Ihnen dabei zur Auswahl.

81

Schwerelosigkeit erleben

Zero gravity

HOUSTON · TEXAS · USA
STAR CITY BEI MOSKAU · RUSSLAND

Möchten Sie sich einmal im Leben so fühlen wie ein Astronaut in der Schwerelosigkeit, müssen Sie die Erdanziehungskraft nicht einmal verlassen. Ein Parabelflug simuliert dieses Einmal-im-Leben-Gefühl auf perfekte Weise.

Kosten	Erlebniswert	Aufwand
💳💳	★★★★	🔧🔧

Mit einer atemberaubenden Geschwindigkeit steigt das speziell für diese Art von Flügen konzipierte Flugzeug (zum Beispiel vom Typ Ilyushin 76, eine Boeing 727 oder ein Airbus A300 Zero-G) in einem 45°-Winkel, bis die Maschine nach etwa 20 Sekunden die Geschwindigkeit drosselt und für weitere 25 Sekunden zu schweben beginnt, bevor sie in einem weiteren 45°-Winkel rasant an Höhe verliert und – auf der Höhe des Ausgangspunktes angekommen – die Prozedur wiederholt. Dabei beschreibt sie – mathematisch gesehen – den Verlauf einer Parabel. Daher auch der Name dieses Events, das auf jeder Bucket List des modernen Abenteurers stehen sollte.

Und genau während die Maschine schwebt, schwebt auch der Mensch in ihr. Jetzt gibt es für alle Insassen kein Halten mehr, nichts hält einen auf dem Boden. Es ist ein Gefühl, als wenn unter einem der Boden aufgeht. Als wenn man ein Wasserglas wäre, unter dem die Tischdecke weggezogen würde.

Anders als im Ferienflieger nach Malle sind in dieser Maschine sämtliche Sitze entfernt, um den Passagieren während der Schwerelosigkeitsphase das Schweben im Raum verletzungsfrei zu ermöglichen.

Aufgrund der starken Beschleunigung verspüren einige Passagiere übrigens eine gewisse Übelkeit während des Fluges. Teilnehmen an dieser Mission sollte man also besser nur, wenn man unanfällig für Seekrankheit ist und starke Beschleunigungen gut aushält. Als Trainingsprogramm empfiehlt sich eine Tageskarte für den Breakdancer auf der nächsten Dorfkirmes.

Überwichtiger Überlebenstipp

Wird Ihnen bei dieser Mörderachterbahnfahrt durch die Lüfte etwas übel und das Frühstück von heute Morgen sucht den Weg zurück ans Tageslicht, starren Sie auf ein unbewegliches Objekt.

Ihre Mission im Detail

Ort   Russland oder USA
Dauer der Mission   1 Tag (inklusive Einführung und Flug mit etwa 15 Parabeln); der Parabelflug selbst dauert etwa 1–2 Stunden
Voraussetzungen   Mindestalter 18 Jahre, Grundkenntnisse Englisch, normaler Gesundheitszustand, Unanfälligkeit für Seekrankheit
Kosten   ca. 6.500 €

Unmittelbar nach dem Start beginnt der Pilot den oben beschriebenen Parabelflug. Man hört, wie der Kapitän aus dem Cockpit den Countdown zur ersten Parabel anzählt: »Five, Four, Three, Two, One, Pull up!«

Die Maschine wird nun steil nach oben gezogen, und der Körper presst sich an den Boden. Bei der Aufnahme von Höhe wird der Körper einer Belastung von 2 G ausgesetzt, also dem doppelten seines eigenen Gewichtes. Wenn plötzlich – nach etwa 20 Sekunden – die Motoren heruntergedrosselt werden und die Maschine wieder eine parallele Haltung zum Boden annimmt, verspürt man endlich das Gefühl jener völligen Schwerelosigkeit. Wie ein losgelassener Ball wird man Richtung Himmel geworfen.

Die Orientierung lässt nach, man fühlt sich schummrig, die optische Wahrnehmung und der Gleichgewichtssinn passen nicht mehr zueinander. Dennoch fühlt man sich berauscht und frei wie ein Vogel zugleich. Man schwebt durch die Kabine, rotiert im Raum um die eigene Achse oder entspannt sich auf dem Rücken liegend – einen Meter über dem Boden!

Genau 25 Sekunden hat man Zeit, bevor dieses wahnsinnige und unbeschreibliche Gefühl mit dem Sinken der Maschine beendet und durch das Erlebnis eines freien Falls ersetzt wird.

Aber keine Sorge: Sollte man irgendeinen Moment verpasst haben – der ganze Spaß wiederholt sich noch exakt vierzehn Mal ...

So können Sie sich diesen Traum erfüllen

Das Gefühl der völligen Schwerelosigkeit können Sie über Erlebnisveranstalter wie Jochen Schweizer (www.jochen-schweizer.de) oder – in abgespeckter Form – bei Mydays (www.mydays.de) buchen.

82

An den schmutzigsten Hindernis-Wettkämpfen der Welt teilnehmen

Extremsport in der Schlammgrube

DEUTSCHLAND

Für alle, die sich als Kind nicht genug im Matsch wälzen konnten. Für alle, die keine Pfütze ausgelassen haben. Und für alle, die sich gern mal auch außerhalb des Büros einen braunen Hals holen möchten: Wälzen in der Schlammgrube ist zwar noch nicht olympisch, aber ein immer populärer werdender Trendsport. Und das Motto des Tages: »Wer bis zum Hals im Schlamm sitzt, sollte den Kopf nicht hängen lassen.«

Kosten	Erlebniswert	Aufwand
💳	★★★	🔧🔧🔧

Offiziell heißen sie Hindernisläufe und tragen heroische Namen wie Spartan Race, Tough Mudder oder Strongmanrun. Allein an ihren Namen lässt sich erkennen, dass diese Events nichts für Weicheier oder Schattenparker sind. Zwar steht hier mehr als beim Marathon der Spaß im Vordergrund, aber wer nicht gerade bereits beim ersten Hindernis zusammenbrechen möchte, der sollte sich schon auf ein solches Event vorbereiten.

Die Streckenlänge ist dabei nicht das Problem; die meisten Events haben eine Länge zwischen fünf und zehn Kilometern. Das eigentliche Problem jedoch sind die Hindernisse, die die Aufnahmeprüfung bei der Fremdenlegion zu einem Spaziergang im Park verblassen lassen. Einige muss man überspringen, über andere hinüberklettern und wieder andere

überwindet man nur kriechend wie ein Wurm. Die meisten lassen sich allein bewältigen, andere verlangen Teamwork und die Hilfe eines anderen Teilnehmers.

> **Funfact am Rande**
>
> Auch Frauen wälzen sich gern in der Schlammgrube, selbst wenn die Namen der Wettkämpfe eher anderes vermuten lassen. Speziell für das vermeintlich schwache Geschlecht gibt es seit 2016 den Muddy Angel Run, bei dem eher witzige Hindernisse und Schaum im Vordergrund stehen.

Während sich die Athleten früher ihre Trainingsgeräte hierfür selbst in ihrem Garten zusammengezimmert haben, folgen heute immer mehr Fitnessstudios diesem Trend und bieten maßgeschneiderte Trainingsprogramme und das entsprechende Equipment an. Die aus Japan stammende Show *Sasuke,* während der die Kandidaten mehrere kräftezehrende Parcours überwinden müssen und die weltweite Erfolge unter dem Titel *Ninja Warrior* feierte, trug sicherlich zum Erfolg dieses Extremsportformates bei.

Der weltweit wohl bekannteste Hindernislauf war mit insgesamt 2,5 Millionen Teilnehmern Tough Mudder. Seit 2010 stellten zigtausende Teilnehmer nicht nur ihre Kondition, sondern auch ihre Teamfähigkeit unter Beweis. Wer eine Hürde nicht schaffte, weil seine Arme zu Pudding geworden waren, der landete im Matsch. Wer jedoch alle Hürden gemeistert hatte, erhielt sogar die Aussicht auf ein Preisgeld – trainieren hierfür lohnte sich also! Wiederholungstäter erkannte man an der unterschiedlichen Farbe ihrer Stirnbänder. Sie durften sich Legionäre nennen.

Im Jahr 2020 meldete die Tough Mudder GmbH Insolvenz an; die Ausrichtung zukünftiger Events erfolgt nun über die Mitbewerberin Spartan Race Inc.

Spartan Race veranstaltet ebenfalls weltweit äußerst erfolgreiche Läufe. Hier können mehrere Distanzen mit unterschiedlicher Anzahl an Hindernissen ausgewählt werden. Die kürzeste Strecke beträgt sechs Kilometer, auf denen die Teilnehmer 20 Hindernisse überwinden müssen. Auch hier wird die Zeit gemessen – wer ein Hindernis nicht schafft, muss zur Strafe Burpees machen – eine Mischung aus Kniebeuge, Liegestütz und Hampelmann.

Im Spartan Race finden sogar Europa- und Weltmeisterschaften der besten Athleten statt.

Eine deutsche Erfindung ist der Fisherman's Friend Strongmanrun, der alljährlich in Köln und auf dem Nürburgring stattfindet. Das Motto des Kölner Laufes ist dem rheinischen Frohsinn entsprechend »Run Jeck« – kein Wunder also, dass immer mal wieder kostümierte Teilnehmer auftauchen. Auf Distanzen von sechs bis 20 Kilometern müssen Reifen, Schlamm und nasse Becken überwunden werden, als zusätzliche Schwierigkeit gibt es noch doppelte Wasserfälle, Windmaschinen und Drehwürmer.

So können Sie sich diesen Traum erfüllen

Weitere Informationen zu den Events sowie die Reservierung einer Startnummer erhalten Sie auf den Webseiten

Spartan Race
www.spartanrace.de

Fisherman's Friend Strongmanrun
www.strongmanrun.de

Muddy Angel Run
https://de.muddyangelrun.com

Wenn Mutti das wüsste ... endlich mal so richtig im Matsch wühlen. ▶

Eine FKK-Kreuzfahrt antreten

Hüllenlos über die Weltmeere

KARIBIK
ADRIA

Vor nicht allzu langer Zeit war es ein unvergessliches Event an sich, eine Kreuzfahrt machen zu können. Heute, wo eine Kreuzfahrt günstiger ist als mancher Hotelaufenthalt, müssen sich die Anbieter so einiges einfallen lassen, um Passagiere für ihre immer größer werdenden schwimmenden Luxusresorts zu begeistern. Für alle Baumwollallergiker ist dieses Event sicherlich eine Erlösung.

Kosten	Erlebniswert	Aufwand
💳💳	★★★	🔧🔧

Wem der Anblick natürlicher Schönheit an der Ostseeküste nicht ausreicht, der findet inzwischen ein immer größer werdendes Angebot an hüllenlosen Kreuzfahrten, die viele Routen abdecken und für nahezu jeden Geldbeutel erschwinglich sind.

Möchten Sie zunächst einmal schnuppern, könnte eine FKK-Kurzkreuzfahrt zum Beispiel in der kroatischen Bucht das Richtige sein. Eine Woche lang steuert das Schiff einsame Buchten und Strände an, an denen Nacktbaden erlaubt ist. Auch auf dem Schiff lässt sich eine nahtlose Bräune erzielen, allerdings kommt während der Mahlzeiten die Baumwolle dann doch zum Einsatz.

Möchten Sie auch während der Mahlzeiten gern sehen, was die Uschi unter ihrer Bluse versteckt hat, bieten sich die Charter von Bare Necessities an, die alljährlich große und beliebte Schiffe chartern, um sie in eine Zone

des absoluten Körperkultes zu verwandeln. So bieten sie beispielsweise eine vierzehntägige Reise auf dem größten Segelschiff der Welt durch die Adria an. Die elegante und luxuriöse Royal Clipper ermöglicht während einer Sonderreise ein fast gänzlich hüllenloses Erlebnis. Überall an Bord, mit Ausnahme des Gourmet-Restaurants, dürfen die Passagiere nackt sein. Selbst am Selbstbedienungsbuffet darf ohne irgendein Bekleidungsstück geschlemmt werden.

Auf einer FKK-Kreuzfahrt dürfen zwar die Hüllen fallen, nicht jedoch Würde und Anstand. Und so gibt es einige Regeln, die auch auf einer Nudisten-Tour zu beachten sind. So

müssen im Speisesaal Brüste, Hintern und der Intimbereich bedeckt sein, allerdings nicht von Dessous oder Fetischkleidung.
Sich selbst oder andere in der Öffentlichkeit da zu berühren, wo es am meisten Spaß macht, ist genauso verboten wie das Aufnehmen von Fotos oder Videos von seinen Mitreisenden.

So können Sie sich diesen Traum erfüllen

Sie sichern sich Ihren Platz auf einer FKK-Kreuzfahrt über die Buchungsportale von Kreuzfahrten im Internet, im Reisebüro oder direkt beim größten Spezialcharterer Bare Necessities (www.cruisebare.com).

Nackt durch die Karibik schippern lässt sich während der mittlerweile legendären Big-Nude-Kreuzfahrt, die vom selben Charterer jährlich angeboten wird. Hier lässt sich nicht nur an unterschiedlichen Stellen gänzlich nackt speisen, hier können die Liebhaber nackter Haut auch ungehemmt Sport treiben, ein Spielchen wagen oder das Tanzbein schwingen.

Unterwegs bieten die Veranstalter dann spezielle Unterhaltungsprogramme an, die dem besonderen Charakter der Kreuzfahrt und der Passagiere Rechnung tragen. So gibt es beispielsweise eine Neon-Nacht, in der das einzig vorgeschriebene Kleidungsstück ein Leuchtstäbchen ist.

Angefahren werden hier traumhafte Häfen, in denen man dann zwar nicht mehr nackt auf Entdeckungstour gehen kann, die aber dennoch ein unvergessliches Event darstellen.

Kreuzfahrt auf der Titanic II

Ich bin der König der Welt

ATLANTIK

Das einst größte Schiff der Welt sollte neue Maßstäbe im Reisekomfort setzen. Zunächst als unsinkbar betitelt, musste es sich am frühen Morgen des 15. April 1912 dennoch einem Eisberg geschlagen geben. Es riss mehr als 1.500 Passagiere in den Tod. Und obwohl sie nur ihre Jungfernfahrt absolvieren konnte (und diese nicht einmal vollendete), gilt die Titanic heute als Mythos. Sehr bald können Sie diesen Mythos höchstpersönlich Revue passieren lassen. Diesmal hoffentlich ohne Eisberg ...

Kosten	Erlebniswert	Aufwand
💳💳	★★★★	🔧🔧

Möchten Sie sich auch einmal an den Schiffsbug stellen und die grenzenlose Freiheit durch Ihr Jackett wehen lassen, dann haben Sie hierzu voraussichtlich ab 2022 die Gelegenheit. Die Reederei Blue Star Line baut derzeit mit dem Schiff Titanic II eine fast baugleiche Kopie des legendären Luxusliners, wobei sie in der Länge mit dem Original übereinstimmt, jedoch etwas breiter gebaut ist, um mehr Stabilität zu erhalten.

Ihre Jungfernfahrt wird sie ebenfalls originalgetreu gemäß dem Reiseverlauf der Titanic absolvieren und die Passagiere von Southampton nach New York befördern. Zwei Wochen sind für diese Atlantik-Überquerung angesetzt. Ebenfalls wie früher ist die Einteilung in unterschiedliche Klassen. So wird es auch auf der Titanic II eine Erste, Zweite und Dritte Klasse geben. Und wer

weiß: Vielleicht verliebt sich während der Fahrt ja ein Passagier der Dritten Klasse in eine Dame aus der Ersten.

Ebenfalls identisch wie in ihrem Vorbild sollen die Speisesäle und Restaurants gehalten werden. 2.400 Passagiere sollen auf der Titanic II Platz finden, die von 900 Crewmitgliedern betreut werden. Die 840 Kabinen auf neun Decks sollen ebenso im Stile der 1920er-Jahre eingerichtet sein wie der Swimmingpool und der Fitnessraum.

Der australische Multi-Millionär Professor Clive Palmer erfüllt sich mit dem Bau dieses neuen Luxusdampfers einen Traum, und vermutlich auch den Traum vieler Kreuzfahrender, die den Mythos Titanic einmal selbst erleben möchten. Um ein ähnliches Schicksal wie bei seinem Vorbild weitestgehend ausschließen zu können, wird die Titanic II zwar äußerlich eine unvergleichliche Ähnlichkeit zum Schiff aus dem frühen 20. Jahrhundert besitzen. Die Technik allerdings wird eher im 21. Jahrhundert angesiedelt; die Titanic II wird mit neuester Navigations- und Sicherheitstechnologie ausgestattet sein. Und vermutlich sogar für alle Passagiere ausreichend Platz in den Rettungsbooten haben, die aber ja zum Glück nicht benötigt werden. Stichwort: unsinkbar.

Bereits einige Versuche gab es schon von verschiedenen Reedereien, die Titanic wieder aufleben zu lassen und eine Kopie des Schiffes anzufertigen. Vom Stapel gelassen wurde allerdings bislang kein einziges dieser Schiffe. Und auch die Jungfernfahrt der hier vorgestellten Titanic II sollte bereits im Jahr 2016 erfolgen. Dann hieß es, sie würde 2018 fertiggestellt werden – und jetzt wurde die Indienststellung für das

Jahr 2022 angekündigt. Es bleibt also spannend und abzuwarten, ob und wann wir in den Genuss echter Kreufahrtromantik kommen werden, die uns in die Anfänge dieser Reiseform zurückversetzt.

Funfact am Rande

Am Bug der Titanic II soll eine Kamera angebracht werden, damit die Passagiere die legendäre Szene mit Rose und Jack aus dem Film nachspielen können.

So können Sie sich diesen Traum erfüllen

Noch ist eine Kreuzfahrt auf der Titanic Zukunftsmusik. Über den aktuellen Stand der Konstruktion und die geplante Indienststellung können Sie sich auf der Seite www.bluestarline.com.au informieren.

Schafwalking auf dem Deich

Unter Schafen

NORDSEE, TAUNUS, SCHWARZWALD · DEUTSCHLAND

»Die Schafe, sie blöken wie wild auf dem Deich. Und mit schwarzgrünen Kugeln garnieren sie ihn gleich.« An der Nordseeküste lässt sich nicht nur hervorragend der Wattwurm jagen, sondern auch ein meditatives Erlebnis der besonderen Entspannung finden.

Kosten	Erlebniswert	Aufwand
💳	★ ★	🔧🔧

Hunde im Büro sollen ja nachweislich das Betriebsklima verbessern und vor Stress und Burn-out schützen. Gleiches gilt für einen Spaziergang mit einem Schaf. Eine solch spezielle Wanderung ist ein Erlebnis für die ganze Familie. Nicht nur Kinder lieben es, ein flauschig-weiches Schaf auszuführen. Die Gelassenheit und ruhige Art des Tieres überträgt sich auf den menschlichen Begleiter – schnell sind die Hektik und die Sorgen des Alltags vergessen.

Es gibt in Deutschland mittlerweile eine Reihe von Anbietern, die ein Schaftrekking anbieten. Insbe-

sondere in den Ferienregionen an Nord- und Ostsee lassen sich derartige Angebote buchen, aber auch im Taunus und im Schwarzwald können Tierfreunde mit Schafen auf eine Wanderung gehen. In der Regel werden verschiedene Touren unterschiedlicher Länge angeboten. Von einer kurzen Schnuppertour über eine Halbtagestour bis hin zu einer Ganztagestour einschließlich einer gemeinsam eingenommenen Mahlzeit ist für jeden etwas dabei.

Der Augenmerk bei allen Touren und bei allen Anbietern liegt natürlich auf den Tieren und nicht auf der Wanderung. Zwar führt diese durch wunderschöne Landschaften, und selbst Ortskundige entdecken vielleicht noch einen Wanderweg, den sie selbst noch niemals zuvor beschritten haben. Viel eindrucksvoller aber ist der Umgang mit den Tieren und das Beobachten ihres Verhaltens. Schnell stellt man fest, dass die Schafe – wie die Zweibeiner auch – ganz unterschiedliche Typen sind mit ganz unterschiedlichen Stimmungslagen und Eigenschaften.

Vor allem während der längeren Touren werden die Tiere auch unter den Begleitern gewechselt, sodass jeder die verschiedenen Charaktere der Tiere erleben kann.

So können Sie sich diesen Traum erfüllen

Es gibt deutschlandweit eine Vielzahl an Anbietern von Schaftrekking-Touren oder von Einblicken in die Arbeit mit den wolligen Rasenmähern, zum Beispiel im Taunus (https://ziegentrekking-taunus.jimdofree.com oder www.taunusschaefer.de), in Baden-Württemberg (www.schafwanderungen.de) oder an der Nordsee (www.deischschaeferei-feldhausen.de).

86

Besuch eines Kamelrennens

Volkssport Nummer eins in der Wüste

GOLFSTAATEN

Was für die Holländer ihr Wohnwagen, den Österreichern ihre Blasmusik ist für die Araber ihr Kamel.

Kosten	Erlebniswert	Aufwand
–	★ ★	🔧🔧

Zu Anfang erstmal eine gute und zwei schlechte Nachrichten. Zuerst die gute: Anders als bei unseren Pferderennen ist der Eintritt zu einem Kamelrennen in aller Regel kostenfrei. Und jetzt die schlechten: Anders als bei unseren Pferderennen können Zocker hier auf nichts und wieder nichts wetten – und noch weniger auf den nicht gewetteten Sieg mit Champagner anstoßen.

Berauscht wird man maximal durch den betörenden Duft der Tiere, der in der brütenden Hitze schwer in der Luft liegt wie ein Pfund Blei. Und von der Tatsache, dass man hier wirklich ganz nah am Geschehen sein kann. Denn – ebenfalls anders als bei unseren Pferderennen – gibt es hier keinen »Backstage-Bereich«, alles ist für alle und für jeden zugänglich. Sowohl die Vorbereitung der Tiere auf das Rennen als auch den Weg zur Startposition kann man unmittelbar miterleben.

Funfact am Rande

In den arabischen Ländern ist das Kamel ein absolutes Statussymbol und manchmal mehr wert als ein Porsche, insbesondere wenn es sich um ein Rennkamel handelt.

Daher aufgepasst, wer hier mit dem Auto unterwegs ist: Kommt ein Kamel zu Schaden, kann das richtig teuer werden! Gerne wird in so einem Fall auch mal ein alter Klepper, der nicht einmal mehr zur Wurstverarbeitung getaugt hätte, zu einem Rennkamel mit absoluten Siegerqualitäten hochgelobt.

Kamelrennen finden in den arabischen Ländern regelmäßig in den Wintermonaten statt, und zwar auf eigens dafür meist mitten in der Wüste errichteten Rennstrecken. Direkt neben der Piste für die Kamele führt ein Weg entlang, auf dem die Besitzer in ihren SUVs sitzend neben ihren Tieren fahren und diese lautstark anfeuern.

Schließlich steht auch viel auf dem Spiel. Neben hochdotierten Preisen, die so manches Pferderennen von internationalem Ruf eher blass aussehen lassen, geht es den Kameltreibern vor allem um Ruhm und Ehre. Demzufolge werden die Wüstenschiffe natürlich auch gehegt und gepflegt, und so manchem Kamel geht es wahrlich besser als ihren Pflegern. Zwar müssen sie auf ihr Gewicht achten, aber ansonsten werden sie mit allerlei Leckereien verwöhnt. Zum Frühstück gibt es ein Müsli aus Hafer und Weizen, zum Mittag dann eine Eierspeise. Als Getränk hierzu empfiehlt der Sommelier ein Glas frische Ziegenmilch, zum Nachtisch und als Zwischenmahlzeit gibt es schließlich Datteln nach Art des Hauses.

Dafür geben die Kamele dann während des Rennens aber auch alles. Die meisten jedenfalls. Denn sie werden nicht von einem Jockey geritten, sondern nur von einem kleinen Kasten auf ihrem Rücken von ihrem Team um Besitzer und Coach während des Rennens ferngesteuert, der roboterähnlich eine kleine Gerte steuert. So kommt es dann auch schon mal vor, dass ein Kamel gar keine Lust hat und einfach nicht aus der Startbox kommen will. Oder dass sich ein Tier auf halber Strecke überlegt, doch besser die Richtung zu wechseln und einfach zurückzulaufen.

Das sind dann die Momente, die die Kamelrennen so besonders machen. Sie sind wie eine Schachtel Pralinen. Man weiß nie, was man bekommt.

So können Sie sich diesen Traum erfüllen

Die Internetauftritte der Tourismusbehörden der Golfstaaten informieren über bevorstehende Kamelrennen in ihrer Region:

Dubai   www.visitdubai.com
Abu Dhabi   www.visitabudhabi.ae
Oman   www.omantourism.gov.om
Bahrain   www.visitbahrain.bh
Qatar   www.visitqatar.qa

87

Einen Kunstflug mitfliegen

Oben, unten, auch egal

ALTENBURG-NOBITZ · DEUTSCHLAND

Zu großen Veranstaltungen tauchen sie gerne am Himmel auf, die tollkühnen Männer in ihren fliegenden Kisten. Atemberaubende Kunststücke vollbringen sie mit ihren Flugzeugen, dicht an dicht, über und unter anderen Maschinen der Staffel, dabei zahllose Loopings absolvierend. Gerade so, als wenn die Luft keine Balken hätte. Aber warum immer nur zuschauen? Fliegen Sie doch einfach mit!

Kosten	Erlebniswert	Aufwand
▭▭▭▭	★★★★	⚒⚒⚒

Die Kunstflugzentrale Thüringen bietet sich nicht nur als Attraktion für eine ganz persönliche Airshow an, zum Beispiel anlässlich eines besonderen Geburtstages oder eines Firmenjubiläums (150 Euro pauschal pro Tag plus 300 Euro je Vorführung und 4 Euro für jeden geflogenen Kilometer ab Flugplatz Altenburg). Die besondere Leistung besteht eigentlich darin, dass Flugbegeisterte einen solchen Kunstflug, den die Piloten zum Beispiel während einer Airshow fliegen würden, als Passagier mitfliegen dürfen.

Der Treffpunkt für dieses Abenteuer ist um 9 Uhr morgens am Tower des Flugplatzes in Altenburg. Nach einem letzten Wettercheck durch den Piloten geht es zum Flugzeug, einer zweisitzigen Sukhoi SU-92, die speziell für Wettbewerbe konzipiert und eigens für Kunstflüge zugelassen wurde.

Als Passagier nehmen Sie auf dem vorderen Sitz Platz und werden daraufhin eins mit Ihrem Sitz. Anders lässt sich die Prozedur nicht ausdrücken, denn man wird regelrecht festgezurrt, damit man beim Flug auf seinem Sitz bleibt und nicht durch die ganze Maschine gewirbelt wird. Dann erfolgen die letzten Einweisungen, die aufgrund des Fehlens einer Stewardess heute vom Piloten persönlich kommen. »Bitte stellen Sie nun das Rauchen ein und vergewissern Sie sich, dass Ihre Rückenlehne senkrecht steht. Da jederzeit Turbulenzen auftreten können, sind Sie verpflichtet, sich anzuschnallen, sobald Sie Ihren Sitzplatz eingenommen haben. Dies dient zu Ihrer eigenen Sicherheit. Einzelheiten hierzu entnehmen Sie bitte dem Bordmagazin.«

Dann geht es auch schon los. Während der recht kurzen Steigphase genießen Sie den Ausblick über Altenburg und das Thüringer Land. Wenig später sagen dann noch die Thüringer Klöße von gestern Abend: »Hallo.« Der erste Looping war aber dummerweise nur als harmlose Einstimmung auf das Programm gedacht, quasi ein Warm-up. Bereits hier wird der Körper mit dem Fünffachen des eigenen Gewichts konfrontiert. Anschließend folgt ein sogenannter Turn, bei dem die Maschine zuerst senkrecht nach oben gezogen wird und danach senkrecht nach unten abfällt. Bei der folgenden Rolle dreht sich das Flugzeug um seine Längsachse und fliegt fortan kopfüber. Im nächsten Looping – diesmal länger, höher und weiter als beim ersten Mal – fühlen Sie sich dann wie in einer überdimensionalen Achterbahn – ohne Schienen. Beim Außenlooping wird Ihr Körper aus dem Sitz geholt – spätestens jetzt wissen Sie, warum ein bloßer Sicherheitsgurt nicht ausreicht. Es folgt eine Disziplin, die an den Schleudergang Ihrer Waschmaschine erinnert – sechs Rollen hintereinander runden schließlich Ihren Kunstflug ab, bevor Sie sich dann, nach insgesamt 19 Kunststückchen, wieder auf den Boden der Tatsachen begeben und Ihren Gleichgewichtssinn zurückerobern können.

**So können Sie sich
diesen Traum erfüllen**

Der Kunstflug dauert etwa 20 Minuten und
kostet 360 Euro. Weitere Informationen und
Buchung unter www.kunstflugzentrale.de.

88

Die coolsten Infinity-Pools der Welt erleben

Nicht von dieser Welt

BALI · INDONESIEN
SINGAPUR
SANTORIN · GRIECHENLAND

Der erste Swimmingpool, den ich benutzen durfte, war hellblau gekachelt, und man musste erstmal einen Meter fünfzig eine verchromte Leiter hinabklettern, bevor die Füße nass wurden. Erst eine ganze Weile später gab es dann Becken, die bis zum Rand mit Wasser gefüllt waren. Solche Infinity-Pools sind heute nichts Besonderes mehr. Die Lage der schönsten Infinity-Pools der Welt jedoch ist eine Reise wert.

Kosten	Erlebniswert	Aufwand
▢▢	★ ★ ★ ★	⚒ ⚒

Es gibt eine Reihe von atemberaubenden Infinity-Pools, die an sich eine Reise wert sind und für viele vermutlich einen eigenen Lebenstraum darstellen. Einer davon ist der terrassenförmig angelegte Pool des Resorts Hanging Gardens of Bali. Schwimmt man auf der untersten Ebene des Pools bis zu seinem Rand, erweckt dies den Eindruck, als würde man in den üppig-grünen Regenwald hineinschwimmen. Da jede der eleganten, im traditionellen Stil mit Strohdächern errichtete Villen zusätzlich einen eigenen privaten Infinity-Pool besitzt,

indem man ebenfalls in den Regenwald hineinschwimmen kann, ist der Andrang am Hauptpool nicht allzu groß. Nur gelegentlich verirren sich hierhin Sonnenanbeter – die meisten kommen, um den Pool zu fotografieren oder ein Selfie zu machen.

Infinity-Pool für Sparfüchse

Wer den sagenhaften Pool des Resorts einmal mit eigenen Augen gesehen haben und seinen Instagram-Account mit coolen Fotos aufpimpen möchte, aber die rund 600 Euro für eine Nacht im Hanging Gardens of Bali nicht investieren möchte, kann eine Reservierung zum Lunch im Restaurant Three Elements vornehmen und speist dann direkt am Pool. Das ist dann bereits ab 45 US-Dollar pro Person zu haben, einschließlich Essen und einem Willkommensdrink. Die Nutzung des Swimmingpools ist ebenfalls für Nichtgäste möglich. Eine Tageskarte kostet allerdings 188 US-Dollar, beinhaltet dafür aber auch ein 3-Gänge-Menü sowie einen Willkommensdrink.

Drei Farben: Blau

Ein nicht minder atemberaubender Infinity-Pool befindet sich auf dem Dach des Hotels und Casinos Marina Bay Sands in Singapur. Während das aus drei 55-stöckigen Türmen bestehende Gebäude an sich schon ein wahrer Hingucker ist und den Regeln des Feng-Shui folgt, ist der Dachgarten auf 191 Metern Höhe ein echter Hammer. Auf einer Länge von 146 Metern erstreckt sich hier oben über alle drei Türme ein atemberaubender Infinity-Pool, der weltweit größte auf dieser Höhe. Schwimmt man bis zum Rand, erhält man den Eindruck, als würde man auf die Skyline Singapurs zuschwimmen.

> Während der Swimmingpool nur Übernachtungsgästen zugänglich ist (Preis pro Nacht ab 200 Euro), ist die Dachterrasse auch für Tagesgäste geöffnet. Sie bietet eine Sicht auf den Pool sowie einen tollen 360-Grad-Rundumblick über Singapur.

Man muss aber nicht zwangsläufig nach Asien reisen, um atemberaubende Infinity-Pools erleben zu können. Auch in Europa finden sich Gelegenheiten, die einen regelrecht umhauen.

Ein Lebenstraum für viele ist die Kykladeninsel Santorin in Griechenland. Grandiose Ausblicke auf die Caldera, romantische Sonnenuntergänge und die wohl größte Dichte an Infinity-Pools überhaupt macht die Vulkaninsel zu einem absoluten Hotspot innerhalb Europas. Nicht nur in der Inselhauptstadt Thira, vor allem in Oia reihen sich luxuriöse, in die Caldera-Wand gehauene Boutique-Hotels dicht an dicht, allesamt mit einer atemberaubenden Sicht auf den Vulkankrater und den sagenhaften Sonnenuntergang. Das Türkisgrün der Pools bietet dem Auge einen wunderschönen Kontrast zum tiefblauen Meer, dem leuchtenden Blau der Kirchenkuppeln und dem Schneeweiß der traditionellen Häuser.

Besonders schöne Anlagen mit besonders schönen Infinty-Pools, in denen regelmäßig Stars von Weltruhm absteigen, sind Canaves Oia Suites (hier ist insbesondere die Executive Suite mit privatem »Cave-Pool« zu empfehlen, die ab schlappen 2.800 Euro pro Nacht verfügbar ist) sowie das Hotel Katikies. Für etwas Preisbewusstere bietet sich auch das Santorini Secret Suites & Spa an. Die Suiten sind nicht so luxuriös wie in den erstgenannten Unterkünften, dafür hat jede Suite einen privaten Whirlpool auf der Terrasse. Die Übernachtung mit Frühstück ist für knapp 600 Euro zu haben.

Santorin für Sparfüchse

Die drei wichtigsten Dinge bei Immobilien, nämlich Lage, Lage und Lage, gelten insbesondere für die Hotels auf Santorin. Unterkünfte ohne oder mit nur eingeschränktem Blick auf die Caldera sind wesentlich günstiger und zum Teil schon für einen Bruchteil der Anwesen in erster Reihe zu haben. Wer nicht unbedingt von seinem eigenen Pool aus auf die Caldera schauen muss, erhält denselben Blick kostenlos bei einem Rundgang durch den Ort.

So können Sie sich diesen Traum erfüllen

Buchen Sie im Reisebüro oder direkt unter

Canaves Oia Suites
www.canaves.com
Katikies
www.katikies.com
Secret Suites & Spa
www.santorini-secret.com
Hanging Gardens of Bali
www.hanginggardensofbali.com

Terrassenpool im Hanging Gardens of Bali ▶

89

Im Rennwagen über eine Formel-1-Strecke fahren

An Schumis Fersen geheftet

ABU DHABI · VEREINIGTE ARABISCHE EMIRATE
NÜRBURGRING · DEUTSCHLAND

Sicherlich steht man dem Motorsport etwas zugeneigt gegenüber, wenn man den Traum hat, einmal in einem richtigen Rennwagen über eine echte Formel-1-Piste zu heizen. Zumindest jedoch wird man ein gewisses Faible für schnelle Autos haben. Oder man findet eine bestimmte Rennstrecke einfach so grandios, dass man sie unbedingt einmal erfahren möchte.

Kosten	Erlebniswert	Aufwand
💳	★ ★ ★	🔧

Ehrlich gesagt trafen bei mir persönlich alle drei Motive zu. Daher freute ich mich natürlich umso mehr und wie ein Schneekönig, als mir der Weihnachtsmann ein solches Geschenk durch den Schornstein schmiss.

Der Betrieb einer Rennstrecke allein für ein Rennwochenende der Formel 1 wäre für den Betreiber völlig unrentabel, und so gibt es dort eine Reihe vielfältiger Programme, die unterjährig zahlungskräftige Kundschaft und finanzstarkes Publikum anlocken sollen. Die Straßenrennen wie zum Beispiel der Große Preis von Monaco oder Aserbaidschan fallen natürlich nicht hierunter, da die Rennstrecke über abgesperrte, ansonsten öffentliche Straßen verläuft und nach dem Rennen wieder freigegeben wird.

Auf den permanenten Strecken jedoch finden Veranstaltungen der Automobilclubs, andere Rennen und sogar Rad- und Laufveranstaltungen statt. An den Tagen ohne festes Programm stehen die Strecken meist der Öffentlichkeit zur Verfügung, die dann Schumi, Vettel oder Hamilton entweder mit ihrem eigenen Auto oder in einem Luxuswagen wie einem Audi R8, Ferrari oder Lamborghini nacheifern können. Oder eben in einem echten Rennwagen.

Die Möglichkeit, sich für ein paar Stunden einen Rennwagen auszuleihen und damit seine Runden über die Piste zu drehen, ist schon etwas ganz Spezielles. Und das Beste: Es sind dafür absolut keine Vorkenntnisse erforderlich. Auch besonders sportlich müssen Sie nicht sein. Sie müssen lediglich gesund sein und in den – für Limousinenhintern etwas unbequem erscheinenden – Sitz passen. Ach ja, und über einen Führerschein müssen Sie verfügen.

Zwar gilt auf der Rennstrecke nicht die Straßenverkehrsordnung, dennoch sollten Sie auch hier Gas von Bremse unterscheiden können.

Wie es bei solch ungewöhnlichen Events üblich ist, füllen Sie, bevor der Spaß überhaupt losgeht, erst einmal eine Verzichtserklärung aus, die den Veranstalter von allen Ansprüchen gegen Sie freistellt. Sollte also Ihnen selbst, einem anderen Teilnehmer durch Ihr Verschulden oder der Karre etwas zustoßen, stehen Sie im Zweifel im Regen. Die Haftpflichtversicherung für Ihren Nissan jedenfalls kommt hierfür nicht auf. Deswegen sollten Sie sich überlegen, ob der Abschluss einer speziellen Versicherung, die vor Ort für Ihr Vorhaben angeboten wird, sinnvoll erscheint. Allerdings ist die Prämie exorbitant hoch und kostet fast mehr als das Leihen des Rennwagens selbst.

Sind alle Formalitäten geklärt, erhalten Sie einen Rennanzug, Handschuhe und einen Helm. Die Aufregung steigt allmählich – und noch weiter, wenn Sie im Vorbereitungsraum plötzlich auf all die anderen Fahrerinnen und Fahrer treffen, die gleichzeitig mit Ihnen auf der Strecke sein werden. Ein Instruktor erklärt nun den allgemeinen Ablauf, die Besonderheiten der Strecke (Vorsicht vor den fiesen Haarnadelkurven, die sich meist nach einer langen Geraden verstecken) und die zeitlichen Vorgaben für das heutige »Rennen«. Außerdem erklärt er Ihnen anhand einer Präsentation die Besonderheiten Ihres Rennwagens, wo Gas und Bremse sind und was es mit den beiden Hebeln links und rechts am Lenkrad auf sich hat. Wenn Sie dann feststellen, dass Sie der einzige sind, der noch niemals zuvor in einer solchen Rakete gesessen hat, stellen Sie Ihre dummen Fragen ein und möchten am liebsten sofort zurück nach Hause.

Doch dafür ist es jetzt zu spät. Gemeinsam geht es nach draußen, wo alle in ihre Wagen »eingebaut« werden. Tatsächlich ist es so eng in der Seifenkiste, dass man nur froh ist, damit nicht bis an den Gardasee fahren zu müssen.

Auch etwas ungewohnt sind Übertragung und Schaltung. Bis mein Wagen überhaupt erst mal einen Meter weit kommt, vergehen gefühlt Stunden. Während die anderen Rennteilnehmer schon Runde um Runde drehen, stehe ich immer noch in der Boxengasse und diskutiere mit meinem Auto aus, wer von uns denn hier der Boss ist. Gebe ich zu viel Gas, macht der störrische Esel einen großen Sprung – und der Motor ist aus. Gebe ich zu wenig Gas, macht er einen kleinen Sprung – und der Motor ist ebenfalls aus.

Ich weiß nicht wie, aber irgendwann und irgendwie habe ich es dann doch geschafft und schalte mich munter durch die Gänge. Mit dem siebten Gang habe ich dann langsam, aber sicher nicht nur die Wirbelsäule sondern auch den Bogen raus, und es macht wirklich Spaß, die Beschleunigung zu erleben und mit Schmackes durch die Kurven zu fliegen.

Am Ende des »Rennens« fragen mich meine Renngegner, warum ich denn in Zeitlupe gefahren sei. Es lag am Material, sage ich.

So können Sie sich diesen Traum erfüllen

Mein Erlebnis fand auf der Rennstrecke in Abu Dhabi statt. Über die Webseite des Betreibers (www.yasmarinacircuit.com) erhalten Sie weitere Informationen und können Ihre ganz

persönliche wilde Fahrt buchen (ab 350 Euro). Übrigens muss es nicht zwangsläufig ein Rennwagen sein: Sie können auch einige Runden in einem Ferrari (ab 1000 Euro), Aston Martin (ab 350 Euro) oder einem AMG (ab 300 Euro) drehen.

In Deutschland bietet die Nürburgring GmbH Trainings auch im Rennwagen auf der legendären Rennstrecke an (ab 395 Euro). Buchung und Informationen unter www.nuerburgring.de.

Stau in der Boxengasse

Dinieren bei Paul Bocuse & Co

Eine Eins mit drei Sternchen

DEUTSCHLAND
ÖSTERREICH
SCHWEIZ

Um bei einem wahren Könner seines Handwerks einzukehren, muss man natürlich nicht nach Collonges-au-Mont-d'Or reisen (zumal man den guten Paul spätestens seit 2018 dort ohnehin nicht mehr persönlich antreffen würde). Auch in Deutschland lässt sich speisen wie Gott in Frankreich, in 249 Sternerestaurants, 41 Lokalen mit zwei Michelin-Sternen und immerhin zehn Spitzenrestaurants mit sogar drei Sternen.

Kosten	Erlebniswert	Aufwand
💳💳	★★	🔧🔧

In Sachen gutem Essen zählt Deutschland mittlerweile zu den Spitzenplätzen, wenn man den Experten des *Guide Michelin* Vertrauen schenken darf. Seit 1900 vergeben sie für besonders gute Küchen die begehrten Sterne, die sich die Teams jedes Jahr erneut verdienen müssen.

Essen unter Sternen

Bereits im Jahr 1936 wurden die bis heute gültigen Sterne-Klassifikationen eingeführt.

Ein Stern bedeutet dabei: »Eine sehr gute Küche: verdient besondere Beachtung.«

Zwei Sterne zeichnen ein Restaurant aus mit einer »hervorragenden Küche: verdient einen Umweg.«

Drei Sterne stehen für »eine der besten Küchen: ist eine Reise wert.«

Möchte man gerne einmal selbst feststellen, worin der Unterschied zwischen Pommes Kurt und Frank Rosin liegt, sollte man sich bereits einige Zeit im Voraus um einen Tisch bemühen. Denn vor allem an den Wochenenden sind derartige Nobelschuppen sehr gefragt. Haben Sie die Wahl also getroffen, und wissen Sie, in wessen Sterne-Etablissement Sie gerne speisen möchten, können Sie bei den meisten Einrichtungen entweder klassisch telefonisch oder online einen Tisch reservieren, und Sie erhalten postwendend eine Reservierungsbestätigung.

Zu den derzeit angesagtesten Restaurants zählen

In Deutschland

- ★ **Restaurant Français**, Frankfurt am Main
  www.restaurant-francais.de
- ★★ **Rosin**, Dorsten
  www.frankrosin.de
- ★★★ **GästeHaus Klaus Erfort**, Saarbrücken
  www.gaestehaus-erfort.de

In Österreich

- ★ **Esszimmer**, Salzburg
  www.esszimmer.com
- ★★ **Mraz & Sohn**, Wien
  www.mrazundsohn.at
- ★★★ **Amador**, Wien
  www.restaurant-amador.com

In der Schweiz

- ★ **Bel Etage im Hotel Teufelhof**, Basel
  www.teufelhof.com
- ★★ **The Restaurant**, Zürich
  www.thedoldergrand.com
- ★★★ **Schloss Schauenstein**, Fürstenau
  www.schauenstein.ch

Sterneküche für Sparfüchse

Wer sich das Geld für den aktuellen Michelin-Guide sparen und das Ersparte lieber in ein kleines Glas stilles Wasser während des Essens investieren möchte, der findet auf der Internetseite des Restaurant-Führers www.guide.michelin.com alle aktuellen Sterne-Restaurants aufgelistet, nach Wunsch regional vorsortiert.

Ein kurzer Überblick über das zu Erwartende sowie ein Auszug aus der Speisekarte und eine Preisspanne lassen vor Ort keine unangenehmen Überraschungen aufkommen.

91

Ein Besuch der Goldenen Brücke

Von Händen über den Regenwald getragen

VIETNAM

Ein begehbares Kunstwerk der besonderen Art befindet sich in den Bergen Vietnams. Eigentlich als Fußweg zu einer Seilbahnstation konzipiert, stellt es eine Sehenswürdigkeit an sich dar, für die Touristen eigens in die Bergregion anreisen. Nach Berichten in internationalen Medien und unzähligen Selfies in den sozialen Netzwerken zählt die Installation bereits heute zu den beeindruckendsten Brücken der Welt.

Kosten	Erlebniswert	Aufwand
🗐🗐	★★★	🔧🔧

Die 150 Meter lange »Goldene Brücke« muss überschreiten, wer mit der Seilbahn zu den Gartenanlagen des Bà-Nà-Hills-Resorts möchte. Zwar sind diese ebenfalls spektakulär, und auch die Seilbahnfahrt an sich offenbart fantastische Ausblicke auf die grandiose Landschaft – zudem ist die Seilbahn mit 5.801 Metern die längste Seilbahn der Welt. Das absolute Highlight aber sind die beiden riesigen Steinhände, die die Brücke zu tragen scheinen.

> Die Goldene Brücke wurde von TA Landscape Architecture konstruiert und innerhalb von nicht ganz einem Jahr errichtet. Seit Juni 2018 ist Vietnam mit ihr um eine Sehenswürdigkeit reicher.

> Mit ihrer Konstruktion wollten die Architekten zeigen, wie klein und unbedeutend der Mensch im Vergleich zu den massiven Naturgewalten ist. Und genau dieser Eindruck stellt sich beim Besucher ein, wenn er auf der Brücke auf den nicht enden wollenden Regenwald herabblickt.

Bei genauerem Hinsehen wundert man sich, dass die Brücke erst seit kurzer Zeit hier steht. Die zum Teil bereits verrottet aussehenden Hände, aus denen das Moos herauszusprießen scheint, erwecken den Eindruck, dass die Steinobjekte bereits seit Hunderten von Jahren an diesem Ort stehen. Das ist so gewollt, sagen die Architekten. Die Hände bestünden aus grauer Glasfaser, in die man bewusst moosgrüne Flecken hineingesprenkelt habe, damit sie sich optisch optimal an die Landschaft anpassen und eben einen gealterten Eindruck vermitteln.

Bereits bei der Anreise in der Seilbahn zeigt sich das umwerfende Kunstwerk in seiner ganzen Pracht, eingebettet in den umliegenden Regenwald. Jetzt, am frühen Morgen, durchzieht die Brücke ein feiner Nebel, der die ganze Angelegenheit noch mystischer macht. Ein weiterer Vorteil, bereits so früh auf den Beinen zu sein (die erste Seilbahn des Tages ist die, die Sie nehmen wollen!), ist, dass die Brücke noch nicht allzu überlaufen ist. Zwar sind auch um diese Uhrzeit bereits einige Touristen unterwegs, aber im Vergleich zu dem, was ab dem späten Vormittag hier oben los ist, herrscht eine himmlische Ruhe.

Um sich selbst einmal einen Eindruck von diesem grandiosen Kunstwerk zu verschaffen, empfiehlt sich ein Tagesausflug ab Hôi An, der von verschiedenen lokalen Veranstaltern angeboten wird. Sie benötigen dafür einen ganzen Tag Zeit sowie pro Person rund 160 Euro.

Funfact am Rande

Damit die Brücke den Menschen etwas länger erhalten bleibt und nicht in die Speisekammer der hier lebenden Tierchen übergeht, wurde ein termitenresistentes Material für den Bau gewählt.

So können Sie sich diesen Traum erfüllen

Buchungsmöglichkeiten und weitere Informationen erhalten Sie über die Seite des Bà-Nà-Hills-Resorts (https://banahills.sunworld.vn/en).

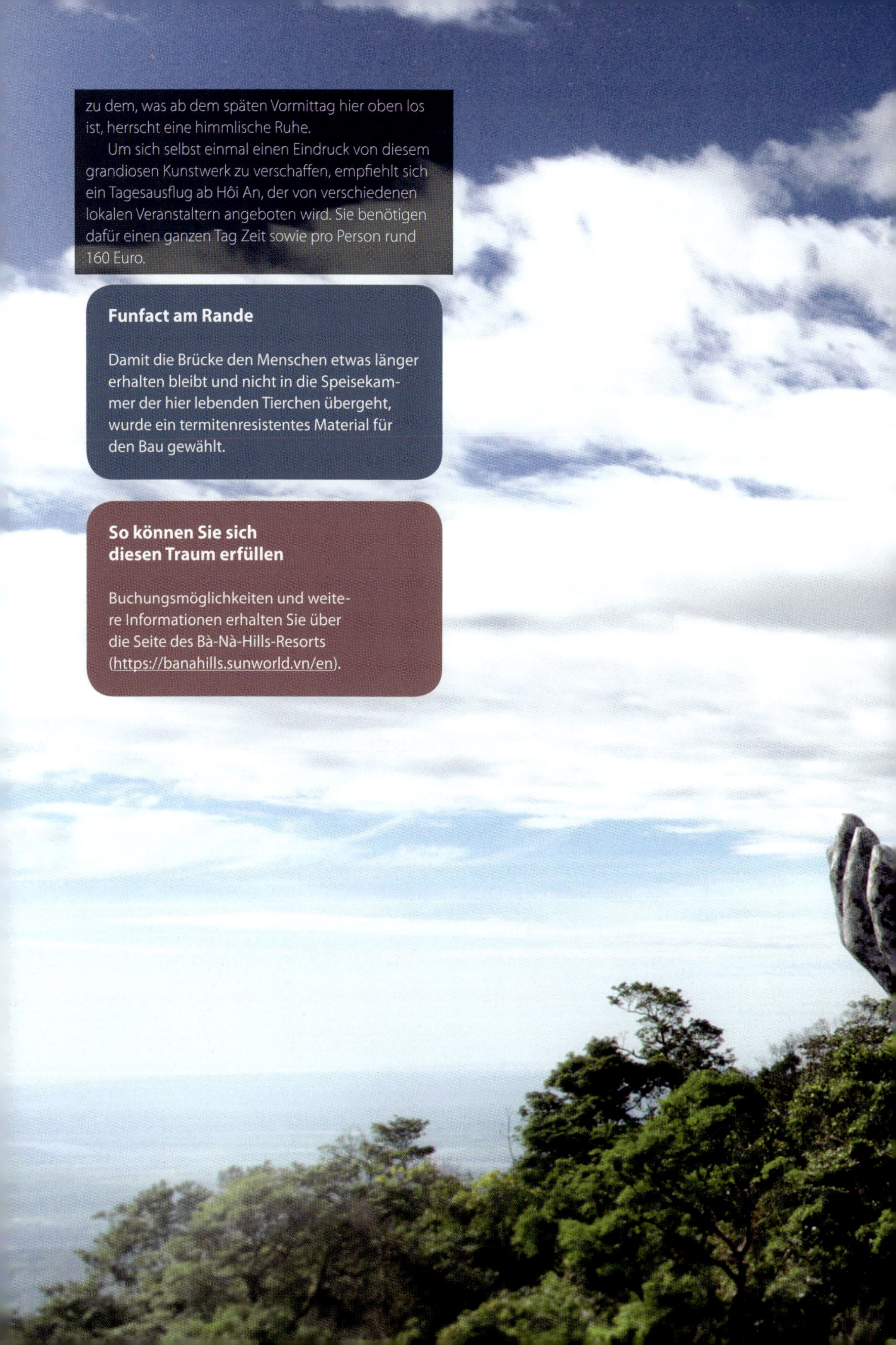

Den größten Virtual-Reality-Freizeitpark der Welt besuchen

Wenn das Leben auf dem Kopf steht

DUBAI · VEREINIGTE ARABISCHE EMIRATE

Um bei dem riesigen Angebot an Freizeit- und Beschäftigungsmöglichkeiten mithalten und in Konkurrenz zu den immer stärker werdenden virtuellen Angeboten im Netz oder auf Konsolen bestehen zu können, müssen sich Betreiber von Amüsierbetrieben heutzutage eine Menge einfallen lassen. Ein knuddeliges Maskottchen am Eingang lockt heute nicht mal mehr eine Dreijährige hinter ihrem Tablet hervor.

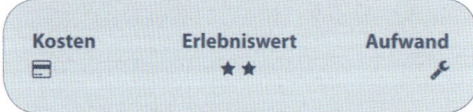

Kosten	Erlebniswert	Aufwand
🗎	★ ★	🔧

Der eine Freizeitpark bietet die größte Holzachterbahn der Welt, der andere kombiniert für seine Achterbahn Holz mit Stahl, und wieder der nächste hat das größte Gruselkabinett, in dem Schauspieler die Gäste erschrecken.

Das alles ist sehr schön. Aber richtig originell wird es doch erst, wenn die ganze Sache etwas anders angegangen wird. Echte Themenparks etwa, die sich nur auf ein spezielles Feld beziehen und den gesamten Park danach ausrichten. So gibt es beispielsweise einen Bollywood-Park für alle Fans der indischen Filmszene, für den sogar recht regelmäßig echte Stars aus Mumbai eingeflogen werden. Oder einen Park, der sich mit den Schlümpfen befasst. Oder mit den Helden Superman und Batman und wie sie alle heißen.

Richtig funktioniert haben die ersten Versuche dieser Art in Europa allerdings nicht. Der Vorreiter solcher echten Themenparks gibt zwar Mickey und Donald ein Zuhause, aber so richtig rund soll der Laden in Paris ja nicht gerade laufen. Und auch die Konkurrenz um Bugs Bunny und Duffy Duck musste ihre neue Heimat in Bottrop nach nur fünf Jahren wieder aufgeben, als sich Warner Bros. komplett vom Freizeitparkgeschäft verabschiedete.

Einen auf eine spezielle italienische Automarke zugeschnittenen Freizeitpark gibt es mittlerweile nicht nur in Abu Dhabi, sondern auch 100 Kilometer südlich von Barcelona. Beide Parks sind vollständig auf Ferrari ausgerichtet, und selbst die Namen der Attraktionen lassen daran keinen Zweifel aufkommen. Neben beschaulichen, virtuellen Fahrten durch das Produktionswerk in Maranello oder durch die Landschaft der Emilia-Romagna und Toskana gibt es Wettbewerbe im Reifenwechseln und eine Ausstellung alter und neuer Modelle aus dem Hause mit dem springenden Pferd.

Im europäischen Ferrari Land lockt außerdem der höchste und schnellste Vertikalbeschleuniger todesmutige Adrenalinjunkies, während die emiratische Ferrari World mit der Formula Rossa ins Rennen geht, der mit einer Spitzengeschwindigkeit von 240 km/h schnellsten Achterbahn der Welt.

Im wahrsten Sinn des Wortes Kopf stehen hingegen die Besucher des VR Park in Dubai. Obwohl dieser Freizeitpark vollständig innerhalb der Dubai Mall liegt, ist er mit einer Gesamtfläche von 7.000 Quadratmetern der größte Virtual-Reality-Park der Welt. Zwar wird hier nicht die ganze Welt auf den Kopf gestellt, zumindest aber Dubai selbst. Die Sehenswürdigkeiten der Stadt hängen von der Decke, der Burj Khalifa reicht wegen seiner Größe sogar fast bis auf den Boden. Alles erweckt hier den Anschein, als würde man selbst wie eine Fledermaus an der Decke hängen. Und dieser Eindruck wird durch die Attraktionen noch verstärkt. Sämtliche Fahrgeschäfte sind zwar reell, werden aber virtuell aufgepimpt. Beim Einsteigen erhalten die Fahrgäste eine entsprechende Brille, über die sie dann in eine völlig andere Welt eintauchen.

Auf der Achterbahn mit rotierender Gondel schlüpft man in die Rolle eines Dronentaxifliegers, der in schwindelerregenden Kreisformationen um und durch den Burj Khalifa donnert. Im Freifall-Turm ist man gerade mit der Reinigung der Fassade des Burj Khalifa beschäftigt, als die Arbeitsplattform plötzlich reißt, und auf der im Kreis rotierenden Wikingerschaukel mit Überschlag unternehmen die Passagiere einen virtuellen Fallschirmsprung.

So können Sie sich diesen Traum erfüllen

Die Homepage des VR Park finden Sie unter www.vrparkdubai.com

93

Haie füttern

Hoffentlich mag er Fisch

BEGA LAGOON · FIDSCHI

Deep Blue Sea, Open Water und natürlich *Der Weiße Hai* – in Filmen wie diesen kommt der Knorpelfisch nicht allzu gut weg. Vermutlich ist die allgemeine Darstellung des Hais als blutrünstiges Monster ein Grund dafür, dass man ihm eigentlich eher nicht begegnen möchte. Und schon gar nicht in seinem Revier. Unerschrockene Zeitgenossen aber begeben sich bewusst ins Wasser, um diese Kameraden auch noch zu füttern. Und das alles ohne Käfig und ohne Furcht und Tadel.

Kosten	Erlebniswert	Aufwand
💳	★★★	🔧🔧🔧

Ein bisschen mulmig war mir ja schon, als ich mich auf dieses Experiment einließ. Bereits vor Beginn der Reise auf die Fidschis hatte ich mich schlau gemacht, welche Reize die Inselgruppe im Südpazifik denn auch unterhalb der Wasseroberfläche bieten möge. Schnell fand ich heraus, dass sich vor allem in der Region um Pacific Harbour und in der berühmten Beqa Lagoon unzählige Haie tummeln.

Disclaimer

Das Füttern von wilden Tieren ist natürlich wider ihrer Natur. Haie sind Raubtiere, die sich in aller Regel selbst um ihre drei möglichst ausgewogenen Mahlzeiten kümmern können. Außerdem besteht die Gefahr, dass die Haie durch die Fütterungen lernen, dass die lustigen Wesen mit den Röhren auf dem Rücken ihr Futterlieferant sind. Sollte ihnen dann mal ein Taucher begegnen, der nicht auf Futtertour unterwegs ist, könnte dies zu einem Konflikt und zu einem ernsten Problem für diesen Taucher führen.
Der Hauptanbieter, Beqa Adventure Divers, hat sich dem Marine Conservation Project verschrieben und betreibt derartige Angebote als Aufklärung, die dem Schutz und dem Erhalt der Meeresbewohner dient.

Als wir in unserer Ausrüstung das Boot besteigen, merke ich, wie mein Herz langsam schneller zu schlagen beginnt. Ganz nah werden wir den Haien kommen, es wird kein Gitter oder Ähnliches zwischen uns und den Fischen sein. Der Katamaran wird langsamer, und wir erhalten die Aufforderung, uns startklar zu machen. Ein letzter Buddy-Check, Flasche aufgedreht, Weste aufgepumpt – und mit einer Rolle rückwärts geht es ins kühle Nass.

Mein Herz schlägt jetzt so laut, dass dadurch vermutlich alle Haie kilometerweit gewarnt werden und erst gar nicht aufkreuzen. Als wir unseren Spot erreicht haben, suchen wir uns einen Felsen, an dem wir uns

festhalten können. Wie auf Zuruf erscheinen bereits die ersten Gäste in unserem Pop-Up-Restaurant. Die Crew von Beqa Adventure Divers unternimmt die Fütterung an derselben Stelle einmal pro Woche, und so haben sich Sharky und seine Freunde just für diese Zeit natürlich einen roten Knoten in ihren Terminkalender gemacht. Heute gibt es Fischbüffet, und zwar *all you can eat!*

Mit einem Mal sehen wir vor lauter Haien und anderen vorwiegend großen Fischen den Wald vor lauter Bäumen nicht. Hier unten herrscht jetzt mehr Betrieb als auf dem Oktoberfest zum Italienerwochenende. Die mächtigen Riesen kommen uns bedrohlich nah und verspeisen mit Wonne die leckeren Meeresfrüchte, die ihnen unsere Guides anbieten.

Nachdem sämtliches Futter serviert wurde, drehen die Haie noch ein paar ungläubige Runden über uns hinweg, bevor sich allmählich das Feld lichtet und

unsere Gäste einer nach dem anderen im tiefen Blau des Ozeans verschwinden.

Erst beim Auftauchen wird mir bewusst, welches Abenteuer ich da gerade erleben durfte. Etwas derart wahrhaftig Atemberaubendes wird sich aus meinem Gedächtnis wohl nicht wieder löschen lassen.

So können Sie sich diesen Traum erfüllen

Haifütterungen werden nicht nur auf den Fidschis organisiert, sondern auch an anderen Tauchplätzen. Nehmen Sie Kontakt auf mit einer Tauchbasis in Ihrer Nähe. Auf den Fidschi-Inseln organisiert u. a. Beqa Adventure Divers ein solches Event (www.fijisharkdive.com).

94

Korallen pflanzen

Tue Gutes und sprich darüber

BORA BORA · FRANZÖSISCH-POLYNESIEN

Sängerinnen adoptieren afrikanischen Frauen sämtliche Kinder weg und lassen die *Bunte* darüber ausführlich und in knackigen Farben berichten. Der Geldadel trifft sich bei Benefiz-Galas zu Austern und Champagner und wirft dabei einen Obolus in die Spendenbox für »Brot für die Welt«. Unsereins rettet die Unterwasserwelt und pflanzt Korallen in Form seines Namens.

Kosten	Erlebniswert	Aufwand
💳	★★★	🔧🔧🔧

Ein großer deutscher Philosoph hat mehrfach gesagt: »Als ich nach Bora Bora kam und mir den Strand als Zimmer nahm, streckte ich meine Beine aus. Fühlte mich wie zu Haus.« Gut, ich weiß nicht, wie es bei Ihnen zu Hause aussieht, aber ich habe mich auf Bora Bora nicht wie zuhause gefühlt. So toll ist Frankfurt dann nun doch nicht.

Ein Aufenthalt auf Bora Bora hingegen ist ein Besuch im Paradies auf Erden. Smaragdgrünes Wasser, ein kräftig grüner Zentralberg im Hintergrund und luxuriöse Villen, die auf dem Wasser gebaut sind. Durch den Glasboden im Schlafzimmer kann man den Fischen Gute Nacht sagen, ohne dafür noch einmal ins Wasser gehen zu müssen.

In einer solchen Dekadenz kann man herrlich abschalten und die Seele baumeln lassen.

> **Funfact am Rande**
>
> Bei unserem Aufenthalt ertönten eines Nachts bis spät in den frühen Morgen allerlei kuriose Geräusche von der benachbarten, aber uneinsehbaren Villa herüber. Am nächsten Tag erfuhren wir aus der Klatschpresse den Grund hierfür: Jennifer Aniston verbrachte hier ihre Flitterwochen mit Justin Theroux. Allerdings schien die Trauminsel beiden kein Glück gebracht zu haben: Erst starb eine Freundin am Strand, dann folgte bereits nach nicht einmal drei Jahren das Ehe-Aus. Aber für Hollywood sind drei Jahre ja schon eine halbe Ewigkeit ...

Damit Bora Bora ein Paradies auf Erden bleibt, haben sich einige Hotels bereits Programmen angeschlossen, die sich um den Erhalt und den Neuaufbau der Korallenriffe kümmern. Zwar sind die Riffe in Französisch-Polynesien noch nicht so sehr gefährdet, wie dies in anderen Teilen der Welt der Fall ist, dennoch haben auch hier Artenreichtum und Farbenpracht der Nesseltiere nachgelassen. Gäste der teilnehmenden Resorts werden auf ihrer Rechnung darauf hingewiesen, dass diese mit einer kleinen Summe (rund 1,50 Euro pro Nacht) als Spende für die betreffende Organisation automatisch belastet wurde. Ist man damit nicht einverstanden, wird der Betrag selbstverständlich ohne Murren und Knurren wieder gutgeschrieben.

Bei wem der Geldbeutel etwas lockerer sitzt, kann sich für eine zusätzliche Spende von mindestens 50 Euro namentlich als Ehrenmann oder Ehrenfrau aufnehmen lassen. Oder, für mindestens 100 Euro, seine Initialen aus Draht als neues künstliches Riff pflanzen lassen, das in einigen Jahren von bunten Korallen überwuchert sein soll. Davon kann man sich dann bei seinem nächsten Besuch im Paradies auf Erden überzeugen.

Gefährdete Korallen werden in einem besonders geschützten Bereich des Meeres oder in der Forschungsstation gezüchtet und nach Erreichen einer bestimmten Größe an geeigneter Stelle an einem bestehenden Riff ausgesetzt oder zur Rekultivierung eines neues Riffs genutzt. Dies funktioniert besonders gut, da sich Korallen sowohl sexuell fortpflanzen als auch durch Fragmentieren vermehren können. Auf diese Weise lassen sich zum Beispiel mit einem abgebrochenen Stück Koralle eine Vielzahl neuer Korallen »züchten«. Diese kleinen Korallenteile werden an einer Drahtkonstruktion befestigt – mit der Zeit entstehen daran viele neue Korallen.

Erfahrene Taucher können beim Aussetzen von Korallen in einem geschützten Bereich des Riffs helfen oder die Überwachung des gesunden Wachstums neu verpflanzter Korallen übernehmen. Auch die Protokollierung bedrohter Teile des Riffs und abgestorbener, verblasster Stellen einer Korallenbank sind mögliche Anknüpfungspunkte.

Aber auch Nichttaucher können bei der Rettung der Korallenriffe aktive Unterstützung anbieten. So können Protokollbögen entwickelt und ausgewertet sowie in eine Datenbank eingetragen werden. Außerdem müssen die Arbeit der Forscher und der Taucher koordiniert und Drahtgestelle zum Anbringen der Korallen vorbereitet werden.

So können Sie sich diesen Traum erfüllen

Informationen zu Bora Bora und Buchungsmöglichkeiten erhalten Sie auf der offiziellen Tourismusseite www.tahititourisme.com. Über das Korallenprogramm können Sie sich informieren auf der Webseite der teilnehmenden Resorts, u. a. Conrad Bora Bora Nui (https://conradhotels3.hilton.com/ en/hotels/french-polynesia/conrad-bora-bora-nui-PPTBNCI/about/index.html).

95

Feuerwerk herstellen

Und es hat »Boom« gemacht

LIUYANG · CHINA

Ein Knaller im wahrsten Sinn des Wortes ist ein Besuch in einer Fabrik für Pyrotechnik. Vom Knallfrosch bis hin zur Batterie, die nach nur einmaligem Zünden ein Feuerwerk am Himmel erstrahlen lässt – mehr als 2.000 verschiedene pyrotechnische Artikel gibt es, und fast alle werden in China produziert.

Kosten	Erlebniswert	Aufwand
▭▭	★★★★	⚒⚒⚒

Niemand lässt sich gern in die Karten schauen, und so ist es oftmals schwierig bis unmöglich, einen neugierigen Einblick in Produktionsabläufe zu bekommen. Genusswarenhersteller sprechen von Hygienevorschriften, die eine Führung für Betriebsfremde ausschließen. Und auf die Herstellung von Pyrotechnik spezialisierte Unternehmen führen natürlich Sicherheitsbedenken an.

> Nicht das letzte Einhorn, aber wohl die letzte Produktionsstätte für Feuerwerksartikel in Europa ist die Firma WECO aus Eitorf. Rund 40 % der Produktion von Raketen, Feuerwerksbatterien, Vulkanen, Kanonenschlägen, Reibkopfknallern, Wunderkerzen, Tischfeuerwerk, Knallbonbons sowie des Groß- und Bühnenfeuerwerks entstehen an den deutschen Standorten des europäischen Marktführers.

Auch die Weltmarktführer in Sachen Chinaböller bieten natürlich keine Unternehmensführungen an, die man auf dem Wochenmarkt oder bei Neckermann mal eben dazubuchen kann.

Aber, wie es häufig im Leben ist, der eine kennt den und der wiederum die, und so kam es, dass wir bei unserem Besuch in der Feuerwerkshauptstadt Nummer eins, in Liuyang, die Gelegenheit erhielten, eine Fabrikationsstätte für Feuerwerk jeglicher Art besuchen zu dürfen.

Und das war tatsächlich ein besonderes Erlebnis, das wir uns vorher irgendwie anders vorgestellt hatten. Obwohl ich mir eigentlich vorab gar keine Gedanken darüber gemacht hatte, wie unsere Silvesterknaller überhaupt hergestellt werden, bin ich doch sehr von der Realität überrascht worden. So jedenfalls hätte ich den Laden nicht erwartet. Nicht zwangsläufig steril, aber zumindest weniger staubig vielleicht. Und vor allem mehr Sicherheit.

An Holztischen sitzen hier zumeist ältere Frauen und hantieren an roten Papierhülsen. Am nächsten Tisch stopfen andere Damen, in deren Gesichtern sich bereits tiefe Furchen gegraben haben, eine bestimmte Dosis Schwarzpulver in die rote Papierhülse. Die Fenster sind geöffnet, aber trotzdem liegt ein schwierig zu definierender Geruch in der Luft, der daran erinnert, dass es nur einen Funken braucht, um das Gelände vom Gebäude zu befreien. An der Decke mühen sich Ventilatoren, diesen Geruch mit dem Schweiß der Arbeiterinnen zu vermengen.

In einem weiteren Raum, dessen Wände genauso

trostlos im grauen Rohputz dastehen, türmen sich bereits für den Versand verpackte Kartons, an mehr als einem erspähen wir die Destination »Deutschland«.

Draußen erklärt uns Herr Wu, dass Deutschland zu den Hauptabnehmern seiner Fabrik zählt, und als Beweis für die Qualität seiner Produkte, lässt er eine Reihe von Raketen und ganzen Batterien auf dem Hof für uns in den Nachmittagshimmel jagen. Die volle Leuchtkraft der Raketen lässt sich durch die noch größere Leuchtkraft der Sonne zwar nur erahnen, aber dies war nicht nur das erste Feuerwerk, das ausschließlich für mich und meine Begleitung arrangiert wurde. Es war auch das erste Feuerwerk, das ich am helllichten Tag genießen durfte.

So können Sie sich diesen Traum erfüllen

Leider ist die Besichtigung einer Fabrik für Feuerwerkskörper für Betriebsfremde sowohl im Inland wie auch im Ausland aus Sicherheitsgründen nicht möglich. Allerdings werden hierzulande Workshops in Sachen Feuerwerk angeboten, die Ihnen auf praktische Weise die spannende Arbeit eines Pyrotechnikers näherbringen. Eine Übersicht über aktuelle Angebote finden Sie u. a. auf der Seite www.feuerwerk-workshop.de oder bei Jochen Schweizer (www.jochen-schweizer.de, Stichwort: »Pyrotechniker für einen Tag«).

96

Die Gewölbe der Champagne erkunden

Luxus in Flaschen

CHAMPAGNE · FRANKREICH

Allein der Name dieser Landschaft im Nordosten Frankreichs vermittelt einen Hauch von Luxus. Nirgendwo sonst werden exklusivere Tröpfchen gekeltert, die dann zu erlesenem Champagner werden und auf keiner königlichen Hochzeit, keinem Staatsempfang oder dem 70. Geburtstag von Tante Otto fehlen dürfen.

Kosten	Erlebniswert	Aufwand
💳	★ ★	🔧

Ein Besuch zumindest einer der großen oder kleineren Kellereien gehört zum Pflichtprogramm einer Reise in die Champagne. Zu den Hotspots der Region zählen die Orte Reims und Épernay, die beide vollständig von weitläufigen Kellergewölben und Gängen der Champagnerbetriebe unterwandert zu sein scheinen.

Die meisten Betriebe bieten interessierten Gästen einen Einblick in ihre Keller an, der allerdings ausschließlich im Rahmen einer Führung zu erhalten ist. Zwar sind häufig einzelne Plätze für eine solche Führung auch noch spontan vor Ort zu ergattern. Um auf Nummer sicher zu gehen, empfiehlt sich aber eine Reservierung vorab. Dies geschieht entweder telefonisch bei der entsprechenden Marke Ihres Verlangens oder über deren Webseite.

Während einer solchen Führung erhalten Sie einen Eindruck vom Ausmaß des unterirdischen Labyrinthes aus Gängen und Lagerräumen mit Fässern und endlos erscheinenden Flaschenständern, in denen die guten Tröpfchen zu etwas ganz Edlem heranreifen. Außerdem erfahren Sie natürlich einiges über die

Geschichte(n) des Hauses, das Verfahren der Champagnerproduktion und die Unterschiede der jeweiligen Sorten. Und natürlich, warum der Preis für eine Flasche Schampanski mehr als angemessen ist.

Funfact am Rande

Sogar der Friedensvertrag von Versailles befasst sich mit den edlen Tröpfchen aus der Region. Der sogenannte Champagnerparagraph verbietet das Benennen von Produkten nach fremden Herkunftsbezeichnungen – und so können wir auch heute noch sicher sein, dass tatsächlich Champagner drin steckt, wo Champagner draufsteht.
Aber obwohl der Schaumwein der Exportschlager Nummer eins der Region ist, ist nur ein kleiner Teil der Region mit Weinbergen bedeckt. Die vorherrschende landwirtschaftliche Nutzungsform ist klassischer Ackerbau.

Zu den ganz großen Playern und den renommiertesten Champagnerhäusern zählt Moët & Chandon, das mittlerweile wie das Haus Veuve Clicquot Ponsardin zum Luxuslabel LVHM gehört und damit zur Familie von Louis Vuitton, Givenchy, Hublot und Rimowa.

Moët besitzt nicht nur den größten Weinberg der Region, sondern mit einer Länge von sage und schreibe 28 Kilometern auch das größte unterirdische Keller-Labyrinth. Während einer Tour werden Sie natürlich nur einen Bruchteil der Gesamtstrecke kennenlernen, aber selbst dieser Eindruck ist schon überwältigend.

Die meisten Touren enden in einem Verköstigungs-saal, in dem Sie ein Gläschen des prickelnden Luxus probieren können. Außerdem stehen hier selbstre-dend sämtliche Produkte zum Kauf zur Verfügung, darüber hinaus eine Reihe von Merchandising- und Fanartikeln. Aber aufgepasst: Nicht immer ist ein solcher Fabrikverkauf ein echtes Schnäppchen. Preise vergleichen lohnt also auch im Hochpreissegment.

So können Sie sich diesen Traum erfüllen

Reservieren Sie Ihren Besuch in einer Kellerei direkt auf der entsprechenden Homepage, zum Beispiel www.moet.com (Moët & Chandon) oder www.veuveclicquot.com (Veuve Cliquot). Eine vollständige Liste aller Kellereiführungen in der Champagne finden Sie unter www.champagne.fr.

97

Eine Fernsehsendung moderieren

Die aktuelle Kamera

DEUTSCHLAND

Für Johannes B. Kerner vermutlich kein Geheimtipp, aber zumindest für alle, die sich gerne selbst oder ihr Hobby oder ihre letzte Reise einer breiteren Öffentlichkeit vorstellen möchten, gibt es die Möglichkeit hierzu – und zwar ohne Internetanschluss.

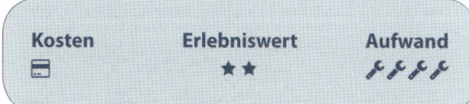

Kosten	Erlebniswert	Aufwand
	★ ★	

In Zeiten von YouTube kann sich mittlerweile jeder ohne allzu große Vorkenntnisse und Erfahrung einem weltweiten Publikum präsentieren und anhand der Klicks und der Kommentare sehen, wie stark das Format eingeschlagen hat. Hierzu reichen eigentlich ein Smartphone mit einigermaßen akzeptabler Kamera und ein paar Resteinheiten vom Datenvolumen des Handyvertrages aus.

Ganz so einfach ist es beim traditionellen Fernsehen leider nicht. Dafür erreicht man auch nicht so schnell so viele Menschen. Und der Aufwand für eine einigermaßen ordentliche Sendung ist auch wesentlich höher als bei den meisten YouTube-Kellerstars. Trotzdem lohnt sich eine solche Erfahrung, um einen aktiven Einblick in die Fernsehproduktion und in die verwendete Technik zu erhalten. Anders als in der schnellen Videoproduktion für Internetauftritte kommt es hier auf eine qualitativ hochwertige Übertragungstechnik und eine kontrollierte Akustik an.

Neben der aufwändigeren Technik im Vergleich zum Internetauftritt werden außerdem Frequenzen benötigt, damit der Karl und der Egon die Produktion auch empfangen können. Da aber sowohl das Equipment als auch der Programmplatz in den allermeisten Durchschnittshaushalten nicht zu finden sein dürften, gibt es bereits seit den 1980er-Jahren den Offenen Kanal.

Entweder völlig kostenfrei oder gegen einen kleinen Obolus findet man in den Räumlichkeiten des Offenen Kanals die erforderliche Produktionstechnik sowie die entsprechenden Studios, um seine eigene Sendung in die Welt zu schicken. Außerdem gibt es hier Experten, die neue Nutzer in die Funktionsweise der Technik einführen und Fortbildungen in Bezug auf Schnitttechnik, Kameraführung und andere Kleinigkeiten geben. Die Nutzung der Räumlichkeiten steht allen Bürgern im Sendegebiet des betreffenden Offenen Kanals zur Verfügung.

Dies bringt uns zu einem entscheidenden Nachteil gegenüber der Produktion eines YouTube-Videos: Die Empfangbarkeit Ihrer Sendung erstreckt sich auf die Region, in der der Offene Kanal ansässig ist. Dies ist zumeist ein Landkreis oder eine Stadt. Möchte der Anton aus Tirol der Uschi aus Bad Salzdetfurth über den Offenen Kanal einen Gruß zukommen lassen, kann Uschi ihren Gruß nur dann sehen, wenn sie gerade bei Anton ist. Aber dann könnte ihr der Anton den Gruß ja auch persönlich mitteilen.

Möchten Sie Ihre eigene Sendung produzieren und einmal hinter die Kulissen einer solchen Produktion schnuppern, nehmen Sie Kontakt mit dem für Ihren Wohnsitz zuständigen Offenen Kanal auf. Sie können sich nach einer ersten Einführung in die vorhandene Technik nicht nur das Studio oder einen Schnittplatz für einen Wunschtermin reservieren, sondern auch Ausrüstung zum Beispiel für Außenproduktionen ausleihen.

Viele Menschen nutzen die Räumlichkeiten, um eine große Feier im Kreis der Familie einigermaßen professionell zu schneiden und mit Ton zu hinterlegen. Andere tun dies für die Aufarbeitung ihrer letzten Urlaubsreise. Und wieder andere produzieren tatsächlich ganze Unterhaltungssendungen mit Filmbeiträgen, Studiogästen und durchaus ernstzunehmender Moderation.

So können Sie sich diesen Traum erfüllen

Eine Übersichtskarte aller Offenen Kanäle bietet der Bundesverband Bürgermedien auf seiner Homepage (www.bvbm.eu).

In einem Spukhotel übernachten

Unterm Laken von Hui Buh

GENTING HIGHLANDS · MALAYSIA

Wer glaubt, Nerven aus Stahl zu haben, und wem selbst die finsterste Ecke nicht aus der inneren Balance werfen kann, der sollte sich einmal aufmachen in das Hochland von Malaysia, unweit der Hauptstadt Kuala Lumpur. Hier steht ein Hotel, das jede Geisterbahn auf der Dorfkirmes in den Schatten stellt.

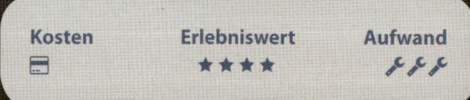

Kosten	Erlebniswert	Aufwand
💳	★ ★ ★ ★	🔧 🔧 🔧

Ein völlig abgefahrener und gespenstischer Ort befindet sich in Malaysia. Wer einmal einen Horror-Schocker live miterleben möchte, der sollte sich eine Nacht im Amber Court Hotel in der Resorts World Genting in den Genting Highlands gönnen. In diesem von den Medien als furchterregendstes Hotel der Welt gekürten Etablissement, dessen graue Fassade durch die rauen Winde und die extreme Witterung stark gelitten hat und die zum schaurig-schönen Eindruck ihr Übriges beiträgt, kann man sich verlaufen und stößt auf einsame Ecken und Winkel, die den Anschein erwecken, dieses Haus hätte seit Urzeiten keine Gäste mehr gesehen. Wenn tagsüber dichte Nebelschwaden über den umliegenden Regenwald hereinziehen und das riesige Gebäude einzunehmen drohen, dann weiß man, wie sich die Menschen in der Elm Street gefühlt haben müssen. Oder die Bewohner des Bates Motel. Nachts jeden-

falls sollte man seine Zimmertür besser gut verriegeln, denn dann wird das Anwesen von Geistern heimgesucht – angeblich die Seelen von Glücksspielern, die in einem der umliegenden Casinos ihr Hab und Gut verzockt und dabei ihre Seele gesetzt haben sollen. So erzählt man sich hier zumindest.

Das gruselige Hotel in den Genting Highlands ist durch seine exponierte Lage in 1.760 Metern Höhe zum Teil extremen Witterungsverhältnissen ausgesetzt. Das Resort besteht insgesamt aus einer Reihe von Hotels, Freizeitparks und mehreren Spielcasinos – im Übrigen die einzig legalen in ganz Malaysia. Auch das mit 7.351 Zimmern größte Hotel der Welt befindet sich hier oben. Und eben auch das schaurigste.

In Sachen Servicequalität tun sich beide Einrichtungen nichts. Das Einchecken ist so persönlich wie das Kundencenter der Bahn. Zuerst eine Nummer ziehen, dann einen Kaffee. Und dann noch einen. Und wenn der kleine Zeiger dann seine zwei bis drei Runden über das Zifferblatt gedreht hat, ist man auch schon an der Reihe.

Die Zimmer aber sind, das muss man sagen, durchaus akzeptabel und angemessen – vor allem, wenn man den Übernachtungspreis bedenkt. Solange man nicht abergläubisch ist oder an Geister glaubt.

Wenn man aber vor jenem Zimmer steht, das behördlich abgeriegelt und verrammelt ist, weil es darin spuken soll, dann **gerät die eigene Standfestigkeit doch schon mal leicht ins Wanken ...**

Leider wirkt das Hotel inzwischen nicht mehr ganz so gespenstisch, da die Fassade – peux a peux – erneuert wird. Spuken soll es hier aber noch immer.
Buchbar ist es über die gängigen Plattformen im Internet zu einem Durchschnittspreis von 24 Euro pro Nacht im Doppelzimmer.

So können Sie sich diesen Traum erfüllen

Wer gern einmal in seinem Urlaub das Fürchten gelehrt bekommen möchte, aber nicht unbedingt dafür gleich nach Malaysia fliegen will, der kann auch in der Burg Lockenhaus im österreichischen Burgenland schaurig-schöne Nächte verbringen. Schließlich residierte hier einst die ungarische Gräfin Elisabeth Báthory, die als »Blutgräfin« in die Geschichte einging und heute als größte Serienmörderin aller Zeiten gilt (www.ritterburg.at).
Das Berlin Dungeon bietet über Halloween Übernachtungen mit Gruselprogramm in seinen Räumlichkeiten an (www.thedungeons.com/berlin).

99

Spektakuläre Beerdigungen

Sollen tanzen auf den Gräbern ...

GHANA
KATHMANDU · NEPAL

So wie in Ghana Menschen beerdigt werden, würden anderswo Paare gerne ihre Hochzeit feiern. Das Ende des Lebens ist ein wahres Fest – mit Hunderten von Gästen, gutem Essen und Getränken. Und viel Tanz.

Kosten	Erlebniswert	Aufwand
▢▢	★ ★ ★ ★	✦ ✦ ✦ ✦

Bekannt gemacht hat die besonderen Beerdigungszeremonien des westafrikanischen Staates ein Internet-Meme, in dem Träger auf dem Weg zum Grab mit dem Sarg auf den Schultern über den Friedhof tanzen.

In Ghana glauben die Menschen daran, dass das Leben nicht mit dem Tod endet, sondern im Jenseits weitergeht. Daher werden Begräbnisse dort eher fröhlich-gelassen angegangen. Allerdings empfinden die Hinterbliebenen auch hier in der Regel nicht nur wahre Freude, dass der Verstorbene von ihnen gegangen ist. In der festlichen Bestattung gedenken sie ihm, aber feiern auch die Dinge, die er in seinem Leben erreicht hat. Interessanterweise glauben die Christen ja auch, dass es nach dem Tod irgendwie weitergeht. Dennoch überwiegt bei ihnen eher der Schmerz, einen geliebten Menschen für immer verlassen zu müssen.

Bei der im Internetvideo und im Rahmen einer BBC-Dokumentation gezeigten Gruppe von Sargträgern handelt es sich um die Dancing Pallbearers, einen privaten Sargträger-Dienst, der gegen zusätzliche Bezahlung die Bestattung mit Musik und Tanz aufpimpt.

Die Beerdigungsfeierlichkeiten dauern in der Regel mehrere Tage und schließen eine Totenwache, die Beerdigung selbst und eine Totenmesse ein.

Sämtliche Bekannte des Verstorbenen sind eingeladen, und so kommt selbst der Friseur mit zur Trauerfeier. Die Familie des Verblichenen zahlt die Zeche – freie Kost und Logis für ein ganzes Wochenende!

So ein Spaß kostet natürlich einen Haufen Geld, den sich die meisten aber eigentlich überhaupt nicht leisten können. So muss dann auch die Hochzeit der liebsten Tochter etwas schmaler ausfallen. Und wenn das immer noch nicht ausreicht, wird der Leichnam kurzerhand eingefroren, bis die Hinterbliebenen wieder liquide sind und die Party schmeißen können.

Funfact am Rande

Zu einer richtigen Feier gehört natürlich auch ein entsprechendes Ambiente. So fallen in Ghana auch die Särge extrem aus und spiegeln oftmals die Vorlieben des Verstorbenen wider. Sie haben die Form eines Hais, einer Getränkedose oder einer Standuhr.

Im nepalesischen Kathmandu hingegen nimmt die Bestattung einen etwas anderen Stellenwert ein. Im wichtigsten hinduistischen Heiligtum Pashupatinath werden am Ufer des Bagmati die Toten öffentlich verbrannt. Zwar dürfen Ungläubige nicht in den Tempel, die Außenanlage ist jedoch frei zugänglich und offenbart ungehinderte Blicke auf das Geschehen auf der anderen Seite des vor lauter Asche kaum noch fließenden Flusses.

Bereits aus großer Entfernung kündigt dem Besucher die eigene Nase an, dass er sich einem Open-Air-Krematorium nähert. Den süßlich-beißenden Geruch, der hier in der Luft liegt, werden Sie nie wieder vergessen.

Mit Blumen geschmückt liegen die Toten auf ihrer Bahre, die Hinterbliebenen stehen um sie herum auf der Treppe hinunter zum Fluss. Nun wird die Leiche mit Wasser aus dem Heiligen Fluss bespritzt. Die Trauergemeinde nebenan wäscht ihrem Toten die Füße mit diesem Wasser. Anschließend wird der Verstorbene mit Stroh bedeckt und angezündet. Die Angehörigen verharren mit dem Verstorbenen, bis er vollständig verbrannt ist. Die Asche wird danach in den Fluss geschoben.

Information

Auch die Königsfamilie pflegt die beschriebene Bestattungszeremonie. Allerdings steht ihr hierfür ein reservierter Platz am Ufer zur Verfügung. Die früher übliche Sitte, dass sich hinterbliebene Frauen am Ufer selbst anzündeten, um mit ihrem Gemahl ins Feuer zu gehen, ist mittlerweile verboten.

So können Sie sich diesen Traum erfüllen

Informationen zu Ghana und den Bestattungszeremonien erhalten Sie auf den offiziellen Tourismusseiten www.visitghana.com.

Alles rund um Kathmandu und seinen Tempeln finden Sie auf den Seiten www.welcomenepal.com.

Kunst ist schön

Kunst ist schön, macht aber viel Arbeit.

Frei nach diesem Zitat aus der Filmoper *Die verkaufte Braut* hoffe ich, dass Ihnen die viele Arbeit, die sich der Autor mit diesem Büchlein machte, gefallen hat. Vielleicht hatten Sie von einigen der Geschichten noch nie etwas gehört. Andere erscheinen vielleicht plötzlich in einem ganz anderen Licht, und vielleicht nehmen Sie ja die eine oder andere Episode zum Anlass, Ihrer ganz eigenen Suppe namens Leben eine Prise mehr Würze zu geben.

Jetzt haben wir eine gewisse Zeit miteinander verbracht und einige Erlebnisse miteinander geteilt. Doch bevor wir Abschied voneinander nehmen müssen, möchte ich noch Danke sagen. Danke, dass Sie dieses Buch nicht nur gekauft oder als Geschenk angenommen, sondern zu allem Überfluss auch noch gelesen haben – und zwar einschließlich dieses Schlusswortes.

Wenn Sie mich nun endgültig zu den alten Kameraden ins Regal stellen, lassen Sie mich bitte nicht zu sehr verstauben. Vielleicht können Sie mich ja hin und wieder hervorholen und in mir blättern.

Und, eine Bitte hätte ich noch: Erzählen Sie doch all Ihren Freunden von den Zwillingsbrüdern von mir, die noch im Buchladen gefangen gehalten werden und von ihnen befreit werden möchten, damit sie einen ebenso liebevollen Platz finden wie bei Ihnen im Regal.

Leben Sie wohl, Sie werden mir fehlen.

Die USA in 151 spannenden Momentaufnahmen

Petrina Engelke und Kai Blum
USA 151
Das Land der unbegrenzten Überraschungen
in 151 Momentaufnahmen

ISBN 978-3-95889-324-5

Die USA – eine von Einwanderern gegründete Heimat für Träume, Widersprüche und Extreme. Wo sonst kann man Mustangs auf Hochebenen und Aliens in der Wüste suchen, gibt es Wolkenkratzer in der Prärie, Austern im Containerhafen und Gemüsefelder in der Großstadt? Uncle Sams Unternehmergeist bringt Ölbarone und den Cyber Monday hervor. Doch nicht jeder wohnt in der Villa: Millionen leben im Wohnmobil oder im Knast.

Folgen Sie den vor Jahren in die USA ausgewanderten Autoren Petrina Engelke und Kai Blum in ihren Alltag. Mit ihnen landen Sie beim Pow Wow, Tailgating oder Soulfood-Dinner. Begegnen Sie Helden, Haien und mindestens einem Heidenspaß; am Ende wundern Sie sich nicht mehr über Zwei-Dollar-Scheine, komische Klodeckel oder ein Ritual, das glatt aus der DDR stammen könnte.

USA 151 ist eine einzigartige Dokumentation zwischen erhabenen Nationalparks, hektischen Metropolen und endlosen Autobahnen. Erleben Sie in 151 Momentaufnahmen eine vielfältige Gesellschaft mit ihren stolzen Errungenschaften und tiefen Wunden, großen Ideen und kleinen Wundern. Ein Buch für Entdecker und Liebhaber der USA und diejenigen, die es werden wollen.

CON
BOOK.

Idyllisches Landleben?
Schön wär's!

Claudia Heuermann
Land oder Leben
Wie unser Traum von einer Farm
in der amerikanischen Wildnis endete

📖 ISBN 978-3-95889-367-2
ⓔ ISBN 978-3-95889-373-3

Es beginnt mit der Sehnsucht nach dem selbstbestimmten Leben in unberührter Natur. Als die Münchner Filmemacherin Claudia Heuermann genug von Smog, Stress und Stadtleben hat, wagt sie den Ausstieg: Mit ihrem Mann und den zwei kleinen Söhnen zieht sie in die tiefen Wälder der nordamerikanischen Catskill Mountains, richtet sich dort mit Ziegen und Hühnern auf einer 200 Jahre alten Farm ein und macht ihren Traum vom unabhängigen Selbstversorgerleben wahr. Sie baut Gemüse an, kocht Ahornsirup überm Lagerfeuer, sammelt Eier ein und stellt Käse und Ziegenmilchseife her, während die Kinder weitab von Straßenverkehr und Luftverschmutzung durch den Wald toben.

Doch dann zeigt die Wildnis ihre Krallen: Ein Schwarzbär macht die Gegend unsicher, eine Giftschlange findet sich im Keller ein, und ein Kojotenrudel rückt näher, als es der Familie lieb ist. Und werden dann auch noch die Bruderküken zu kampflustigen Hähnen und die Kinder zu Teenagern, läuft gar nichts mehr wie geplant.

Tapfer meistert Claudia alle Herausforderungen und die pausenlose Knochenarbeit auf der Farm – tagein, tagaus, sieben Jahre lang, bis die Familie auf die Probe ihres Lebens gestellt wird ...

»Die Ehrlichkeit des Buches ist erfrischend. Da wird nichts beschönigt.«
(Frankfurter Neue Presse)

CON BOOK.

Das Tagebuch einer Vagabundin

Nic Jordan
aWay
Wie ich nichts mehr zu verlieren hatte und per Anhalter von London nach Australien reiste

📖 ISBN 978-3-95889-368-9
ⓔ ISBN 978-3-95889-375-7

Eines tristen englischen Herbsttags trifft Nic mal wieder eine Entscheidung, die ihr Leben umkrempeln wird. Aber diesmal komplett. Wenige Monate später bricht sie per Anhalter auf in Richtung Byron Bay, Australien – und reist einmal kreuz und quer durch Europa und Asien.

Was sie unterwegs erlebt, wird sie ihr Leben lang begleiten: In Polen begibt sie sich auf die Suche nach ihrem entfremdeten Vater. Auf der Strecke zwischen St. Petersburg und Moskau rettet sie eine Rollstuhlfahrerin aus einem brennenden Auto, bevor sie als einzige Fahrgästin in die Transsibirische Eisenbahn steigt. In Kambodscha übernachtet sie mitten im Dschungel und in Malaysia in einem Geisterhaus. Jeden Tag aufs Neue lässt sie sich auf völlig unbekannte Situationen, Mitfahrgelegenheiten und Gastgeber ein. Sie setzt sich der absoluten Einsamkeit aus und begegnet Fremden, die gar nichts haben und doch so viel geben.

Eindringlich und humorvoll erzählt Nic in »aWay« von ihrem Vagabundenleben unterwegs, von der großen Kraft des Zufalls und von ihrer späten Einsicht: Um eine Reise wirklich zu verstehen, muss man an den Ort zurückkehren, an dem alles begonnen hat ...

CON
BOOK.

Sie reisen für Ihr Leben gerne?
Sicher?

Markus Lesweng
How to Kill Yourself Abroad
Der Atlas für Waghalsige,
Leichtsinnige und Lebensmüde

📖 ISBN 978-3-95889-201-9

Wer heute verreist, hat selbstverständlich hohe Ansprüche. Authentizität und Abenteuer statt Pool und Pauschaltourismus. Wie wär's also mit einem Ausflug ins »Tal des Todes« im idyllischen Kronozki-Naturreservat? Mit einer Besteigung der Annapurna? Oder mit einer Kreuzfahrt zu Namibias Skelettküste?

Dieser Atlas nimmt Sie mit auf eine Tour rund um die Welt, zu den gefährlichsten Orten, die Mensch und Natur geschaffen haben. Jenseits der ausgetretenen Pfade erwarten Sie Seen aus purer Säure, angriffslustige Eingeborene, haufenweise Giftschlangen, unsichtbare Giftgaswolken und viele andere Risiken, mit denen Reisende ihre Lebenserfahrung vergrößern und ihre Lebenserwartung verkleinern können.

Atemberaubende Geschichten, zum Sterben schöne Bilder, unheilvolle Reisewarnungen und eine Höchstdosis schwarzer Humor machen »How to Kill Yourself Abroad« zur bombigen Lektüre für die Entdecker von morgen. Und natürlich für alle, die schon immer gewusst haben, dass es daheim doch am schönsten ist …

»Markus Leswengs Antireiseführer ist eine Spritztour durch mehr als sechzig potentiell ›allerletzte‹ Orte dieses Planeten.«
(Frankfurter Allgemeine Zeitung)

CON BOOK.